난생처음
아파트투자

부동산 왕초보 직장인,
소형 아파트 투자로 2년 만에 60억 벌다!

난생처음 아파트 투자

초판 1쇄 발행 2019년 3월 7일
초판 2쇄 발행 2019년 3월 11일

지은이 권태희

발행인 백유미 조영석
발행처 (주)라온아시아
주소 서울특별시 서초구 효령로 34길 4, 프린스효령빌딩 5F

등록 2016년 7월 5일 제 2016-000141호
전화 070-7600-8230 **팩스** 070-4754-2473

값 18,000원
ISBN 979-11-89089-67-2 (04320)
     979-11-89089-34-4 (세트)

이 도서의 국립중앙도서관 출판사 도서목록(CIP)은 서지정보유통지원시스템 홈페이지(http://seoi.nl.go.kr)와 국가자료공동목록시스템(http://www.nl.go.kr/kolisnet)에서 이용하실 수 있습니다.

라온북은 독자 여러분의 소중한 원고를 기다리고 있습니다. (raonbook@raonasia.co.kr)

부동산 왕초보 직장인,
소형 아파트 투자로 2년 만에 60억 벌다!

난생처음
아파트투자

권태희 지음

RAON
BOOK

부자가 되고 싶었던 권태희,
경제적 자유를 얻다

저는 학창 시절부터 경제적으로 여유 있는 삶을 간절하게 꿈꿔 왔습니다. 대기업에 다니시던 아버지가 직장을 그만두신 직후 IMF를 맞이하면서 빠듯한 생활이 시작되었기 때문입니다. 당시 중학생이던 저는 학비와 수학여행비 등의 납부 고지서를 부모님께 드릴 때마다 물에 젖은 솜처럼 얼마나 마음이 무거웠는지 모릅니다. 열네 살부터 대학을 졸업하고 스물세 살에 회사에 입사하기까지 거의 10년간 돈에 쪼들리지 않은 때가 없었습니다. 3남매 중 장녀로서 책임감을 늘 가지고 있었던 저는 회사에 취업함과 동시에 부모님께 생활비를 드리면서 조금 나은 생활을 할 수 있었습니다.

경제적으로 주체적인 삶은 스물아홉 살에 결혼하면서 시작되었습니다. 비록 다른 사람들에 비해서는 적은 9천만 원으로 신혼 생활을 시작했지만 앞으로 잘살 수 있을 거라는 기대감은 저를 일으켜 세우기에 충분했습니다. 그런 자신감이 어디서 비롯되었는지 모르겠지만 몇 년 후에는 반드시 지금보다 성장해 있으리라고 확신했습니다.

'10년에 순자산 10억 원 벌기'라는 목표를 항상 입버릇처럼 말하기는 했지만 처음에는 하늘의 별처럼 막연하기만 했습니다. 하지만 하루하루를 치열하게 살다 보니 결혼한 지 6년이 채 되지 않아 그 목표 이상을 달성할 수 있었습니다. 욕심 부리지 않고 차근차근 종잣돈을 마련하고, 재미로 읽은 부동산 기사와 개인적인 궁금증으로 확인해 본 아파트 데이터들을 토대로 적극적인 매수가 가능했던 것입니다.

'순자산 10억 원'이라는 1차 목표를 달성했을 때 신혼 시절을 돌이켜보았습니다. 저는 감나무에서 감이 떨어지길 바랐던 것이 아니라 열매를 수확하기 위해 전방위적으로 연구했습니다. 부자들에 관한 책을 읽으며 그들의 삶을 따라 했고, 그들의 장점 중 하나라도 배우고자 노력했습니다. 그처럼 배우고자 하는 의지가 없었다면 여기까지 올 수 없었을 것입니다.

많은 투자자들이 이야기하듯이 '1억 원'을 모으기까지 가장 힘들고 가장 오래 걸렸습니다. 하지만 일단 투자할 수 있는 종잣돈을 마련한 이후부터는 자산이 저절로 더 크게, 더 빨리 불어났습니다. 이런 경험이 쌓이다 보니 '나와 비슷한 환경에 있는 사람들에게 희망을 주는 사람이 되자, 투자 인생을 안내해 주는 사람이 되자'고 결심하게 되었습니다.

사람들은 막연하게 부자가 되기를 꿈꿉니다. 회사에 다니면서 적금을 들다 보면 언젠가는 지금보다 나은 삶을 살 수 있으리라 여깁니다. 정확한 기간을 설정하지 않고 '언젠가는'이라는 단어에 희망을 불어넣으면서 말입니다. 하지만 아무리 목표를 세워도 노력과 실행 없이는 한낱 꿈에 불과합니다.

이 책은 처음부터 경제적인 여유를 가지고 부동산에 투자하는 사람들을 위한 것이 아닙니다. 지극히 평범한 가정에서 태어나 대학에 입학하고 회사에 취업해서 그럭저럭 살아가고 있지만, 벌이가 한정되어 있는 직장인들, 미래를 위한 준비가 부족한 사람들을 위한 책입니다.

　나이가 들수록 돈의 중요성은 더욱더 커지게 마련입니다. 따라서 일찍 깨닫고 재테크를 시작한 사람만이 경제적으로나 심리적으로 여유로운 노후를 즐길 수 있습니다. 재테크는 일찍 시작할수록 더 많은 기회를 만들 수 있습니다. 하지만 준비되지 않은 사람은 기회가 찾아와도 알아보지 못한 채 지나쳐 버립니다. 잘 알지 못하면 두려움이 앞서고, 과거의 정보만으로는 현재를 제대로 볼 수 없기 때문입니다.

　사람들은 시간이 흘러서야 수많은 기회를 지나쳤음을 깨닫게 됩니다. 기회를 잡지 못해 손해를 본 시간을 단번에 회복하고자 리스크가 큰 상품에 투자하기도 합니다. 심지어 대출을 받아 주식 투자를 하는 사람도 있습니다. 하지만 성급하게 행동하는 한 종잣돈을 모을 수 없습니다.

　재테크는 크게 주식과 부동산으로 나뉩니다. 주식은 부동산보다 더 높은 수익을 단기간에 안겨줄 수 있지만 큰 폭의 하락이라는 리스크를 감수해야 합니다. 하지만 부동산은 목돈이 들어가더라도 호재가 많은 지역에 투자하면 분명 큰 수익으로 돌아옵니다. 하락한다 해도 주식처럼 50퍼센트씩 떨어지는 경우도 없습니다. 부동산 시장은 결국 우상향하기 때문에 언젠가는 수익을 낼 수 있습니다. 그렇게 몇 번 투자하다 보면 일반 직장인이 평생 생각하지 못한 돈을 벌 수 있습니다.

　돈이 중요하지 않다고 생각하는 사람은 없을 것입니다. 인생에서 돈이 전부는 아니지만 큰 비중을 차지하는 것은 부인할 수 없습니다. 하지만 단순히 돈 자체가 목표가 되어서는 안 됩니다. 돈을 인생의 궁극적인 목적을 위한 수단으로 여길 때 진정 행복한 삶을 살 수 있습니다.

　자수성가한 부자들은 특별한 자질을 가지고 있었습니다. 바로 '나를 발전시키기 위한 꾸준한 노력'입니다. 그들은 자신만의 방법으로 꾸준히 노력한 결과 마침내 부자가 될 수 있었습니다.

이 책에 나오는 내용은 2018년 이후 부동산 상승기뿐 아니라 보합 또는 하락기에도 버틸 수 있는 부동산 투자의 핵심으로 어느 지역에 투자하든 적용 가능한 방법입니다. 무주택자, 아파트 투자를 시작하고 싶지만 방법을 모르는 사람들에게 도움이 되길 바랍니다.

이 책을 쓸 수 있도록 전폭적인 지원을 해주신 클라라 대표님, 항상 큰딸을 믿어주고 격려해 주시는 부모님, 결혼 후 두 아이의 양육을 맡아주시고 둘째 며느리에게 언제나 큰 힘을 주시는 어머님께 감사하는 마음 전합니다. 결혼 이후 지금까지 7년이라는 시간 동안 늘 칭찬을 아끼지 않은 남편, 책을 쓰는 동안에도 묵묵히 응원해 줘서 고맙습니다. 건희와 아린, 두 아이의 자랑스러운 엄마로 거듭나는 시간이 되기를 바랍니다.

2018년 12월
권태희

CONTENTS

PART 2　2년 만에 자산 60억! 아파트 투자가 기본이다

PART 3 소형 아파트 투자 전문가의 노하우

PART 4 가격 방어가 가능한 중소형 아파트

부 록 부자에게는 특별한 것이 있다

PART 1

아파트 투자,
소형으로 시작하라

부를 물려주는 사람,
돈 걱정을 물려주는 사람

어제의 내 생각이 오늘의 나를 만들었다.
오늘의 내 생각이 나의 내일을 만든다.
– 제임스 레인 앨런

부동산 재테크는 여유로운 삶을 위한 필수 조건이다

2018년 11월 30일, 한국은행의 기준금리는 1.5퍼센트에서 0.25퍼센트 오른 1.75 퍼센트로 인상되었다. 시중은행의 적금 이자는 3퍼센트가 채 되지 않는다. 20년 전에는 연 이자율이 20퍼센트가 넘은 적도 있다. 그런 시절을 살았던 부모님 세대는 저축과 절약이 최고의 재테크 방법이었다. 하지만 지금은 은행이자가 물가상승률도 따라가지 못한다. 저금리, 저성장, 고물가 시대에 접어든 지금의 대한민국에서 저축만으로는 절대 안정적인 미래를 보장받을 수 없다. 종잣돈을 모을 때까지는 저축을 우선적으로 해야 한다. 하지만 저축이 능사는 아니다. 저축만 해서는 평생 부자가 될 수 없다. 아끼고 아껴도 늘 생활에 허덕일 뿐이다.

좋은 대학을 졸업하고 선망의 대상인 대기업에 초봉 5천만 원 이상을 받고 입사했다고 하자. 부모님의 자랑스러운 아들딸이자 친구들의 부러운 시선을 한몸에 받는다. 빠른 승진으로 연봉 1억 원을 받는 것이 목표다. 10년 후쯤 목표를 이루기 위해 밤낮없이 열심히 일한다. 이렇게 정년 60세까지 다닐 수 있다면 성공한 인생이다. 하지만 여기에 단서가 붙는다. 절대 중간에 퇴사해서도 안 되고 회사가 어려움에 처해서도 안 된다. 누락 없이 순탄하게 진급도 해야 한다. 그래야만 가능한 일이다.

10년치 연봉을 모두 더하면 얼마인가? 그 10년치 연봉이 고스란히 통장에 들어 있을까? 지금 통장 잔액은 얼마인가. 연봉의 많고 적음은 크게 중요하지 않다. 현재 저축액이 얼마인지가 중요하다.

그런데도 새벽부터 밤늦게까지 자신의 모든 인생을 바쳐가며 번 돈을 3퍼센트도 되지 않는 이자를 받으며 은행에 저축한다. 자신이 사는 집 하나면 충분하다고 만족한다. 분명 더 큰 부자가 될 수 있는데도 말이다.

돈과 행복은 별개인가? 2가지 모두 가질 수는 없을까?

"살면서 가장 중요한 것은 가족의 건강과 행복이야. 돈은 둘째야. 너무 돈 욕심 부리지 말거라." 아버지는 어릴 때부터 이런 말씀을 하셨다. 가족의 건강과 행복이 가장 소중한 것은 맞다. 하지만 '부를 추구하면 행복하지 않고, 돈이 없어도 행복한 삶을 살 수 있다'는 논리는 이분법적 사고다. 돈과 행복 중에 하나만 골라야 하고, 2가지는 절대 양립할 수 없다는 생각에서 비롯된 것이다.

돈과 행복을 모두 누릴 수는 없는 것일까? 경제적으로 여유 있으면서도 행복하게 살 수는 없을까?

지난 몇 년간 부동산 투자를 하면서 큰 변화가 찾아왔다. 물론 여전히 절약하면서 살지만, 자산이 늘어나자 가족들에게 더 많이 베풀고 지인들에게 감사한 마음을 듬뿍 표현할 여유가 생겼다. 한 달에 열 권 넘는 책을 살 수도 있고, 듣고 싶은 강의를 들을 수도 있다. 부담 없이 해외 여행도 갈 수 있다.

결혼하고 가정을 꾸리면서 부를 이룬 사람들을 만날 기회가 많았다. 모두 현업에 종사하면서 부동산으로 자산을 늘린 사람들이다. 부동산 투자는 내가 돈을 벌지 못하는 상황이 되더라도 급여 수준 또는 그 이상의 소득, 더 나아가 더 큰 부를 이루는 데 도움이 된다. 투자의 목적은 '시간과 경제적 자유를 얻기 위해서'라는 말은 결코 틀리지 않다.

결혼하기 전까지 팍팍한 삶을 살던 나는 늘 '어떻게 하면 돈 걱정 없이 살 수 있을까?'라는 질문을 스스로에게 던졌다. 그러다 부를 이룬 사람들을 만나면서 다른 세상이 존재한다는 것을 알게 되었다. 그 자체만으로도 무척이나 설레고 가슴이 두근거렸다.

투자할 여력이 전혀 없는 상태였지만 신문을 읽고, 책을 보고, 퇴근 후 부동산에 들러 상담도 받아보았다. 그러다 조금씩 모아둔 적금에 대출을 보태서 직접 투자하기에 이르렀다. 첫 투자에 마음이 설레서 며칠 동안 잠을 이루지 못했다. 하지만 오랫동안 공부하고 준비했기에 결정하는 데 많은 시간이 걸리지는 않았다. 그리고 1년 후 60퍼센트 이상의 수익을 올리면서 본격적인 부동산 투자에 뛰어들었다.

나는 빨리 돈을 벌 수 있는 방법을 찾았다. 돈을 벌어야 하는 이유는 정말 많았다. 가난의 고리를 끊고 아이들에게 편안한 환경을 만들어주고 싶었다. 원하는 공부를 맘껏 하며 더 넓은 세상을 경험하게 해주고 싶었다. 양가 부모님께 용돈을 넉넉히 드리고 돈 걱정 없는 노후를 만들어드리고 싶었다. 하지만 월급쟁이 회사원으로서는 한계가 있었다. 15년 뒤 퇴직하면 양가 부모님은 고사하고 우리 네 식구조차 먹고살기 힘들 것이 뻔했다.

'니는 젊어서나 노후에도 절대 힘들게 살지 않을 거야!'라고 매번 다짐했다. 그렇게 하려면 어떻게 해야 할지 매일 생각하고 고민했다. 그리고 내가 깨우친 내용을 모든 사람들과 공유하고 싶었다. 직장인이라면 누구나 똑같은 고민을 할 것이기 때문이다. 주위 사람들이 모두 잘돼야 정말 행복한 삶을 살 수 있다.

돈 걱정 없는 노후

직장만이 전부라고 말하는 사람들은 퇴직 후 집 1채와 퇴직금 정도가 전부일 것이다. 임원으로 오래 재직하다 은퇴한 사람늘을 제외하고 말이다. '회사=나'로 생각하고 일생을 바쳐 일했지만 20대에는 돈 쓰는 재미로 모으지 못했고, 30대에는 내 집 마련을 하느라 모으지 못했다. 40~50대에는 수입의 절반 이상을 자녀 교육비로 사용하고, 퇴직금은 자녀의 대학 등록금과 결혼 준비에 들어간다. 결국 자신들의 노후를 위한 돈은 없다.

건강하게 여행을 즐길 정도로 경제적 여유가 있는 사람들에게는 은퇴 이후의 삶이 축복이겠지만, 경제적으로 준비되어 있지 않은 사람들에게는 공포가 될 수 있다. 지출을 최소화하더라도 예상치 못한 병이나 큰돈이 들어갈 일이 생긴다면 가족 모두가 힘들어진다.

우리나라 사람들의 삶을 크게 나누면 '30년 자녀 양육, 20년 직장 생활, 30년 노후'다. 평균적으로 30세부터 50세까지 20년간 돈을 벌고, 50세부터 평균 수명인 80세까지 30년 이상 소득 없이 벌어놓은 돈으로 살아야 한다. 30년 이상 소비할 돈을 모으려면 저축을 얼마나 해야 할까? 월평균 생활비를 200~300만 원이라고 가정해 보자. 최소 금액인 200만 원으로 계산한다면 '200만 원×12개월×30년=7억 2천만 원'이다. 물가상승률과 자녀 결혼 비용을 제외한 순수 생활비만을 산정한 것이다. 아마 무엇을 생각해도 상상 그 이상일 것이다. 스스로 돈이 만들어지는 시스템을 구축하지 않는다면 힘든 노후는 불 보듯 뻔하다.

스스로 돈이 만들어지는 시스템이란 일을 하지 않고도 끊임없이 돈이 나오는 것이다. 경제 경영, 재테크 분야에서는 '파이프라인'이라고 한다. 노후의 파이프라인은 바로 임대소득이다. 나이대별로 다른 방법을 추천하는데, 안정적인 월급과 대출을 쉽게 받을 수 있는 30~40대 회사원이라면 적극적으로 자산을 불려가는 것이 좋다. 일단 내 집 마련을 시작으로 2~4년에 한 번씩 조금 더 좋은 곳, 조금 더 중심지로 집을 옮기면서 투자금을 만든다. 자산이 커지면 나중에 투자할 선택지도 많아진다. 50대 이상은 은퇴 이후 투자에 실패하면 다시 일어서기 힘들기 때문에 수익보다 안정성, 바로 임대소득에 중점을 두어야 한다.

조금만 공부하고 찾아보면 적은 돈을 투자하고도 큰돈을 투자한 것 못지않은 삶의 질을 누릴 수 있다. 투자 차원에서 본다면 서울 근교 신도시에 소형 아파트로 거주할 집을 다운사이징하고 남은 돈과 퇴직금으로 상가나 상가주택에 투자해 임대 수입을 올릴 수 있다. 여유 자금이 넉넉하지 않더라도 조금만 더 생각해 보면 현재의 자산을 리모델링하여 새롭게 파이프라인을 구축할 수 있다.

그 누구도 힘든 삶을 스스로 선택하지 않는다. 누구나 편안하고 안정적인 삶을 누릴 권리가 있다. 하기 싫은 일은 하지 않고 하고 싶은 일만 하고 산다면 행복 지수는 자연히 올라간다. 결국 나의 노후는 의미 있고 건강하고 행복해야 한다. 그리고 그 삶을 위해 스스로 준비해야 한다. 그 누구도 대신해 주지 않는다. 인생의 3분의 1이 노후임을 명심하라.

월급쟁이가 재테크에 성공하려면 투자도 중요하지만 종잣돈 마련이 필수다. 돈의 중요성을 깨닫고 절약과 저축을 꾸준히 실천해야만 현명한 소비 습관을 길러 종잣돈을 모을 수 있다. 이런 소비 습관은 평생을 간다. 처음에 길들여놓지 않으면 투자로 돈을 번다 하더라도 쉽게 나가게 마련이다.

현명한 소비 습관을 들이기란 쉽지 않다. 여자들에게는 품위유지비, 남자들에게는 술값이 소비의 큰 부분을 차지한다. 회사가 마음에 안 들고 직장 상사 때문에 스트레스를 받으면 당장이라도 사직서를 내고 싶지만 다음 달 카드값을 생각하면 마음을 돌릴 수밖에 없다.

이렇게 많은 스트레스를 받으면서 매월 월급날을 기다리지만, 며칠 뒤면 카드 대금과 공과금 등으로 어느새 통장은 텅 비어버린다. 특별히 많이 쓰는 것도 아닌데, 왜 잔고는 늘 '0원'일까.

돈을 관리하기 어려운 이유 중 하나는 소비가 너무나 간편하기 때문이다. 몇 년 전만 해도 인터넷 주문이나 전화 주문이 전부였는데, 지금은 지문만 갖다 대면 바로 구매할 수 있다. 그뿐인가? 마트에 가면 1+1, 4개에 1만 원 등 예상치 못한 소비를 자극하는 것들이 많다.

하지만 재테크의 첫걸음인 종잣돈을 마련하기 위해서는 가벼운 소비를 파악하는 것부터 시작해야 한다. 하루에 한 잔씩 마시는 카페라테를 줄여도 목돈을 마련할 수 있다는 '카페라테 효과'처럼 말이다. 소소한 지출을 아끼면 큰돈이 된다.

일단 통장 내역과 카드 내역부터 살펴보자. 그래야 나의 소비 패턴이 어떤지, 어느 종목에서 한 달에 얼마나 사용하는지 정확히 파악할 수 있다.

1. 카드 사용 내역을 확인하라

무분별한 소비를 방지하기 위해 가장 먼저 체크해야 하는 것이 카드 사용 내역이다. 매월 카드 이용 명세서를 확인해 보자. 일별 지출 내역과 지출 금액을 체크해 보면 금방 파악할 수 있다. 고정적인 지출과 불필요한 지출, 그리고 충동적인 지출 등을 색깔별로 표시해 본다. 2~3개월 정도 청구서를 정리해 보는 것도 중요하지만, 일주일마다 결제 내역을 홈페이지나 앱으로 확인하면서 중간 점검을 하는 것이 좋다. 나는 카드 사용 내역을 탁상 달력에 적어둔다. 한 달에 한 번 명세서를 받을 때마다 '어? 이건 뭐지? 뭘 샀지?'라고 기억나지 않을 때를 대비한 것이다. 소비를 줄여야 한다는 목표와 의지가 뚜렷하다면 반드시 중간 점검을 해보자. 그것을 통해 잘못된 소비 패턴을 확인하면 당연히 과소비가 줄어들 수밖에 없다.

2. 체크카드를 사용하라

20~30대는 대부분 신용카드를 이용한다. 큰 금액을 할부로 구매할 수 있고 할인이나 포인트 혜택도 많기 때문이다. 하지만 신용카드는 치명적인 단점이 있다. 카드 한도가 월수입보다 훨씬 많고 할부가 가능하기 때문에 불필요한 지출을 불러올 수 있다는 점이다. 계획된 소비를 위해서는 반드시 체크카드를 이용해야 한다. 현금을 사용하면 지출 내역을 파악할 수 없어 하루 이틀만 지나면 지갑이 텅 비

게 된다. 하지만 체크카드는 사용 내역을 확인할 수 있고 정리하기도 쉽다. 연말정산 소득 공제율이 30퍼센트로 신용카드(15퍼센트)보다 2배 높은 것도 장점이다. 지출과 연말정산 두 마리 토끼를 잡을 수 있는 체크카드를 사용할 것을 추천한다.

3. 가계부를 써라

무조건 아껴 쓰는 것보다 더 중요한 것이 있다. 지출의 우선순위를 정하는 것이다. 매월 고정 지출(관리비, 통신비, 보험료, 교육비)은 얼마인지, 변동적으로 나가는 금액(경조사비, 세금, 기념일)을 어떻게 지출할지 사전에 계획을 세워두는 것이 중요하다. 이때 한 달 예상 지출을 정리한다면 월 예산 대비 항목별로 얼마나 소비했는지 알 수 있기 때문에 비교도 가능하다.

가장 중요한 것은 꾸준히 가계부를 쓰는 것이다. 매일 수입과 지출을 정리하는 것이 힘들고 귀찮지만 가계부로 관리하면 과소비를 줄이고 계획적인 소비를 할 수 있다. 이런 경험을 하다 보면 가계부에 대한 신뢰도가 점점 높아진다.

마이크로소프트 창업자이자 세계 1위의 자산가 빌 게이츠는 이런 말을 했다. "가난하게 태어나는 것은 당신 잘못이 아니다. 하지만 가난하게 죽는 것은 당신 잘못이다." 비록 가난하게 태어나고 부모에게 물려받은 것이 없다 하더라도 노력하면 얼마든지 부자가 될 수 있다. 단순히 부자가 되는 것을 넘어서 평생 부를 영위하기 위해서는 소비 습관을 잘 길들여야 한다.

많은 사람들이 막연한 기대감으로 오늘 해야 할 것들을 내일로 미룬다. '다이어트는 내일부터', '다음 번에는 꼭 청약을 신청해야지', '이번엔 OO 때문에 안 돼' 등 많은 이유와 핑계를 대면서 말이다. 하루 하루 치열하게 살지 않으면 아무것도 이루어지지 않는 것이 인생이다. 열심히 준비한 오늘이 모여 성공한 인생이 된다.

하락하는 돈의 가치

돈이 전부는 아니지만 이왕이면 자전거 위에서 우는 것보다
벤츠 안에서 우는 것이 낫다.
– 짐 캐리

인플레이션, 물가 상승, 화폐가치 하락

2011년만 해도 서울 강서구 24평형 아파트의 매매가는 3억 원, 전세 가격은 1억 8천만 원 정도였다. 7년이 지난 2018년의 시세는 어떻게 달라졌을까? 내가 2억 원에 살았던 전세는 4억 원이 되었고, 3억 원에 매수했던 시세는 6억 5천만 원이 되었다. 2011년에 결혼하지 않고 2018년에 결혼했다면 아마도 서울은 꿈도 꿔보지 못하고 경기도에 신혼집을 얻었을 것이다. 이처럼 시간이 지날수록 물가는 상승하고 화폐 가치는 떨어지며, 구입 가능한 부동산도 서울에서 점점 멀어질 수밖에 없다.

아파트 가격이 오른 것이 아니라 돈의 가치가 하락한 것이다. 실질적으로는 월급이 오른 것도 아니다. 물가가 그 이상으로 올랐기 때문이다. 그래서 우리의 삶은 나아질 수 없다. 돈의 가치가 점점 떨어지면 몇 년 전과 현재의 물가 차이가 날 수밖에 없다. 현금 보유만이 좋은 것은 아니라는 뜻이다. 은행에 돈을 넣어두어도 수익이 발

생하지 않는 시대가 되었다. 3퍼센트가 채 안 되는 이자율은 물가상승률을 절대 따라갈 수 없다. 이것이 부동산 투자를 해야 하는 이유다.

"아파트를 사자니 너무 올라서 두려워. 떨어질 수도 있잖아. 난 그냥 신경 쓰지 않아도 되는 전세가 편해. 2년 후에 그냥 전세금 올려주고 즐기면서 살 거야." 이렇게 말하는 사람들이 의외로 많다.

그렇다면 2년마다 껑충 오르는 전세보증금은 준비하고 있는가? 즐기는 삶 이후를 생각해 보았는가? 어느 날 직장을 그만두게 됐을 때를 대비하고 있는가. 평생 월세, 전세로 살 수는 없지 않은가. 그렇기에 돈이 아닌 자산에 투자해야 한다. 수익을 내며 살아야 하는 것이다.

장기적인 안목이 필요할 때

2016~2018년에 굉장히 뜨거웠던 잠실을 들여다보자. 2008년 파크리오에 투자한 지인의 사례다(전용면적 59㎡, 24평형 기준).

연도	금액
2008년	5억~5억 2천만 원
2013년	6억 8천만 원
2018년	13억 원

상승기 흐름을 탄 2018년에 가격이 오른 것은 물론 부동산 시장에 한파가 몰아쳤던 2013년에도 2008년보다 올랐다. 국내외 어려운 경기를 감안해도 장기적으로는 좋은 입지의 새 아파트는 불변의 법칙인 듯하다.

아무것도 하지 않아도 부동산은 스스로 가격이 오른다. 돈을 벌어주는 자산이 된다는 것이다. 은행이자만으로 이만큼 벌 수 있을까? 부동산에 투자했기 때문에 이만큼의 수익을 얻을 수 있다.

물론 2018년 이후로는 금리 인상과 대출 규제, 세금 중과, 미국과 중국의 무역전쟁 등 부정적인 경제 상황으로 지난 몇 년만큼 오를 가능성이 적다. 하지만 투자 가치를 지닌 곳은 여전히 있다. 지난 몇 년간은 무조건적인 상승이었다면 이제는 철저히 오르는 시장만 오르고 그렇지 않은 지역은 힘겹게 허덕이는 양극화가 나타난다. 모든 부동산이 아니라 특정 지역, 특정 상품에 한해 오른다는 것이다.

그렇다면 부동산 상승 시기는 끝났으니 더 이상 투자할 필요 없는 것일까? 아니다. 이미 많이 올랐음에도 투자할 곳은 아직도 남아 있다. 그리고 앞으로 상승기는 도래하게 마련이므로 조정된 가격에 입지 좋은 곳을 선점하는 것도 좋은 방법이다. 과거에도 부동산 규제는 항상 있어왔고, 앞으로 상승기가 도래하면 또 다른 규제가 나타날 것이다. 지금의 규제에 지나치게 얽매일 필요 없다는 것이다. 따라서 부동산 투자로 돈을 벌려면 단기적인 흐름만 보는 것이 아니라 장기적인 안목으로 확실한 곳에 투자해야 한다.

자본주의 시장의 원리를 이미 알고 있는 부자들과 현금을 보유한 자산가들은 이런 때를 기다리고 있다. 그리고 몇 년 후 최고의 수익률로 기쁨을 맛볼 것이다. 투자는 자산을 지키는 최고의 수단이다. 우리의 자산을 지키고 키워나가기 위해 공부해야 한다.

왜 아파트인가?

적은 돈으로 투자하고자 한다면 쉽게 떠올릴 수 있는 것이 빌라나 오피스텔이다. 그리고 빌라나 오피스텔에 투자해서 모은 자금으로 아파트나 상가에 투자한다. 부동산 초보자는 이런 순서를 투자의 정석이라고 생각한다. 하지만 절대 그렇지 않다. 초보자에게는 무엇보다 자산을 불리는 속도와 안정성이 중요하다. 얼마나 빠른 속도로, 리스크를 최소화하며 부를 이루는가 하는 것이다. 부동산 투자에는 순서가 중요하지 않다는 뜻이다.

오피스텔

소액으로 접근하기 쉬운 투자 상품으로 인기가 높다. 나도 자본금이 많지 않을 때 가장 먼저 오피스텔을 생각했다. 2014년 집과 가까운 곳에 마곡지구가 들어서던 시점이었다. 금리가 점점 낮아지고 마곡지구에 양질의 일자리가 대거 공급되면서 인구도 증가할 것으로 예상했다. 지하철 5호선과 9호선을 통해 서울 중심과도 접근성이 좋아 역세권 중에서는 다른 지역보다 안정적일 것 같았다.

| 오피스텔의 장점 |

- 시대 트렌드에 맞는 1~2인 소형 주택
- 안정적인 임대수익
- 아파트 대비 높은 수익률
- 소액으로 투자 가능

투자금이 적은 나에게는 굉장히 매력적인 장점이었다. 하지만 마곡 인근 시역까지 공급량이 늘어나면 처음 몇 년간 공실의 위험을 생각하지 않을 수 없었다. 공실 가능성은 시세보다 저렴하게 임차를 맞추는 것, 세입자를 들일 수 없는 것 등 수익성 하락과 연결되기 때문이다.

오피스텔의 장점은 월세를 받는 것이므로 높은 임대수익률을 확보할 수 있다. 반면 공실이 생기거나 매매가 상승에 따른 시세차익을 볼 수 없는 것은 오피스텔 투자의 단점이다. 따라서 공실 가능성이 가장 중요한 투자 포인트다.

오피스텔은 시간이 지날수록 매매가가 크게 오르지 않는 단점이 있다. 분양받은 지 얼마 되지 않은 오피스텔은 매매가에 큰 변동이 없지만 4~5년만 지나도 신축 오피스텔에 비해 경쟁력이 떨어지고, 수요자들의 트렌드가 바뀌면 시세차익을 크게 볼 수 없다. 그래서 오피스텔은 무조건 입지 좋은 곳, 역세권, 새것이 경쟁력이다.

아파트는 주변에 새 아파트가 늘어날수록 인구 유입으로 큰 시너지 효과를 낸다. 하지만 오피스텔은 그렇지 않다. 오피스텔 단지가 생긴다고 해도 크게 오르지 않는다. 오히려 단기 거주자들이 많아서 계약 만료 후 새로운 임차 계약을 할 때마다 매번 발생하는 부동산 중개수수료가 부담이 될 수도 있다.

그렇다면 매도 시에는 아파트처럼 시세차익을 볼 수 있을까? 내가 오피스텔 투자를 권장하지 않는 이유 중 하나가 이것이다. 오피스텔은 시세차익을 크게 볼 수 있는 경우가 드물다. 월세 수익만 생각하고 투자해야 한다. 시세차익을 본다 해도 금액이 크지 않기 때문에 빠르게 자산을 불릴 수 없다. 부동산 투자는 아파트와 같이 시세차익을 볼 수 있는 투자, 오피스텔과 같이 월세 수익을 얻을 수 있는 투자로 나뉜다. 오피스텔은 철저히 시세차익보다 월세를 목적으로 접근해야 한다.

빌라

2011년 내가 결혼할 때만 해도 1억 8천만 원짜리 아파트 전세를 얻을 수 있었다. 이후에 결혼한 친구들은 여유가 있는 경우 2~3억 원짜리 아파트 전세를, 자금이 부족한 친구들은 김포나 고양시, 구리와 같은 수도권에 신혼집을 마련했다.

반면 서울 내 신축 빌라를 매매해 신혼 생활을 시작한 친구도 있었다. 아파트 가격이 고공행진을 이어가다 보니 서울에서 낡고 작은 아파트 전세를 마련할 돈으로 넓고 깨끗한 신축 빌라를 구입한 것이다.

깔끔한 실내, 직장과의 접근성, 저렴한 매물 위주로 찾은 결과 신축 빌라가 제격이었다고 한다. 무리한 대출이 부담스러운 것도 이유 중 하나였다.

| 빌라의 장점 |

- 아파트에 비해 저렴한 가격
- 적은 투자금
- 임대수익

아파트에 비해 임대료가 저렴한 빌라의 가장 큰 수요층은 신혼부부와 같은 젊은 층이다. 하지만 빌라는 매수보다 매도가 어렵다. 아파트보다 환금성이 떨어진다는 것이다. 수요도 많고 시세도 오를 수 있다면 빌라를 매수하는 것도 좋은 방법이지만 상품성이나 투자성이 있는지 반드시 확인해야 한다.

투자를 결정했다면 주변 시세부터 확인해야 한다. 아파트는 표준화된 규격이 있기 때문에 현재 시세를 파악하기가 쉽다. 매도 시에도 가격이 적정하다면 매수자를 구하기 어렵지 않다. 환금성이 뛰어나다는 뜻이다. 하지만 빌라의 경우 방향이나

면적, 위치, 노후 정도, 준공일 등 개별성이 워낙 강해서 정확한 시세를 조사하기 어렵다. 관심 지역을 대상으로 실거래된 빌라를 직접 확인하고, 그 가격에 거래할 수 있었던 이유 등을 파악해야 한다. 그리고 중요한 것은 시세보다 저렴해야 한다는 점이다.

빌라 투자의 문제점은 자신이 원하는 시점과 원하는 가격으로 매도하기가 쉽지 않다는 것이다. 아파트는 시세 상승기는 물론 하락기에도 가격만 적정하다면 매도하기 쉽다. 아파트는 입주하고 시간이 지날수록 가격이 오른다. 하지만 빌라는 분양가 이상 오르지 않을 가능성이 크다. 교통이 좋은 역세권이라고 해도 아파트보다 상승 폭이 훨씬 적다. 물가인상률 대비 기대 이상으로 시세가 오르는 경우가 많지 않다.

투자한 물건의 시세상승률이 물가 이상으로 오를 때 투자 가치가 생기는 것이다. 빌라의 시세 상승이 더디다는 것은 매수하려는 수요층이 적다는 뜻이다. 편의시설이나 보안이 철저한 아파트보다 생활 여건이 좋지 않기 때문이다. 공급보다 수요가 많은 상품은 가격이 오르지만 수요보다 공급이 많은 상품은 가격 조정이 있을 수 있다.

빌라 투자를 하는 이유 중 하나는 매매가와 전세가 차이가 크지 않아 투자금이 거의 들지 않기 때문이다. 월세 수요가 많은 것도 장점이지만 누수나 결로, 곰팡이와 같은 내구성 문제도 무시할 수 없기 때문에 신축 빌라로 매수하는 것이 좋다.

빌라는 시세차익이 아닌 임대수익, 단기보다는 장기적인 관점에서 적정한 가격으로 매도한다면 좋은 투자가 될 수 있다. 전략적으로 접근해야 하는 이유다.

마땅한 소득이 없는 은퇴 이후의 삶을 생각하면 월세라는 현금흐름의 가치를 재발견하게 된다. 노후 불안을 덜기 위한 임대수익은 젊은 층보다 은퇴자를 위한 부동산 투자 방법이다.

아직 기회가 많은 젊은 층은 빠른 시간 내에 자산을 늘려야 한다. 월세 수익을 만

들려고 시간을 낭비하지 말자. 자산을 빠르게 늘리다 보면 월세를 받게 되어 있다. 처음부터 월세를 목적으로 노력할 필요 없다. 투자금을 늘려 공급보다 수요가 넘치는 시장으로 직진하자. 그것이 바로 소형 아파트다. 1~2인 가구, 신혼부부, 노부부 등 수요층이 꾸준히 증가하고 한동안 인기도 지속될 것이다.

부동산은 끝났다?
서울 소형 아파트는 괜찮다

인생을 돌아볼 때 '젠장, 해보기라도 할걸'이라고 말하는 것보다
'세상에, 내가 이런 것도 했다니'라고 말하는 편이 낫다.
– 루실 볼

초보자도 도전 가능한 소형 아파트

부를 이루고, 노후를 대비하고, 내 아이들에게 더 많은 기회를 주기 위해서는 부동산, 아파트 투자가 필요하다. 하지만 평범한 직장인이나 신혼부부, 무주택자들이 처음부터 대형 아파트를 매매하기는 어렵다. 하지만 소형 아파트라면 꿈이 아니다. 얼마든지 가능하다.

소형 아파트란 전용면적 60제곱미터(㎡) 이하의 아파트를 말한다. 보통 24평이라고 생각하면 된다. 청년 세대와 노년 세대 등 1인 가구가 증가하고 있다. 청년 세대의 결혼과 출산이 늦어지는가 하면 결혼했지만 아이를 낳지 않고 사는 딩크족, 현재를 즐기자는 욜로족이 늘어나고 있다. 여기에 맞물려 아파트 가격 상승과 자금 부족 등으로 주택 구입 시기가 늦어지면서 소형 아파트를 선호하는 경향이 강해졌다.

소형 아파트는 높은 수요로 임대수익을 얻을 수 있으며, 시세차익으로 자본이득도 얻을 수 있다. 더구나 저렴한 가격에 매수가 가능하다. 따라서 투자를 처음 시작하는 사람이라면 서울의 소형 아파트를 추천한다. 몇 년 사이 공급도 많아지고 가격도 올랐지만 여전히 매력적인 투자 대상이다.

소형, 20평대

일부 전문가들은 대형 부동산에 대한 선호도가 다시 높아질 것이라고 예상한다. 가격은 수요와 공급에 의해 결정되고, 한쪽으로 치우치면 반대쪽 수요가 발생하게 마련이라는 논리다. 대형 부동산 공급이 적기 때문에 반드시 수요가 있을 것이라는 뜻이다.

소형 평형과 큰 차이가 나지 않는 중대형은 실거주로 추천한다. 실제로 내 주변에도 34평에서 살다 보니 짐이 많아져 평당 단가가 소형보다 조금 저렴한 38평이나 40평대로 이사하고 싶다고 하는 사람들이 많다. 아이를 키우기에도 넓은 평수가 좋다. 하지만 지금은 2000년대 초반처럼 대형 평수가 아파트 시장을 이끌기에는 무리가 있다. 지금은 인기 많은 소형이 오르면서 중대형이 따라 오른다.

아래 표를 보면 45평은 24평의 2배 가까운 넓이지만 시세는 2배가 되지 않는다. 20평대의 평당 단가가 높은 것이다. 장기적인 추세로 본다면 대형 아파트보다 소형

	마포 래미안푸르지오	왕십리 센트라스	신길 래미안에스티움
59㎡(24평)	11.5억 원	10억 원	9.8억 원
84㎡(34평)	14.5억 원	13.5억 원	11억 원
114㎡(45평)	16억 원	15억 원	14억 원

아파트의 수요가 더 많을 것이다. 24평보다 더 작고 더 다양한 새 아파트가 늘어나고 있다.

인구 감소, 가구 증가

우리나라의 인구는 점점 감소하고 있다. 한 가정에 아이 한 명 또는 아예 낳지 않는 부부들도 많다. 우리가 초등학생일 때는 한 학급에 50명 내외였는데 지금은 23~24명 정도다. 얼마 전 한국이 초고령사회로 진입하면서 생산 인구가 첫 감소세로 전환되었다는 기사가 나오기도 했다.

하지만 통계청 발표 자료는 주민등록상의 출생 인구와 사망 인구를 단순 계산한 것이다. 외국인 근로자, 외국인 사업가, 유학생 등 주민등록을 하지 않는 거주 인구가 급격히 늘어나고 있다는 점에 주목해야 한다. 주민등록의 유무와는 별개로 그들 모두 살 집이 필요하다. 따라서 인구 증가보다 가구 수의 증가에 초점을 맞춰야 한다.

우리가 어린 시절에는 3대가 함께 사는 집도 종종 있었다. 하지만 지금은 보통 4인 가족에 자녀가 결혼과 동시에 독립한다. 가족 구성원이 적고 가구 수가 늘어나며 결혼 전 독립 시기도 점점 빨라지고 있다. 대학이나 직장이 멀리 있는 경우 그런 경향이 더욱 크다.

한국의 1인 가구 증가세는 굉장히 빠른 수준이다. 1인 가구는 이미 보편화되었고, 향후 점점 더 늘어날 것으로 예상된다. 1인 가구가 늘어나는 만큼 소형 주거에 대한 수요도 빠르게 늘고 있다. 직주근접(職住近接, 직장과 주거가 가까운 것), 양질의 일자리가 있는 교통이 좋은 곳을 눈여겨보지 않을 수 없다.

청년층 1인 가구에게 주택 매입은 큰 의미가 없다. 임대로 살다가 좀더 좋은 곳으

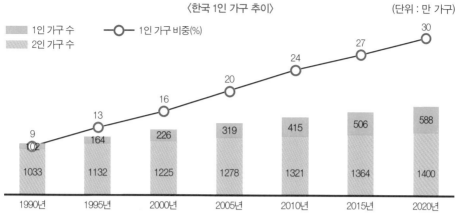

〈한국 1인 가구 추이〉 (단위 : 만 가구)

- 1인 가구 수
- 2인 가구 수
- 1인 가구 비중(%)

연도	1인 가구 비중(%)	2인 가구 수	1인 가구 수
1990년	9	102	1033
1995년	13	164	1132
2000년	16	226	1225
2005년	20	319	1278
2010년	24	415	1321
2015년	27	506	1364
2020년	30	588	1400

출처 : 삼성경제연구소

로 이사하는 것이 더 효율적이다. 하지만 일정 비용을 주거비로 책정하고 그 가격에 맞춰 생활한다고 가정했을 때, 같은 규모에 더 좋은 환경으로 이사를 가는 경향이 있다. 매매 가격보다 임대 가격 상승 효과가 있다는 것이다. 즉 임대수익을 볼 수 있는 투자처다.

고령 인구가 증가하면서 자녀를 출가시킨 부모들은 보통 중대형 주택을 처분하고 소형 아파트로 옮겨 간다. 가족이 많을 때는 큰 집이 필요했지만 가족들이 각자의 터전을 마련해 흩어지면서 작은 집 여러 채가 필요하다. 경제적 여유가 있다면 넓은 평형에서 계속 지낼 수 있지만, 고정수입이 없는 노년층은 관리비가 부담스러울 수 있다. 어른들은 의료 혜택을 위해, 맞벌이 직장인은 교통 편의를 위해 도심에서 가까운 곳을 선호한다. 이런 현상이 가속화되면서 가구 분화가 소형 부동산 수요를 늘리는 원인 중 하나가 되고 있다. 직주근접의 필요성이 갈수록 커지면서 소형 부동산을 찾는 수요는 계속 늘어난다.

도심, 직주근접 가능한 소형 아파트

소형 아파트라고 해서 어느 것이나 투자 가치가 있는 것은 아니다. 이제는 어떤 지역도 '무조건 상승'을 단정할 수 없으며 지역별로 차이가 있다. 공급에 비해 수요가 부족한 지역과 교통망이 신설되는 지역은 거래가 늘어나고, 그와 동시에 침체된 곳도 있다. 이제는 양극화 시장이 본격화되고 있다.

이왕이면 도심권이나 일자리가 많은 지역에서 가까운 직주근접을 고려해야 한다. 나의 부동산 재테크 기본 공식은 철저히 역세권과 직주근접이다. 양극화 시장에서는 상승과 하락이 동시에 존재할 수 있으므로 무조건 상승 또는 하락을 전망하는 우를 범하지 말아야 한다. 이제는 실거주를 위해 집을 구입하는 시장이다.

전용면적 : 아파트 등 공동주택에서 방이나 거실, 주방, 화장실 등을 모두 포함한 넓이로, 공용면적을 제외한 나머지 바닥 면적을 뜻한다. 현관문을 열고 들어가는 가족들의 전용 생활 공간이며, 발코니는 전용면적에서 제외된다.

공용면적 : 아파트 등 공동주택의 건축 면적 중에서 다른 세대와 공동으로 사용하는 부분의 바닥 면적을 말한다. 현관, 계단, 복도, 엘리베이터 등이 포함된다.

평수(공급 면적) : 전용면적+공용면적

〈20평대, 전용면적 59㎡〉

〈30평대, 전용면적 84㎡〉

마포래미안푸르지오

🧭 남서향   🏢 역까지 4분 | 공급/전용 113/84.89㎡ | ㎡ | 평 | 🏠 허위매물신고

매물정보   시세/실거래가   학군정보   대출

기본형   확장형

매물특징   트인전망 판상형 입주매물

| 공급/전용면적 | 113/84.89㎡ (전용률75%) |

〈공급대상 및 공급금액〉

구분	아파트코드 및 주택관리번호 (모델번호)	주택형(㎡) [주거전용 면적기준]	세대수	최저층 우선 배정 [층(세대)]	세대별 공용면적					
					주거 전용	주거 공용	소계 주거전용+ 주거공용	기타 공용면적 주차장포함	합 계	
민영주택	2012000347-01	59.9600A	160	1층(12) 2층(19)	59.96	20.1	80.15	41.48	121.63	
	2012000347-02	59.9400B	31	1층(2) 2층(7)	59.96	20.2	80.18	41.46	121.64	
	2012000347-03	59.9200C	72	1층(15) 2층(2)	59.92	20.2	80.18	41.45	121.63	
	2012000347-04	59.9700E	27	1층(5) 2층(3)	59.97	20.6	80.62	41.49	122.11	
	2012000347-05	59.9200F	5	1층(1)	59.92	20.4	80.39	41.45	121.84	
	2012000347-06	84.3800A	22	1층(3) 2층(5)	84.38	26.5	110.94	58.37	169.31	
	2012000347-07	84.8900B	73	1층(7) 2층(16)	84.89	28.1	113.00	58.72	171.72	
	2012000347-08	84.5900C	88	1층(20) 2층(2)	84.59	28.1	112.70	58.52	171.22	
	2012000347-09	84.5900E	41	1층(10) 2층(1)	84.59	28.4	113.04	58.52	171.56	
	2012000347-10	114.2800A	48	1층(2) 2층(2)	14.28	35.0	149.28	79.05	228.33	
	2012000347-11	114.5800B	144	2층(10)	14.58	36.0	150.65	79.26	229.91	
	2012000347-12	114.7200C	161	1층(12)	14.72	35.7	150.50	79.36	229.86	
	2012000347-13	145.2000A	14	2층(2)	45.20	44.1	189.33	100.44	289.77	

정부의 정책에
올라타라

위험을 무릅쓰고 멀리 나아가고자 하는 사람만이
자신이 도달할 수 있는 가장 먼 지점을 발견한다.
– T. S. 엘리엇

끊임없이 연구하는 투자자

'한 달 새 1억 껑충. 집값, 과열인가 회복인가', '재건축 단지가 상승세 주도, 3천만 원 올려도 즉시 팔려', 2017년의 기사 제목이다.

2014년부터 저금리 기조가 계속되면서 발 빠른 투자자들은 지방에서 수도권으로 투자처를 옮겼다. 신분당선, 수서발 KTX, 9호선, 마곡지구 등 호재를 따라 다양한 지역에 투자했다. 박근혜 정부의 부동산 완화 정책들이 부동산 시장에 긍정적인 영향을 끼쳤던 것도 사실이다. 모두 한풀 꺾이는 조정 시기에 들어갔지만 반대로 서울, 수도권, 세종시는 계속 올랐다. 2016년부터는 재건축이나 강남4구를 시작으로 시세가 훨훨 날았다는 표현이 맞을 듯하다.

별다른 규제가 없던 중 2016년 11월 3일, 박근혜 정부는 '실수요자 중심의 부동산 안정화 대책'을 발표했다. 청약 규제를 적용해 강남4구는 소유권 이전 등기 시까지 매도할 수 없게 되었다.

2016년은 거의 분양권의 해라고 할 수 있었다. 이전까지는 전매제한이 6개월밖에 되지 않아 분양받고 6개월 이후부터는 얼마든지 사고팔 수 있었다. 중도금 대출을 승계하는 것도 가능했다. 몇 년 동안 공급이 없었던 새 아파트에 대한 큰 기대감도 한몫했다. 정책이 나온 후 3개월 동안은 시세 조정이 있는 듯했다. 프리미엄 3천만 원이 1천만 원으로 떨어졌다. 심지어 프리미엄이 전혀 없는 것조차 아무도 거들떠보지 않았다. 하지만 몇 개월 후 아파트 가격은 또다시 급상승하면서 뜨거운 열기가 다시 타올랐다.

2016년 11월부터 2017년 3월 사이에는 매수 의향이 있는 사람이 많지 않아 분양권 프리미엄도 굉장히 저렴했다. 정책이 발표되었을 때 무조건 시장을 부정적으로 바라보기보다 계속 원문을 읽어보고 내 상황에 대입해 보면 자신에게 맞는 투자 방향이 나오게 마련이다. 하지만 많은 사람들이 그렇게 생각하지 않는다. 정책을 발표한 이후 매수세가 잠잠해지고 미디어에서 부정적인 기사가 쏟아져 나오면 대다수는 보이는 대로 믿는다. 하지만 자신만의 통찰력과 분석력으로 판단한 사람들은 서울의 강남4구 외 지역의 분양권을 저렴하게 매수하는 기회를 잡았다.

이번 정부 들어서 안정화될 줄 알았던 아파트 시장은 급속도로 상승했다. 정부는 부동산 대책을 연이어 발표했다. 2017년 6월 19일 첫 번째 6·19 부동산종합대책은 대출 규제를 하고 조정대상지역을 선정하여 집중 관리하는 것이었는데 효과가 미미했다. 그러자 초강력 정책인 8·2부동산대책을 발표했다. '서민의 실수요 보호와 단기 투기 수요 억제를 통한 주택시장 안정화 방안'이었다. 집을 투자가 아닌 거주 대상으로 보고 단기 투자는 모두 투기로 간주해 투기 수요를 철저히 차단하겠다는 목표였다. 상승이 클 것으로 예상되는 지역을 등급별도 분류해 투기지역, 투기과열지구, 조정대상지역으로 분류했다.

8·2부동산대책의 파장은 굉장히 커서 시장은 잠잠해졌다. 그러나 정부의 의도와는 달리 오르는 지역을 찍어준 셈이었다. 정부가 분류한 투기지역이 가장 많이 올랐고, 투기과열지구, 조정대상지역 순서로 오르기 시작했다. 규제가 강화될수록 시장 참여자들은 자신들에게 유리한 방향을 항상 생각하기 때문이다. '똑똑한 1채'가 유행어처럼 번지면서 인기 지역에 대한 쏠림 현상이 나타났다. 이때도 주택을 매수하기에 좋은 시기였지만 준비되지 않은 사람들은 가격이 떨어질 것을 우려해 쉽게 행동에 나서지 못했다. 급매로 나온 물건들은 시장을 잘 파악하고 있는 사람들의 몫으로 돌아갔다.

그 이후 10·24가계부채종합대책, 11·29주거복지로드맵, 12·13임대주택활성화방안 등의 정책이 몇 차례 더 발표됐고, 최근 가장 강력했던 9·13주택시장안정대책(9·13부동산대책)이 나왔다. 이것은 '투기 수요 근절, 맞춤형 대책, 실수요자 보호'라는 3대 원칙으로 다주택자에게는 촘촘한 규제를 하고 무주택자들에게 주택을 공급하기 위한 정책이다.

사실 그동안 건강보험료 부담, 임대 의무 기간, 투명한 관리 시스템이 부담스러워 임대 사업자를 꺼리는 다주택자가 많았다. 처음 주거복지 로드맵이 나올 때만 해도 임대인들은 우왕좌왕했지만, 정부에서 제시한 조건이 꽤 큰 혜택이었기에 수많은 다주택자들이 준공공임대주택으로 등록하기 시작했다.

8년 이상 임대해야 하는 준공공임대주택은 조정대상지역 이상이라도 기준시가 6억 원 이하(지방 3억 원), 전용면적 85제곱미터(㎡) 이하의 조건을 충족할 경우 양도세는 물론 보유세까지 절감하는 혜택이 주어졌다.

처음에 임대주택 등록 얘기가 나왔을 때는 달가워하지 않는 분위기였다. 아파트를 의무적으로 8~10년간 보유한다는 것이 생각보다 쉬운 일이 아니기 때문이다. 하지만 9·13부동산대책이 나온 이후에는 이미 준공공임대사업자를 등록한 다주택자가 유리하다는 것을 실감하게 되었다.

2018년 4월 양도세 중과 시행을 앞두고 약 3만 5천 명, 2018년 9월에는 무려 약 2만 6천 명 정도 등록했다. 9월에는 왜 이렇게 많은 사람들이 주택임대사업자 등록을 했을까? 9월 초 국토교통부 장관이 임대주택의 세제 혜택이 과한 측면이 있다고 발언했을 때부터였다. 9·13부동산대책에서는 주택임대사업자 대출을 40퍼센트로 제한하고, 주택 수에 포함하지 않았던 주택을 포함하면서 종부세 과세 혜택이 감소했다. 9·13부동산대책 이후에 계약한 건은 다주택자에게 가장 무서운 양도세, 보유세 혜택이 대폭 축소되었으니 말이다. 역시 승자는 9·13부동산대책 이전에 정부가 제시한 준공공임대주택으로 사업자를 낸 사람들이었다.

앞으로의 투자 방향은?

그렇다면 이제 어떤 방향으로 부동산 투자를 해야 할까?

이번 정부는 무조건 실수요자 중심의 정책을 제시하고 있다. 역시 혜택은 다주택자보다 무주택자나 1주택자에게 집중되어 있다. 따라서 대출을 받더라도 반드시 똘똘한 아파트 1채를 자기 소유로 마련해 놓아야 한다. 시간만 흘려보내다가는 영영 서울에 내 집 1채 장만하지 못할 수도 있다.

2018년 개정된 청약제도는 투자 목적의 수요를 제외하고 무주택자 실수요자들에게 우선 공급함으로써 더 많은 기회를 주었다. 이전까지는 1주택자까지 1순위로 보고 주택 소유 여부에 관계없이 기회가 주어졌지만, 지금은 추첨제 공급 시 추첨제 대상 주택의 75퍼센트 이상을 무주택자에게 우선 공급하고, 잔여 주택은 무주택자와 1주택자(기존 주택을 처분하는 조건)에게 우선 공급한다.

수도권 아파트 가격의 상승으로 신규 분양이 더욱 주목받기도 하는데, 비싼 아파트는 가격 부담도 되고 과거 시세에 집착하다 보면 쉽게 사지 못한다. 특히 분양가 상한제와 주택도시보증공사(HUG)의 간접적인 분양가 통제로 주변 시세 대비 분양가가 경쟁력을 갖추면서 청약으로 몰리고 있다.

그러나 '로또청약'이라는 단어에는 2가지 뜻이 포함되어 있다. 첫 번째는 당첨되면 상당한 시세차익을 볼 수 있다는 것, 두 번째는 그만큼 당첨되기 어렵다는 것이다. 따라서 언제 될지 모르는 청약만 바라보고 몇 년을 보낼 것이 아니라 기존 아파트나 재개발 입주권을 살펴봐야 한다.

도심, 강남, 여의도와 같은 직주근접, 교통 호재가 있는 서울 및 수도권 정비 사업이 빠르게 진행되는 곳을 추천한다. 9·13부동산대책에 따른 대출 제한으로 다주택자가 보유한 재개발 물건은 이주비 대출이나 중도금 대출이 쉽지 않아 일시적으로 가격 조정된 물건들이 조금씩 등장하고 있다. 입주권 매수 후 입주하기 전까지는 월세를 내거나 전세자금대출을 받아 몇 년 동안 전세로 거주한다면 희소가치 높은 신축 아파트를 1채 가질 수 있다.

아파트 시세 상승 속도 순위는 '새 아파트 예정(재건축, 재개발) → 새 아파트(분양권~준공 후 5년) → 구축 아파트(5년 이상~10년 이내)' 순이다. 앞으로 신축이 될 물건일수록 시세차익을 크게 볼 수 있다.

정부의 유일한 경기부양 카드 역시 부동산이다. 정책이 일관성 없이 수시로 바뀐다는 비난을 받고 있지만 부동산 가격이 지나치게 하락하면 경기 부양을 하려 할 것이고, 반대로 지나치게 오르면 과열된 경기를 잡으려고 할 것이다. 무엇이든 오를 때가 있으면 떨어질 때가 있고, 떨어질 때가 있으면 오를 때도 있는 것이다.

정부가 제시한 자료대로 믿고 공부한다면 투자의 성공이 보인다. '투기지역 → 투기과열지구 → 조정대상지역'의 순으로 비중을 두어 공부해야 한다는 것이다. 오르는 곳은 더 오르고 떨어지는 곳은 더 떨어지는 양극화 시장으로 가고 있다. 지역에 대한 관심과 공부는 기본이고 현명한 투자를 할 준비를 하자.

언제든 내 집 마련의 기회와 부동산 투자의 길은 있게 마련이니 두려워하지 말고 시장을 바로 볼 수 있도록 공부하자.

평범한 사람이 할 수 있는
최고의 재테크

선택은 순간이지만, 그 결과는 평생 영향을 미친다.
— 엠제이 드마코

3포 세대, 정말 포기할 것인가?

요즘처럼 하늘 높은 줄 모르고 치솟는 집값, 취업난, 물가 상승으로 인한 생활비의 증가 속에서 부모님 도움 없이 젊은이 스스로 종잣돈을 마련하기란 보통 힘든 일이 아니다. 사회적, 경제적인 압박으로 연애와 결혼, 출산을 포기하는 3포 세대, 심지어 모든 것을 포기하는 N포 세대라는 말이 나올 정도다.

매월 똑같은 수입이 들어오더라도 제대로 관리하지 않으면 지출은 조금씩 늘어나게 마련이다. 20대는 학자금 대출, 30대는 주택담보대출, 40대는 자녀 교육비가 큰 부분을 차지한다. 소득이 일정하지 않은 부모님에게 매달 용돈을 드린다면 최소 생계비만 남는 것이 현실이다. 점점 지출이 커지다 보면 자연스럽게 출산을 포기하게 된다.

종잣돈을 마련하는 방법은 오직 절약과 저축이다. 인터넷 포털사이트 다음의 '텐인텐' 카페나 '짠돌이' 카페를 보면 종잣돈을 마련하기 위한 젊은 세대들의 노력이 얼마나 치열한지 알 수 있다. 하지만 절약으로 돈을 모으는 데는 한계가 있을 뿐 아니라 꽤 오랜 시간이 걸린다.

종잣돈 1억 원을 모은다고 가정해 보자. 한 달에 100만 원씩 저축하면 9년이 걸린다. 200만 원씩 200개월(16년 이상)을 저축해야 4억 원을 모을 수 있다. 물론 저축 금액을 늘리면 기간을 단축할 수 있지만 쉽지 않다. 최근 1년 새 아파트 값을 한번 확인해 보자. 강남을 제외하고도 서울의 신축 아파트는 최소 3억 원 이상, 강북의 구축 아파트도 1억 원 이상 올랐다. 절약과 저축만으로는 1년에 몇 억씩 오르는 부동산을 9년 후에 절대 살 수 없을 것이다. 저축 속도보다 아파트 가격이 훨씬 빨리 오르기 때문이다. 종잣돈 마련을 위해 한창 예쁘게 살아야 할 젊은 시절을 힘들게 보낸다면 얼마나 안타깝겠는가.

같은 속도로 걷지 말고 뛰어라

부자가 되려면 3가지를 위해 끊임없이 노력해야 한다. 첫 번째, 돈을 많이 번다. 두 번째 돈을 많이 모은다. 세 번째, 돈을 많이 불린다.

한국경제연구원에 따르면 2017년 근로자 평균 연봉은 3475만 원이다. 자신은 어디에 해당하는가? 평균 연봉 이상인가, 이하인가? 3475만 원 이하라고 해도 걱정할 필요 없다. 평균이 아닌 중간 수준(높은 순서대로 매겼을 때 맨 가운데 연봉)은 2720만 원이기 때문이다. 1등부터 100등으로 나눌 경우 2720만 원 정도면 50등은 된다. 연봉이 3천만 원이 채 되지 않는다면 위로도 49명이 있고 아래로도 49명이 있다. 당연히 많은 연봉을 받는 사람이 더 잘살 가능성이 크다. 특히 맞벌이라면 말이다.

하지만 현재의 조건이 좋지 않다고 해서 포기할 필요 없다. 출발선이 조금 다를 뿐 고액연봉자들이 천천히 걸어갈 때 우리는 2~3배 뛰어가면 된다. 부자가 되기 위해 필요한 2가지 조건을 갖추지 못했다고 해도 마지막 조건 한 가지로 얼마든지 성공할 수 있다. 그것이 바로 재테크다. 주식이나 펀드, 부동산 등 많은 종류가 있지만 복리로 불어나는 안정적인 투자처는 바로 부동산이다.

복리의 힘

저축은 단리에 비유할 수 있고, 부동산 투자는 복리에 비유할 수 있다. 원금에 대한 이자만 붙는 것이 단리이고, 이자에 대한 이자도 함께 붙는 것이 복리다. 복리의 핵심은 바로 투자 기간이 길수록 원리금이 기하급수적으로 증가한다는 것이다.

"인류 최고의 발명은 복리다. 복리야말로 우주에서 가장 강력한 힘이다"라고 아인슈타인은 말했다. 재테크에서 복리는 자산 증식의 핵심 원리이며, 복리로 굴려지는 상품이 바로 부동산이다.

현금 1천만 원을 저축했을 때 단리와 복리를 비교해 보자. 10퍼센트 금리의 정기예금을 1천만 원 들었다면 20년 후 얼마나 불어날까? 단리로 계산해 보면 매년 100만 원씩 20년이면 2천만 원의 이자가 붙는다. 원금 1천만 원과 이자 2천만 원을 합하면 3천만 원이다.

그렇다면 복리로 계산했을 때는 어떨까? 1년 후에는 복리도 단리와 다름없이 100만 원의 이자가 붙는다. 하지만 2년부터 조금씩 달라진다. 원금과 이자를 합한 1100만 원에 대한 이자가 붙어서 1210만 원이 된다. 이렇게 20년 후에는 무려 6727만 원이 된다.

금액이 크고 기간이 길수록 차이는 더욱 커진다. 복리는 이자에 이자가 붙는 횟수가 늘어날수록 눈덩이처럼 불어난다.

부동산도 마찬가지다. 3억 원짜리 아파트가 3천만 원 올라 3억 3천만 원이 되고, 또 3억 3천만 원에서 5천만 원 올라 3억 8천만 원이 된다. 매년 오를 수도 있고 오르지 않을 수도 있다. 떨어질 수도 있고 보합인 경우도 있다. 하지만 1채만 장기적으로 보유한다고 해도 적금보다 훨씬 낫다.

복리로 굴려지는 부동산을 1채, 2채 조금씩 늘려나간다면 자신이 생각하는 금액 이상으로 자산이 불어나는 경험을 할 수 있다. 하락장에서는 방어할 수 있는 곳, 상승기에는 시세 분출이 더 커질 곳을 염두에 둔다면 10퍼센트 이상은 쉽게 오를 것이다.

이렇게 특정 부동산을 잘 고르면 가격 상승과 더불어 현금흐름이 발생하며 추가 수입이 생긴다. 부동산을 최고의 투자처라고 하는 이유는 가격 등락이 크지 않고 자주 매매하기 어려우며 현금흐름을 만들 수 있기 때문이다.

현금의 휘발성을 막기 위한 적극적인 경제활동

나는 보유하던 고덕주공3단지 재건축 아파트를 1년 만에 매도해야 했다. 계속 보유한다면 분명 더 큰 시세차익을 얻을 수 있었겠지만 안타깝게도 매도할 수밖에 없는 상황이었다. 하지만 투자에 문외한이었던 남편은 빠른 시간 내에 기대했던 것보다 더 큰 수익을 얻게 되자 마냥 기분이 좋은 모양이었다. 나는 수익으로 더 큰 곳에 재투자해야겠다고 생각한 반면 남편은 매주 외제차 매장을 돌아다니며 어떤 차를 살지 고민했다.

차값 5천만 원으로 부동산에 투자하면 1천만 원을 벌 수도 있고, 1억 원을 벌 수도 있다. 하지만 차를 사면 그 순간부터 우리의 자산 5천만 원이 사라진다. 시간이 지날수록 감가상각이 되기 때문이다.

자본소득을 투기와 욕심이라는 지탄의 대상으로 몰고 가는 사회적 분위기도 있지만, 평생 모은 현금 자산을 은행에 맡겨도 최소한의 생활은 고사하고 오히려 가치가 떨어진다. 따라서 부동산이 아니더라도 투자는 선택이 아닌 필수다.

우리는 아직 젊지 않은가. 시간을 벌어야 한다. 우리의 성공도 복리처럼 다가온다. 처음에는 별다른 성과가 없는 것처럼 보이지만 시간과 노력을 들이다 보면 어느새 셀 수 없을 만큼 불어나 있을 것이다. 성공은 어떤 것의 결과이지, 어느 순간 갑자기 일어나는 것이 아니다.

9·13 대책 핵심정리

대출 규제

• 규제지역 내 주택담보대출 금지 : 2주택 이상 보유 세대 금지, 1주택 세대 신규 구입 목적 원칙적 금지)

• 규제지역 내 고가주택 주택담보대출 금지 : 공시가격 9억 원 초과, 시가 약 13억 원

• 전세대출 보증 요건 대폭 강화 : 2주택 이상 보유자, 1주택 부부 합산소득 1억 원 초과 시 보증 불가

• 주택임대사업자 대출규제 강화 : 투기지역 및 투기과열지구 내 주택담보 임대사업자대출 LTV 40%

세금 규제

• 종합부동산세 강화 : 3주택 이상자 및 조정 대상지역 2주택자, 고가 1주택도 세율 인상

• 양도소득세 강화 : 고가 1주택 장특공제 요건 강화, 조정 대상지역 일시적 2주택 비과세 기준 강화

• 주택임대사업자 세금 규제 강화 : 조정 대상지역 신규 취득 임대주택 양도세 중과 및 종부세 과세

시장 관리

• 실거래가신고 개선 : 계약 후 30일 이내 신고, 계약 무효, 취소, 해제 시 신고의무 부여

• 무주택기간 요건 강화 : 분양권 · 입주권 소유자 및 매수자 주택소유로 간주, 추첨 시 무주택자 우선

주택 공급 확대

• 신규 수도권 공공택지 공급 : 수도권 공공택지 확보를 통한 30만 호 추가 공급

• 도심 내 공급 활성화 : 상업지역 주거비율 및 준주거지역 용적률 상향, 역세권 용도지역 변경 등

PART 2

2년 만에 자산 60억!
아파트 투자가 기본이다

15년 차 직장인
아파트 투자에 눈뜨다

나는 인생의 바닥을 쳤고, 그것을 재도약의 구름판으로 삼았다.
– J. K. 롤링

1997년 겨울, 우리 가족에게 진짜 겨울이 찾아왔다. 세 자녀를 둔 가장인 아버지가 제2의 인생을 시작하고자 회사를 그만둔 것이다. 경기도 안성에서 서울의 4년제 대학 행정학과를 나와 대기업에 입사한 아버지는 집안의 자랑스러운 장남이었다. 여유가 넘치지는 않았지만 웬만큼 하고 싶은 것은 할 수 있었던 훌륭하고 안정된 직장이었다. 하지만 아버지의 퇴사 후 무방비로 맞이한 IMF로 우리 가족은 위기에 처하게 되었다. 대한민국이 휘청거리던 그 시기, 우리 집도 예외는 아니었다.

맏딸의 무게
IMF를 맞이한 것은 내가 중학교 1학년 때였다. 당시 부모님은 일터에서, 우리 삼님매는 집에서 가자 할 일을 하며 치열하게 살았다. 우리의 행동 하나가 부모님께 누가 되지 않을까 항상 조심했고, 열심히 사는 부모님께 흐트러진 모습을 보여드리지 않으려고 노력했다. 부모님이 해주지 못하는 부분을 채워드릴 수 있는 자랑스러운 딸이 되고자 했다.

나는 아무렇지 않은 듯 열심히 학교에 다녔다. 하지만 학비 납부 고지서가 나올 때마다 그렇게 힘들 수가 없었다. 연년생인 동생과 내 학비를 합하면 거의 100만 원이었다. 매번 연체되고 개별 통보를 받는 일이 반복되었다. 친구들이 학원에 가는 것도 너무 부러웠다. 하지만 부모님이 되레 미안해하실까 봐 학원 얘기 한번 꺼내지 못했다.

고등학교를 진학하니 더 많은 세상이 보였다. 공과금과 생활비를 걱정하며 빠듯하게 살아가는 우리 가족과는 달리 여유 있는 사촌들, 친구들의 가정이 새삼 보이기 시작했다. 그들은 마치 다른 세상에 사는 사람들 같았다. '어떻게 저렇게 살 수 있을까, 정말 저런 삶이 있을까, 나도 저렇게 살 수 있을까, 꼭 저렇게 살고 싶다'는 생각을 그때부터 하기 시작했다. 더 잘사는 사람을 볼 때마다 그들의 삶을 동경하며 10대 시절을 보냈다.

보통 대학 졸업 후에 취업을 하는데, 나는 졸업하기도 전에 입사했다. 회사를 다니게 되자 부모님의 부담을 덜어드릴 수 있어서 행복했다. 그동안 자식들 키우고 학비를 마련하느라 고생하신 부모님에게 어떤 것이든 해드리고 싶었다. 부모님의 걱정 없는 편안한 얼굴을 보고 싶었고, 돈 걱정 없이 생활할 수 있기를 바랐다. 월급을 받으면 매월 100만 원씩 드렸고, 기념일에는 좋은 옷을 사드리고 좋은 식당에서 맛있는 음식을 먹을 수도 있었다. 돈이 주는 행복을 조금씩 느끼기 시작한 것이다.

하지만 매월 내가 드리는 100만 원으로는 근본적인 해결이 되지 않았다. 열심히 돈을 벌어서 갖다 드리면 상황이 나아질 거라고 생각했지만 빚은 줄어들 기미가 보이지 않았다. 살짝 숨통만 트였을 뿐이었다.

'적은 소득으로 아이 셋을 키우면서 얼마나 애가 타셨을까.' 결혼하고 엄마가 되어 부모님을 생각하니 가슴이 너무나 아팠다. 그리고 100만 원이 큰 금액이 절대 아니었다는 것도 이제야 알게 되었다.

제2의 삶, 결혼

10대, 20대를 힘들게 보내다 보니 안정적인 직장에 생활력이 강한 배우자를 만나고 싶었다. 우리는 연애 2년 만에 결혼했고 시댁의 형편도 넉넉한 편은 아니었다.

우선 결혼은 남편이 모아둔 9천만 원으로 시작했다. 하지만 그 돈으로 서울에 있는 아파트를 마련할 수 없었다. 빌라보다는 생활환경이 좋은 아파트를 얻고 싶었는데 턱없이 부족했다. 그때만 해도 전세자금대출이 보편화되지 않아 집주인의 허락을 받기가 쉽지 않았다. 하지만 다행히 9천만 원의 전세자금대출을 받을 수 있었고 15년 된 서울 강서구의 아파트 전세를 1억 8천만 원에 얻었다. 그리고 다음과 같은 구체적인 계획을 세웠다.

- 매년 2천만 원 이상 대출 상환하기
- 서울 30평대 아파트를 사기 전까지 어떤 이유로도 퇴사하지 않기
- 첫아이 초등학교 입학 전에는 서울에 30평대 아파트 사기
- 아이 교육에 돈 아끼지 않기

결혼 6개월 만에 내 집 마련

지금 생각하면 다행이다 싶지만 당시에는 몹시 걱정되고 불안한 일이 있었다. 전세로 들어가서 산 지 6개월 만에 집주인한테 전화가 온 것이었다. "강남으로 이사를 가게 되어서 이 아파트를 팔아야 해요. 혹시 살 생각 있으신가요?" 2008년 당시는 리먼브라더스 사태(2008년 9월 15일 미국의 투자은행 리먼브라더스가 파산하면서 시작된 국제 금융위기)로 인해 부동산 시장은 아주 춥고 혹독한 겨울이었다. 집을 사야 할지 물어봤을 때 긍정적으로 대답하는 사람이 단 한 명도 없었다.

'이제 아파트로 돈 버는 시대는 끝났다.' '집값 대비 대출금이 너무 많아 위험해.' 모두 한결같은 이야기였다. 하지만 평생 '내 집 하나는 있어야 하지 않겠나'라는 마음에 언젠가 살 거라면 하루라도 빨리 사는 것이 낫겠다는 생각으로 과감히 매수를 결정했다.

그 당시 아파트 가격은 3억 원 정도였다. 우리에게는 전세보증금 9천만 원과 모아 둔 1천만 원을 합해 총 1억 원밖에 없었다. 대출도 최대 1억 7천만 원밖에 받을 수 없었다. 3천만 원이 모자랐다. 그런데 집주인이 매매가를 2억 9천만 원으로 조정해 주고 부족한 2천만 원은 무이자로 빌려줄 테니 1년 후에 갚으라고 했다. 대출금도 너무 많고 경제 상황도 좋지 않아 고민했지만 과감하게 결정했다. 집주인도 급한 마음에 제안했겠지만 자금이 부족한 우리에게는 더없이 좋은 조건이었다. 지금 다시 그때로 돌아간다 해도 아파트 구입을 결정할 것이다. 그야말로 최고의 선택이었다. 최저점에 매입했으니 말이다.

강제 저축, 5년 동안 1억 원 갚기

1년에 2천만 원 이상 저축하자는 계획은 대출금 상환으로 전환되었다. 1년에 한 번씩 목돈 2천만 원을 상환했고, 매월 원리금 상환으로 갚아나가다 보니 5년 만에 1억 원 이상 갚을 수 있었다. 대출금이 1억 7천만 원에서 7천만 원 이하로 떨어졌다. 그뿐인가? 2016년에는 부동산 시장에 훈풍이 불어 우리가 매수했던 금액보다 1억 원이 더 올랐다. 결과적으로 2억 원이라는 금액을 융통할 수 있게 되었다.

처음에는 그저 마음 편하게 살고자 마련한 내 집이 어느새 가격이 올라 자산이 2억 원이나 늘어났다. 전세로 계속 살았다면 어떻게 됐을까? 아마 전세보증금으로 들어간 9천만 원에 5년 동안 저축한 1억 원을 합해 2억 원이 채 안 되었을 것이다.

"이제 집값은 안 올라. 우리는 그냥 깨끗한 집 찾아다니면서 전세를 살 거야. 집 사면 뭐 해? 세금도 내야 되고. 손해야 손해." 5년 내내 지인들에게 이런 이야기를 들었다. 하지만 지금은 확실하게 이야기할 수 있다.

전세로 살면 절대 돈을 빨리 모을 수 없다. 열심히 아끼고 저금한 정도밖에 되지 않는다. 여유 있게 소비하고 적당히 즐기다 보면 자산은 늘어나지 않는다. 현금은 휘발성이 있다고 하지 않은가. 쓸 때는 기쁘지만 돌이켜보면 출처도 모르고 아쉬움만 남는다.

내 집을 사야 공부를 시작할 수 있다

엄청난 대출금의 심리적인 압박이 있었지만 감당할 수 있다는 생각에 과감하게 결정했다. 또한 집주인의 배려가 없었다면 하지 못했을 것이다. 주변 사람들이나 부동산 카페의 부정적인 조언이 전혀 신경 쓰이지 않았던 것은 아니다. 하지만 그럴수록 틀린 결정이 아니었음을 보여주기 위해 부단히 공부했다. 부동산 관련 책을 사서 읽고 다음과 네이버 부동산 카페에 가입해 지역에 대한 정보를 얻는가 하면 산책하면서 직접 동네를 살펴보기도 했다.

나의 자산이 더 줄어들어서는 안 되었다. 전세라면 보증금은 보전되지만 매매의 경우 시세가 떨어지면 내 자본금이 줄어든다. 그렇게 부동산을 사고 나니 스스로 공부하게 되었다. 먼저 내가 사는 지역부터 파악하고, 조금씩 옆 동네로 넓혀나갔다. 서울 지도와 지하철의 연관성, 교통과 학군의 중요성, 강남까지의 접근성 등 처음에는 어디서부터 어떻게 시작해야 할지 몰라 막막하기만 했던 부동산 공부가 훨씬 쉬워졌다. 덕분에 서울에 몇 채의 아파트와 빌라, 오피스텔, 건물 등 많은 자산을 불릴 수 있게 되었다.

내 집 1채 마련하는 것이 꿈이었고, 소박하지만 예쁜 가정을 꾸려 여유롭고 행복한 삶을 살고자 했다. 종잣돈을 만들어놓으니 우연한 기회로 생각지도 않았던 소형 아파트에 투자하게 되면서 부동산 공부가 시작되었다.

정부의 부동산 정책과 흐름에 따라 가격의 출렁거림도 느껴봤고, 정책의 흐름에 주기가 있고, 그에 대한 대책은 항상 나오게 마련이라는 것도 알게 되었다. 하지만 이런 정책의 흐름에 대비할 수 있는 가장 좋은 방법은 또다시 돌아올 상승 시기를 위해 꾸준히 공부하는 것이다. 항상 좋은 시절만 있는 것도 아니고, 항상 나쁜 시절만 있는 것도 아니다. 준비된 사람에게는 어려운 시장이 좋은 물건을 매수할 최적의 타이밍이다. 아직도 절대적으로 수요가 많은 서울의 직주근접 소형 아파트는 직장인이나 신혼부부에게 큰 리스크 없이 입성할 수 있는 좋은 투자처이다.

신용등급이란

대출을 받으려는 A와 B가 있다. 이들의 회사, 직책, 월급은 모두 동일하다. 그렇다면 이들이 받을 수 있는 대출 한도나 이율도 똑같을까? 아니다. 바로 신용등급 때문이다.

신용이란 경제활동에서 돈이나 상품을 정해진 기간 내에 약속대로 상환, 지불, 변제할 수 있는 능력이다. 은행에서 대출을 받으려면 갚을 수 있다는 신뢰를 주어야 하는데, 이것을 객관적으로 증명하는 것이 신용이다. 말하자면 경제적 지불 능력을 의미한다. 신용은 절대 단기간에 만들어지는 것이 아니므로 꾸준히 신용 관리를 하는 것이 재테크의 핵심이다.

나는 결혼 전 입사한 지 몇 년 지나지 않았을 때 대출을 받은 적이 있다. 그때는 신용등급이 있는지조차 모를 때였다. 당시 나의 신용등급은 5등급이었다. 아마도 학자금 대출 상환이 하루 이틀 연체되었기 때문인 것 같았다. 그래서 금리도 1등급보다 더 높게 나왔고, 기대했던 한도에 미치지 못하는 금액을 대출받았다. 이후 신용등급을 알려주는 사이트에 가입했고 조금씩 오르는 점수와 등급을 보며 뿌듯했지만 3등급까지 몇 년이 걸렸고, 결혼하고 대출을 갚아가면서 비로소 1등급이 되었다.

이처럼 신용등급은 경제생활의 성적표와 같다. 얼마만큼 잘 관리했느냐에 따라 등급이 나뉘고, 그 등급에 따라 금리나 한도가 정해진다. 신용등급이 높으면 각종 혜택을 받을 수 있지만, 반대로 신용등급이 낮으면 그 반대가 된다.

신용등급은 신용을 객관적으로 판단할 수 있는 기준이 되는 정확한 지표다. 0점부터 1천 점까지 수치화한 신용 평점과 1등급부터 10등급까지 10단계로 분류된다. 각 등급은 기존의 대출금액, 연체율, 연체 기간 등 개인의 대출 정보에 따라 산정된다. 보통 1~3등급은 고신용자, 4~6등급은 보통 신용자, 7~10등급은 저신용자로 분류된다. 등급이 낮을수록 이자율이 높아 금융비용이 더 많이 발생하고 7~10등급은 대출받는 것조차 어렵다.

그렇다면 신용등급이 낮아지는 원인은 무엇일까? 신용 상태를 파악하기 위한 정보는 신용거래(대출 현황, 연체 정보, 카드 발급 및 해지), 신용도 판단(연체 여부, 부도, 금융 질서 문란 사실), 신용 능력(소득, 재산), 공공 기록(세금 체납, 법원 판결) 등이 있다. 카드론 사용 금액, 현금 서비스, 신용카드 한도와 관련된 사항이다.

제1금융권이 아닌 제2금융권에서 대출이나 자동차 할부 금융을 진행하는 것 또한 신용등급에 악영향을 끼칠 수 있다. 또 쉽게 생각할 수 있는 현금 서비스도 단기 카드 대출로 분류되어 고금리 부채로 평가받아 신용 평점이 낮아진다.

또 쉽게 지나칠 수 있는 부분은 공공기관이 보유하는 정보, 즉 500만 원 이상의 국세·지방세·관세 체납이다. 법원의 판결에 의해 채무불이행자로 결정된 자가 대상이지만, 연체된 세금을 전액 납부한다면 즉시 삭제 처리도 가능하다.

신용등급을 올리기란 생각보다 쉽지 않다. 신용도에서 가장 큰 비중을 차지하는 것이 연체 정보다. 약속한 날 청구된 대금을 상환하지 못하면 연체가 발생한다.

또 개인이 보유하고 있는 부채 규모가 크고 부채 건수가 많을수록 부정적인 영향을 끼친다. 가장 대표적인 예가 현금 서비스 사용이다.

신용등급을 올리는 5가지 방법

• 저금리 대출을 받고 꾸준히 상환하기

금리가 높은 대출은 신용등급에 부정적인 영향을 미친다. 그러므로 제3금융권(대부업체)이나 제2금융권(캐피털, 저축은행)보다 제1금융권이 안전하다. 고금리 대출을 갖고 있다면 저금리 상품으로 바꾸는 것이 좋다. 연체 없이 대출 원금을 조금씩이라도 상환해 나간다면 신용도에 굉장히 긍정적으로 반영될 것이다.

• 연체는 절대 금물

연체는 신용등급을 평가할 때 가장 마이너스 요소이다. 10만 원 이상의 금액을 영업일 기준 5일 이상 연체하면 신용등급이 하락할 수 있다. 상환하면 된다고 방심하지 말자. 상환한다고 해도 떨어진 신용등급이 바로 회복되지 않고, 최소 3년에서 5년까지 연체 기록이 신용 평가에 반영된다. 연체가 있다면 가장 오래되고 이자가 높은 것부터 갚아야 한다.

• 성실 납부 내역 제출하기

통신요금이나 공공요금, 국민연금, 건강보험료, 아파트 관리비 등을 성실히 납부한 내역이 있다면 신용이 향상될 수 있다.

• 체크카드와 신용카드 사용하기

간혹 소비를 조장하는 수단으로 생각하여 신용카드를 쓰지 않는 사람이 있다. 물론 불필요한 지출을 막는 것은 좋지만 신용 거래 정보가 없으면 신용등급 산출이 어렵기 때문에 신용도에 좋은 영향을 주지는 못한다. 미성년자나 등급이 없는 사람은 체크카드를 이용할 것을 추천한다. 주거래 은행을 지정해서 사용하는 것과 한도를 100퍼센트 채우지 않고 30퍼센트 미만으로 사용하는 것 또한 신용 관리에 유리하다.

• 신용등급과 점수 꾸준히 체크하기

정기적으로 나의 신용등급과 점수를 확인해 본다면 신용 하락 요인이나 본인의 정보 등을 한 번에 알 수 있다. 또 어떻게 해야 신용등급과 점수가 오를 수 있는지 상세히 나와 있기 때문에 그 방법대로 하면 어렵지 않게 신용도를 올릴 수 있다. 다이어트를 할 때도 꾸준한 운동과 몸무게 체크가 필요하듯이 신용등급 관리는 필수다.

자신의 힘으로
자산을 불리다

가난하게 태어난 것은 당신 잘못이 아니다.
하지만 가난하게 죽는 것은 당신 잘못이다.
– 빌 게이츠

결혼, 서로 다른 출발점, 그러나 6년 후?

나는 스물아홉 살에 결혼했는데, 친구들 중에서는 가장 빨랐다. 이후 친구들이 하나둘 결혼하기 시작하면서 비교하게 된 것이 바로 신혼집이었다. 나는 남편이 모아 놓은 9천만 원으로 시작했지만, 부모님에게 지원을 받은 친구들은 3억 원이 넘는 새 아파트를 전세로 얻었다. 결혼 생활의 시작부터 자산이 3배 정도 차이가 났다.

그런가 하면, 우리 부부처럼 부족하게 시작한 지인도 있었다. 그 지인은 서로 마음을 모아 종잣돈을 마련하고 여느 집 부럽지 않게 빠른 속도로 자산을 불려나갔다. 나는 그 지인을 남몰래 롤모델로 삼기도 했다. 부모님의 도움 없이 빠르게 자산을 늘려갈 수 있다는 것을 내 눈으로 확인했기 때문이다. 그 부부는 결혼과 동시에 내 집 마련을 했다. 자산 만들기에 관심이 많았던 나는 어떤 방법으로 자산을 늘렸는지 물어보았다. 현금이 생기는 대로 대출을 상환했고, 2~3년 살다 보니 시세차익도 보았다고 한다. 작은 방법들이 조금씩 모이다 보면 큰 흐름이 보이기 시작한다는 것을 이때 깨달았다.

지인들 아파트 시세 염탐하기

나는 지인들이 사는 동네가 너무 궁금했다. 말하자면 집 시세가 궁금했던 것이다. 전세 가격이 3억 원 이상인 지역은 어디일까? 매매 가격은 얼마일까? 우리 집보다 비싼가? 대출은 얼마나 받았을까? 내 자산과 비교해 보니 조금 더 쉽게 다가왔다. 가까운 지하철역은 몇 호선인지, 지하철역까지 얼마나 걸리는지, 역세권 여부, 출퇴근 방법 등을 네이버 부동산이나 지도, 지하철 노선도로 찾아보기 시작했다.

친구 집들이에 초대될 때마다 대중교통으로 가는 방법, 자가용으로 가는 방법, 소요 시간 등을 확인해 보기도 했다. 직장인이었던 나는 자연스럽게 교통편과 역세권을 중점적으로 알아보았다. 결혼하는 친구가 늘어날수록 공부하는 시간도 늘어났다. 차로 지나갈 때마다 익숙한 아파트가 하나씩 보이기 시작했고, 몇 년 지나다 보니 해당 지역의 랜드마크 아파트와 시세를 외울 정도로 지도와 입지가 머릿속에 그려졌다.

언젠가 차를 타고 가면서 남편에게 이런 이야기를 한 적이 있다.

"우리 더 악착같이 살아서 20년 후에는 부모님께 유산을 물려받은 친구들보다 더 잘살자! 그들은 금전적인 지원을 받겠지만 우리는 노하우가 생기겠지. 그걸로 평생 잘 먹고 잘살자! 부모님께 용돈도 넉넉히 드리면서 말이야."

1등이 목표가 아니었다. 그들의 리그에서 뒤처지지 않고 싶었을 뿐이다.

내가 부동산 투자를 하게 된 동기의 50퍼센트가 가족이라면 나머지 50퍼센트는 지인이다. 가족들의 여유 넘치는 행복과 평안을 위해 부를 이루고 싶었고, 그 부를 이루기 위한 촉매제 역할을 한 것이 지인들의 신혼집이었다.

어떻게 3억 원이 넘는 고가의 신혼집을 마련할 수 있었는지 정말 궁금했다. 다른 사람들에게는 별다를 것 없어 보이는 그냥 집일 뿐이지만 나에게는 그 이상의 의미였다. 집의 부유함, 부의 선순환, 부의 대물림, 부의 양극화를 절감했다. 경제적 여력이 있는 집은 자식까지 지원해 주었고, 경제적 여력이 없는 집은 자식들이 스스로 마련해야 했다.

하지만 나는 좌절하지 않았다. 주변에 그런 사람들이 많을수록 자극이 되었다. '대를 이은 가난의 고리를 끊고, 부의 대물림을 위해 살자'는 마음이 샘솟았다.

네이버 부동산, 인터넷 부동산 카페에 푹 빠지다

2011년 가을 결혼 6개월 만에 전세로 살던 집을 매수하게 되었다. 계획했던 것보다 빨리 내 집 마련을 하게 되자 왠지 조금 더 일찍 목표를 이룰 수 있을 것 같다는 막연한 기대감이 생겼다. 부에 대한 갈증이 컸던 나에게 하늘에서 튼튼한 동아줄을 내려준 것만 같았다. 어떻게 얻은 기회인데 가만히 있을 수만은 없었다.

아파트 매수와 동시에 '10년에 10억 만들기' 프로젝트로 유명한 다음의 '텐인텐' 카페와 '짠돌이' 카페에 가입하고, 절약하는 방법과 종잣돈 만드는 방법을 따라 해보는가 하면 부동산 시장 동향을 살피며 공부했다. 워낙 부동산이 침체된 시기여서 부정적인 댓글이 많았지만 완전 초보인 나에게는 모두 다 공부의 밑거름이 되었다.

부정적인 댓글 중 가장 많았던 내용은 더 이상 오르지도 않을 아파트의 대출이자와 취득세 또는 재산세와 같은 세금을 부담해야 하니 손해라는 것이었다. 실제로 이때 아파트를 매도한 사람도 있다. 대출을 최대한 받고는 매월 상환액이 부담스러워

정리한 것이었다.

주변의 사례를 보면서 가장 먼저 든 생각은 감당할 수 있는 만큼 대출해야 한다는 것이었다. 매월 상환액 때문에 생활이 팍팍해지고, 혹여 상환할 능력이 안 될 경우 어렵게 얻은 집을 잃을 수도 있지 않겠는가.

집을 구입했을 때 이자와 원금을 같이 상환하는 것이 나을지, 이자만 상환하면서 고정 지출을 줄이는 것이 나을지 많은 고민을 했다. 나는 매월 조금 더 내더라도 이자와 원금을 같이 상환하는 쪽을 선택했다. 이것은 각자의 상황에 따라 다르다. 다만 중요한 것은 대출을 받아서 내 집을 마련하는 것이 저축해서 모은 돈으로 대출 없이 매수하는 것보다 더 빠르고 자산도 더 크게 불려나갈 수 있다는 점이다. 투자를 반복할수록 이런 생각이 더욱 확고했다. 덕분에 우리 부부는 빠른 시간에 더 많은 자산을 불렸고 더 큰 도전을 할 수 있었다.

중력이란 지구와 물체가 서로 끌어당기는 힘이다. 질량이 클수록 지구의 당기는 힘이 더 커진다. 이처럼 부의 세계에서도 중력의 힘이 작용한다. 돈의 규모가 커질수록 더 큰 돈을 끌어당긴다.

나를 부동산 투자자로 키운 8할 이상은 간절함과 끊임없는 공부였다. 부동산 투자가 생각처럼 쉽지 않은 이유는 노력보다 더 큰 성과를 바라기 때문이다. 단시간에 큰돈을 벌고 싶을 뿐 구체적인 계획이 없다. 부자가 되기 위해 어떤 준비를 할 것인지에 대한 구체적인 계획이나 방법이 없다면 그저 희망 사항에 불과하다. 원칙 없는 투자로는 자산을 지킬 수 없다.

부모님에게 물려받을 것이 없다고, 모아둔 돈이 없다고 탓하기 전에 자신이 부를 이루기 위해 얼마나 노력했는지 돌아볼 필요가 있다. 기대려 하지 말고 독립적인 주체로 살아야 한다. 간절함과 꾸준함만이 당신의 발전에 도움을 줄 것이다.

라이프플랜에 맞춰
수익 목표액을 설정하라

마음이 무엇을 품고 무엇을 믿든 몸이 그것을 현실로 이룬다.
– 나폴레온 힐

첫아이의 탄생

내가 서른한 살, 남편이 서른여섯 살 되던 해에 첫아이가 태어났다. 눈에 넣어도 아프지 않다는 말을 첫아이를 통해 비로소 실감할 수 있었다. 그와 동시에 강한 충격이 머릿속을 스쳤다. 언제까지 회사를 다닐 수 있을까 하는 것이었다. '요즘은 50세도 오래 다니는 거라는데, 남편이 50세에 은퇴하면 우리 아이는 몇 살이지?' 겨우 열다섯 살이다. 스무 살도 안 된다는 것이다.

'고정적인 소득이 없다면 학원비와 대학 등록금을 어떻게 내지?' 이런 생각을 하니 아찔했다. '둘째라도 생기면 어쩌나. 하나도 아닌 둘을 키울 수 있을까.' 첫째를 낳고 행복하기도 했지만, 반면 어깨가 수십 배로 무거워지는 것을 느꼈다.

퇴직 후 부족한 돈으로 생활하는 상상을 하니 벌써부터 걱정이 됐다. 주변에 퇴직한 사람들을 보면 대부분 집 1채와 퇴직금이 전부로, 근검절약하며 살고 있었다. 나도 열다섯 살에 아버지가 회사를 그만두고 힘든 삶이 시작되지 않았던가. 내 아이에게는 힘든 삶을 물려주고 싶지 않았다.

그때부터 나는 가능성을 떠나 내가 생각할 수 있는 가장 높은 금액을 목표로 정했다. 불가능하다 해도 이 금액을 꼭 달성해 보고 싶었다.

10년에 10억 원 벌기

당시에 '10억 원'은 상상조차 할 수 없는 금액이었다. '꿈의 금액, 10억 원'을 벌기 위해 종잣돈을 모으며 열심히 살다 보니 어느새 결혼한 지 5년이 되었다. 매일 가계부를 적고 매월 수입과 지출을 정리했으며, 1년 계획, 5년 계획, 10년 계획을 꾸준히 수정해 갔다. 그동안 나는 이미 두 아이의 엄마가 되었고, 작게나마 투자할 수 있는 1억 원을 모았다.

책을 읽고 신문을 보면서 나의 비전을 구체적으로 만들어가기 시작했다. 그러던 중 어느 책에서 이런 이야기가 와 닿았다. '목표는 마음으로 생각하는 것이 아니라 글로 쓰는 것이다. 눈에 보일 듯 손에 잡힐 듯 구체적인 시간과 금액을 생생하게 적어야 한다.' 막연하게 '부자가 된다, 행복해지고 싶다'라는 것보다는 '2021년 12월 31일까지 순자산 10억 원을 만든다'와 같이 수치화하면 목표를 이룰 방법을 끊임없이 생각하게 된다는 것이다. 그리고 결국 자신의 바람대로 이루어진다는 이야기였다.

그중 내가 절대적으로 신뢰하는 몇 가지가 있다. 바로 백백드림과 버킷 리스트, 하루의 일과를 정리하는 투두(To Do) 리스트다.

백백드림

구체적인 목표를 하루에 100번씩 단 하루도 빠짐없이 100일 동안 적으면 이루어진다는 것이 백백드림이다. 머릿속으로 생각하는 것에 그치지 말고 그 생각을 간단하게 요점만 적어본다.

나는 매일 출근하자마자 맨 먼저 하는 것이 백백드림이었다. 24시간 중에서 집중력이 가장 좋은 아침 시간에 온 마음을 다해 썼다. 처음에는 무조건 적기만 했는데, 쓰면 쓸수록 나 스스로에게 주문을 거는 듯한 느낌이었다. '순자산 10억 원'이 처음에는 그저 단어에 불과했다. 그러나 점점 가슴속에 끓어오르는 무언가가 생기면서 '어떻게 하면 10억 원을 만들 수 있을까' 하고 24시간 내내 스스로에게 묻고 있었다. 목표에 접근하기 위한 방법을 스스로 찾고 있었던 것이다. 목표를 가끔씩 생각하는 것과 수도 없이 생각하는 것은 결과에 도달하는 시간에서 분명 차이가 난다.

하루에 100번씩 100일 동안 쓴다는 것은 결코 쉽지 않다. 무엇이든 하루도 빠짐없이 꾸준히 하기는 어렵기 때문이다. 세상에서 가장 어려운 것이 꾸준함이다. 한 번 쓸 때마다 20분씩 앉아 집중해야 하고, 주말이나 공휴일에 어딘가에 놀러 갔을 때도 빼먹지 않고 꼬박 100일을 채워야 한다. 78일 동안 매일 써오다가 79일째 되는 날 하루를 걸렀다면 다시 1일로 돌아가야 한다.

처음에는 이상하게 생각하는 주위 사람들의 시선도 신경 쓰인다. 하지만 습관이 되고 몸에 배면 그 어떤 누구의 조언보다 강력한 힘을 얻는다. 얼마 전 읽은 어떤 책에 이런 이야기가 있었다. 별똥별이 떨어질 때 소원을 빌면 이루어진다는 것은, 별똥별이 떨어지는 그 짧은 순간에도 툭 튀어나올 정도로 소원을 마음에 품고 있는 것이라고 말이다. 오랜 시간 간절하게 품어왔을 것이고, 간절한 만큼 이뤄질 확률도 높다는 것이다. 나는 불가능할 것 같던 소원을 이미 3가지 이상 이뤘기 때문에 백백드림의 힘을 신뢰한다. 이 책을 읽는 독자들도 한번 시도해 보기 바란다. 간절한 바람이 꼭 이뤄질 것이다.

드림 리스트

사람들은 인생을 몇몇 장애물이 있는 단거리 직진 코스라고 생각한다. 하지만 현실은 끝없는 우여곡절과 생각지도 못한 반전, 그때마다 어떤 것이라도 선택해야 하는 장거리 마라톤이다. 목표 지점에 생각보다 빨리 도달할 수도 있지만 늦어질 가능성이 더 크다. 목표를 끊임없이 수정하고 반복하는 과정을 거쳐 목적지까지 도착하는데, 목표 하나로는 동기부여가 부족하다.

나는 간절한 목표든 재미있는 목표든 다양한 목표를 적어놓는다. 살고 싶은 집, 타고 싶은 차, 꼭 가고 싶은 해외 여행지, 공부해 보고 싶은 분야, 부모님께 해드리고 싶은 것들, 아이들에게 해주고 싶은 것. 이런 꿈들을 기한과 수치까지 정확하게 노트에 적는다. 그리고 하나씩 이룰 때마다 체크하고 빈자리에 또 다른 목표를 적어놓는다.

목표를 적을 때는 사진이나 이미지도 같이 붙여놓는다. 타고 싶은 차는 매장에 직접 가서 시승해 본다. 직접 체험해 보면 인터넷에서 보기만 했던 것과는 달리 꼭 사야겠다는 의지가 한층 더 강해진다. 아파트와 주택, 땅도 마찬가지다. 한강이 보이는 50평대 신축 아파트에 들어가 보라. 이런 집을 꼭 사야겠다는 결심이 확고해진다. 금액이 클수록 짜릿함도 커진다. 아마도 경험해 본 사람만이 알 수 있을 것이다.

목표에 부합하는 이미지에 물리적 정서적으로 접근할수록 더 빨리 다다르게 된다. 목표를 글로 자세히 쓸 수 있다면 아무리 벅차 보이는 꿈도 이미 내면에 성공의 씨앗이 생긴다. 상상하지 못하는 것은 꿈이라고 할 수 없다. 그런 꿈을 달성한다는 것은 더더욱 불가능하다. 떠올릴 수 없다면 아직 그 꿈을 이룰 준비가 되어 있지 않은 것이다. 지금 당장 책을 덮고 내가 무엇을 하고 싶은지 어떻게 살아야 하는지 한 번 생각해 보자.

투두 리스트

목표 달성 과정에서 가장 힘든 점이 꾸준히 하는 것이다. 누구에게나 이것이 가장 어렵다. 목표를 구체적으로 세우고 기한까지 정해 두었다 하더라도 행동하지 않는다면 아무 소용 없다. 성취하기 위한 행동을 매일 해야 하는 이유다. 어떤 것을 매일 한다면 그것이 사소한 행동이라도 결국 성공을 향한 전환점이 될 것이다.

내가 매일 꾸준히 실천하는 습관은 다음과 같다.

1. 백백드림 2. 책 읽기 3. 신문 읽기 4. 네이버 시세 검색 5. 부동산 공부하기

잠자리에 들기 전에 오늘 내가 한 일을 체크해 본다. 분명 빠뜨린 것이 있을 수도 있다. 물론 마저 하고 잠들 수도 있지만, 오늘 못 한 것은 내일 2배로 하면 된다. 하루에 모두 다 하는 것보다 유연하게 꾸준함을 유지하는 것이 더 중요하기 때문이다. 이런 사소한 행동들이 1년이 지나고 2년이 지나면 내공이 쌓여 결국에는 가속도가 붙기 시작한다.

목표를 향해 더욱 빠르게 나아가는 나 자신을 발견하고, 작은 목표들이 하나씩 나에게 다가옴을 확실히 느끼게 되었다. 그 희열은 절대 말로 표현할 수 없다.

매일 하는 습관은 가장 단순하지만 동시에 가장 강력한 힘을 지니고 있다. 우선

시작하는 것이 중요하다. 그리고 그것을 포기하지 않고 계속 밀고 나가는 것이 나 자신을 이기는 방법이다.

당신은 올해 어떤 계획을 세웠는가? 원하는 것을 어떻게 얻을지 고민하는 것만으로는 절대 이루어지지 않는다. 정확히 무엇을 하고 싶은지, 무엇이 되고 싶은지, 얼마큼 돈을 모아야 하는지 생각하면 내 몸이, 내 의식이 그 방향으로 길을 안내한다.

일단 목표를 세우자. 그 꿈이 이루어졌을 때 내 삶이 얼마나 풍요로워질지 상상해 본다면 누가 시키지 않아도 스스로 찾게 될 것이다.

아파트 투자 성공률을 높이는 비법

아무리 위대한 일도 열심히 하지 않고 성공하는 경우는 없다.
– R. W. 에머슨

내 집 마련으로 자존감이 높아진 회사원

나는 부자를 꿈꾸는 14년 차 제약회사 직장인이다. 제약회사의 여건상 약사를 우대하는 분위기는 예나 지금이나 똑같다. 일반 직원은 정년까지 다니는 데 한계가 있지만 전문직인 약사는 안정적으로 근무할 수 있는 환경이다. 나는 약사들과 같은 부서에 오래 근무하면서 처음에는 부러워했다. 하지만 이런 마음이 스스로를 더욱 위축하게 만든다는 것을 깨달았다. 그때부터 나는 학력을 뛰어넘어 나만이 갖고 있는 장점이 무엇인지 스스로에게 질문을 던지곤 했다. 그리고 드디어 그것을 찾았다. '부동산 투자'에 관해서는 내가 전문가였다. 지인들의 고민을 들어주고, 함께 알아보면서 공부의 폭을 넓혀갔다.

나는 전세를 살던 아파트를 구입해서 시세차익을 보고 나서야 부동산으로 돈을 불릴 수 있다는 것을 확실히 알게 되었고 자신감도 붙었다. 누구와 경쟁해도 이길 수 있을 것 같았다. 부자가 되기 위해서는 직장인으로 성공하기보다 부동산 투자가 더 빠를 것이라고 생각했기 때문이다.

회사에서 받는 월급은 현재 삶을 영위하기 위한 수단일 뿐 미래를 보장하지는 못한다. 재테크를 하지 않아도 행복한 삶을 살 수 있는 사회라면 더 이상 바랄 것이 없겠지만 자본주의 사회에서는 기대하기 어려운 것이 현실이다.

나는 돈을 더 많이 벌기 위한 방법을 찾을 수밖에 없었다. 하지만 열정만 가지고는 절대 할 수 없다는 것을 깨달았다. 지금보다 더 많은 돈을 벌어서 부자가 되기 위해서는 공부해야 했다. 멘토도 없고 지식도 전무한 내가 어제보다 나은 삶을 위해 할 수 있는 것이라고는 오로지 책과 신문, 칼럼, 블로그를 보면서 배우는 것뿐이었다. 대대로 물려받은 것이 아닌 나 스스로 부를 일구기 위해서는 후천적인 경험에 의해 부의 감각을 쌓아야 한다고 판단했다.

하루 3시간씩 부동산 공부

공부의 시발점은 지인들의 아파트 시세를 검색한 것이었다. '어느 동네의 무슨 아파트가 얼마인가?' 너무 재미있어서 네이버 부동산에 푹 빠져 살았다. 그렇게 보낸 시간이 5년이었다. 이것이 공부라고 인지했을 때는 이미 네이버 부동산은 나의 절친이 되어 있었다. 출근 전이나 퇴근 후에는 신문 읽기와 시세 검색을 했다. 내 핸드폰에는 네이버 부동산, 지도, 세금계산기, 에버노트, 아파트 실거래가와 같은 부동산 관련 앱을 묶은 폴더가 있다. 꼭 사지 않더라도 관심 지역이나 신문에 언급된 지역의 매물을 검색하고, 부동산에 전화해 지역의 전반적인 흐름과 매물 상황을 파악했다.

이동 중에는 온라인 강의를 듣고, 잠들기 전에는 부동산 관련 책을 읽었다. 부동산 공부를 하루도 빠뜨린 적이 없다. 재미있어서 시작한 부동산 시세 검색이 5년 이상이 지난 지금 나의 삶에 깊숙이 들어와 있었다. 매일매일 조금씩 투자했던 시간이 지금에 이르기까지 절대적인 자양분이 되었던 것이다.

지역 전문가 되기

부동산 왕초보였던 나는 신혼집을 매수했을 때부터 내가 사는 지역을 공부하기 시작했다. 집을 샀기 때문에 관심도 컸고, 돈이 없어서, 더 잃지 않기 위해 치열하게 공부했다. 인터넷 기사나 카페를 이용해 우리 동네와 관련된 자료를 모두 정리했다. 염창동의 가장 큰 장점, 지하철 9호선 급행역 역세권, 마곡지구 인접 지역, 목동 학원가 이용 가능, 서울이지만 저렴한 가격 등. 염창동에서 가장 비싼 아파트가 어디인지 확인하고 비싼 이유가 무엇인지 추측하며 가닥을 잡아가기 시작했다. 매매가와 전세가, 실투자 금액, 가격 변화 유무, 지역 호재 등을 세분화하여 궁금증이 풀릴 때까지 인터넷 검색을 하고 자료를 모았다.

열정적인 사전 조사 후에는 부동산중개사무소 몇 군데에 전화를 해서 내가 조사한 내용과 같은지 중간 점검을 해본다. 그리고 5곳 정도 전화를 했다면 그중 친절하게 상담해 준 2곳을 방문한다. 부동산중개사무소에 방문하기 전 사전 조사와 예약은 필수다. 공인중개사보다 더 많이 알고 있어야 질문할 수 있고 즉각 이해할 수 있기 때문이다. 초보로 보이는 순간 큰 소득 없이 바로 나와야 한다.

투자자에게 공인중개사는 굉장히 중요한 인맥이다. 처음부터 친숙하게 다가가기는 어렵지만 미래의 투자자라는 인식을 강하게 심어준다면 훨씬 더 유연하게 상담해

주고 투자 정보도 나눌 수 있다. 이렇게 공부한 것을 바탕으로 다른 지역에 대입하면 처음 공부했던 것보다 훨씬 더 수월하게 접근할 수 있다.

경제신문 읽기

공부 방법 중 가장 쉬운 것은 경제신문 2가지를 매일 보는 것이었다. 습관이 되기 전까지는 여간 답답한 일이 아니었다. 내용이 너무 어려워 한 페이지를 넘기기도 힘들었고, 읽는 시간에 비해 기억에 남는 것이 적었다. 그럴 때는 꼭 신문을 읽어야 하나 고민하기도 했다. 하지만 하루도 거르지 않으려고 노력했다. 하루를 빠뜨리면 그다음 날 이틀치를 읽었다. 처음에는 너무 어려워서 경제면과 부동산면만 골라 읽었지만 1년쯤 지나 자연스럽게 1면부터 읽어나가면서 사회, 경제의 전반적인 흐름을 익혀갔다.

점점 정보를 흡수하는 속도도 빨라지고 대내외 경제의 흐름이 어떤 영향을 미치는지 파악하며 부동산 시장의 변수에 대비할 수 있는 포인트를 찾아냈다. 아무리 유용한 기사도 '남의 일이겠거니' 하고 지나친다면 무용지물이 된다. 하지만 기사를 내 상황에 적용해 보는 노력을 한다면 긍정적인 결과를 낳는다.

인터넷 기사로도 충분히 검색할 수 있다고 생각할지 모르겠지만 종이 신문을 적극 추천한다. 중요한 부분은 형광펜 표시를 해가면서 읽는 것과 천지 차이다. 지면으로 읽을 때 기억이 더 오래 남는다. 신문마다 논조와 중점적인 내용이 다르기 때문에 다양한 기사들이 실린다. 그런 것을 계속 확인하고 파악해 보면 본인의 견해를 가질 수 있기 때문에 반드시 2가지 이상의 경제신문을 보라고 권한다. 급속도로 변하는 경제 정책과 돈의 흐름을 가장 정확하고 빠르게 알 수 있는 경제신문은 재테크의 핵심이다.

지도 외우기

초보 투자자가 기본적으로 해야 하는 것이 지도 외우기다. 이것은 부동산 정책이나 흐름을 타는 것과 상관없다. 나의 부동산 투자 및 정확한 지역 분석은 지도를 보는 것부터 시작되었다. 어느 지역이 어디에 붙어 있는지, 호재가 무엇인지 알려면 머릿속에 지도가 바로 그려져야 한다. 나의 투자 공식은 꽤 간단하다. 일자리로 가는 중심 노선의 '역세권+신축 아파트'다.

먼저 행정구역을 정확히 나눠야 하는데, '시 〉 구 〉 동' 순으로 경계선을 눈여겨봐야 한다. 한강을 중심으로 북쪽과 남쪽을 나누고, 동쪽부터 서쪽까지 연결되어 있는 다리를 외우는 것도 방법이다.

서울시 성동구 옥수동을 예로 들어보자. 몇 년 전까지만 해도 서울의 대표적인 낙후 지역으로 꼽혔지만 지금은 성동구 내에서 가장 비싼 지역 중 하나다. 새 아파트가 지속적으로 들어서고, 지하철 3호선, 강변북로, 한강 조망이 가능하기 때문이다. 그중 가장 큰 장점은 동호대교만 건너면 바로 압구정이 나오는 뛰어난 강남 접근성이다.

교통의 중심지도 반드시 생각해 두어야 한다. 사람들이 오고 가는 곳을 확인하려면 도로와 지하철은 필수다. 지하철은 급행역과 환승역이 많을수록 유동 인구가 많고 가치도 더 올라간다.

왕십리역과 공덕역의 공통점이 있다. 바로 지하철 4개 노선이 지나간다는 것이다. 왕십리역은 2호선5호선분당선경의중앙선, 공덕역은 5호선6호선공항철도경의중앙선이 지나간다. 몇 년 전만 해도 더블 역세권 정도밖에 되지 않았지만 환승 노선이 늘어나면서 일자리 지역에 대한 접근성이 점점 좋아지고 있다. 그로 인해 수요가 늘어나고 아파트 가격도 급상승했다.

이처럼 'OO동'이라고 지명만 이야기해도 지하철역이나 접근할 수 있는 한강 다리, 한강을 기준으로 마주 보는 지역이 어디인지 바로 이야기할 수 있어야 한다.

교통은 곧 돈이 흐르는 길이다. 그 교통을 알기 위해서는 지도를 파악해야 한다. 현장조사를 하기 전에 네이버나 다음의 로드맵으로 검색하면 투자를 결정하거나 판단하는 데 훨씬 도움이 된다. 지도를 살펴보면 주변 환경을 어느 정도 파악할 수 있기 때문이다.

사람들은 쇼핑을 가면 수많은 매장을 돌아보면서 가격 비교를 한다. 몇만 원짜리 티셔츠 하나를 사더라도 이곳저곳 들어가서 입어보고 품질과 스타일을 확인한다. 그런데 몇억 원짜리 부동산을 살 때는 올랐다는 말만 듣고는 확실히 조사해 보지도 않고 덜컥 계약한다. 잘 알지 못하는 성급한 투자는 실패하게 마련이다.

대가 없이 얻어지는 것은 없다. 자신의 소중한 자산을 결정하는 부동산 투자를 아무런 노력도 하지 않고 분위기에 휩쓸려 결정하는 것만큼 어리석은 행동은 없다. 그리고 앞으로 성장할 가능성도 없다. 자신의 모든 정신과 시간과 노력을 투자해야 한다. 그래야 성공할 수 있다. 이 세상에 쉽게 얻어지는 것은 아무것도 없다.

발로 뛰고 현장을 확인하고 실전 투자를 해보라

천릿길도 한 걸음부터
– 노자

새해가 되면 누구나 작년보다 더 나은 삶을 위해 새로운 목표를 세우게 마련이다. 하지만 그해 연말이 다가오면 어김없이 새해에 세워둔 목표를 이루지 못해 아쉬워한다. 매년 이런 일이 반복되는데, 그 이유가 무엇일까. 새로운 꿈과 목표를 이루기 위한 방법이 명확하지 않기 때문이다.

목표를 확실하게 설정했다면 바로 실행에 옮겨야 한다. 등산을 하기로 했다면 일찍 일어나 산에 가고, 영업 성과를 내려면 고객을 만나야 한다. 아무리 작은 일이라도 실행하지 않는다면 절대 아무 일도 일어나지 않는다.

공부도 실행력

나는 한 번뿐인 인생, 정말 멋지게 살고 싶었다. 꼭 부자가 되어 가족과 주위 사람들에게 베풀면서 여유 있게 살고 싶었다. 결혼하고 아이를 낳았을 때는 그 목표를 조금 더 빨리 이루고 싶어서 무엇이든지 열심히 했다.

궁금한 것이 있으면 곧바로 인터넷으로 관련 책을 주문했고, 부동산 강의를 듣기 위해 돈을 아끼지 않았다. 아이 둘을 둔 엄마가 퇴근 후 강남으로 가서 수업을 듣고 11시 넘어서 집에 들어오기란 쉽지 않았다. 가족들의 동의도 있어야 했고, 아직 어린 아이들에게 미안하기도 했다. 하지만 하고자 하는 의지가 강했기 때문에 큰 고민 없이 시간을 투자할 수 있었다. 열정과 절실함이 동반되지 않는다면 꿈은 절대 스스로 이루어지지 않는다. 꿈은 내가 찾아 쟁취해야 하는 것이다.

시간이 없어서, 돈이 없어서, 아이들을 키워야 한다는 이유로 나의 꿈을 미루지 않아야 한다. 전업주부들은 아이들 등원 후 3시까지, 직장인들은 출퇴근 시간을 이용해 블로그나 유튜브, 인터넷 강의 등으로 많은 내용을 접할 수 있다.

요즘은 부동산 관련 유명 블로거들도 많아서 투자 방법이나 투자 마인드 등 다양한 정보를 얻을 수 있다. 책보다 더 생생한 정보들이기 때문에 블로그 이웃 추가를 하거나 유튜브 구독을 한다면 조금 더 쉽게 간접경험을 쌓을 수 있다.

유료 온라인 강의도 있지만 가장 쉽고 저렴하게 접근할 수 있는 방법은 책이다. 자신의 관심 분야부터 찾는다면 아파트, 상가, 땅, 경매 등 책값 1만 5천 원으로 먼저 경험한 사람들의 노하우를 얻을 수 있다.

임장도 실행력

'임장'이란 현장에 직접 나가 부동산 매물을 확인하는 것으로 현장 조사나 현장 답사에 해당하는 부동산 활동을 말한다. 책상 앞에 앉아 신문이나 인터넷으로 얻는 정보에는 분명 한계가 있다. 일반 매매나 경매를 할 때도 반드시 현장에 나가 시장조사를 해야 한다. 하지만 혼자 다니기 쑥스럽고 물건을 분석할 자신이 없다는 이유로 임장을 하지 않는 사람들이 많다.

나는 처음부터 관심 부동산에 방문하는 것을 어렵게 느끼지는 않았다. 글로 기사 10개를 읽는 것보다 공인중개사의 한마디를 듣는 것이 훨씬 이해하기 쉽고 동네의 분위기를 파악하는 시간을 단축할 수 있다. 이전에는 정보만 수집했다면 임장 이후에는 정보의 우선순위를 분류할 수 있었다.

임장도 거주하던 지역인 염창동부터 시작했다. 자가용을 운전해서 다녀보고 지하철을 이용해 보기도 하면서 마곡이나 내발산동, 인근 지역인 목동과 회사 근처 영등포, 당산, 신길까지 다녀봤다. 잘 아는 지역부터 시작한다면 익숙하기 때문에 자신감이 생겨 공인중개사들과 이야기를 나누기도 수월하고 지역과 상품에 대한 확신도 생긴다. 그다음에는 발을 넓혀 투자하고 싶은 지역을 직접 가본다.

부동산을 처음 시작했을 때 남편은 쉽게 살 수도 있는데 왜 군이 힘들게 사려고 하는지 모르겠다는 뉘앙스로 말했다. 부정적인 마인드를 갖고 있으니 주말에 시간을 내서 같이 다니기는 불가능했다.

궁금한 지역은 너무 많고 투자해 보고 싶은 아파트도 정말 많았다. 인터넷 정보만으로는 궁금증을 모두 해소할 수 없어서 퇴근 후 임장을 하게 됐다. 단 며칠이라도 시간을 지체할 수 없었다. 빨리 알아보고 싶은 마음에 하루를 미루면 마치 수십 년이 지난 기분이었다.

서울이면 어디를 가든 1시간 내에 도착한다. 인터넷으로 얻는 정보와 지도는 평면으로 보는 것에 불과하다. 공부를 꾸준히 하는 것만큼 중요한 것이 현장에 직접 나가보는 임장이다. 역세권, 현장까지 거리감, 상권, 오르막 여부, 지역의 환경, 실거주자의 분위기를 느껴보는 것, 그리고 해당 지역에서 오래 부동산을 운영해 온 사람에게 듣는 내용은 돈 주고도 살 수 없는 것들이다.

임장으로 기회를 얻을 수도 있다. 관심 지역을 다니면서 정보를 수집하고 주시해야 가끔 급매로 나오는 물건을 바로 잡을 수 있다. 준비되어 있지 않으면 기회를 포착할 수 없다.

이런 경험을 통해 투자가 반복되고 투자금이 끊임없이 재생산된다. 나는 투자금이 항상 부족했기 때문에 절대 손실이 나면 안 된다는 절실함이 있었다. 그리고 더 빨리 자산을 늘리고 싶은 간절한 마음에 더 많이 움직였다.

실전 투자도 실행력

책을 아무리 많이 읽고 강의를 많이 듣고 임장을 많이 다닌다고 해도 실제로 경험해 보지 않으면 무용지물이다. 수차례 나온 부동산 정책을 꿰고 있다 해도 실제로 투자해 보지 않으면 결코 와 닿지 않는다. 자신에게 해당하는 사례나 앞으로 부동산 투자 방향을 어떻게 설정할지 골똘히 연구해 보는 것이 진정한 공부다.

공부한 것들을 바탕으로 재투자를 하고 수익을 내는 것이 목적 아닌가.

나는 전세로 살던 신혼집 아파트를 매수했다. 이제 아파트는 끝났다고 하던 시기였고, 대출금액도 컸다. 하지만 오랜 고민 없이 결정한 것을 보면 공격적인 마인드였던 것 같다. 단 1천만 원이라도 벌 생각으로 부동산 불황기에 1억 7천만 원을 대출받았으니 말이다.

이후 5년 동안 이론을 공부하고, 투자금이 마련되면 바로 실전에 돌입했다. 돈이 준비되니 거칠 것이 없었다. 이미 확신은 있었다. 나는 매수 여부를 결정하기까지 오랜 시간이 걸리지 않는다. 보통 눈여겨본 아파트는 일주일 내에 계약한다. 융통 가능한 투자금의 크기를 확인한 후 정책의 흐름과 다중 호재가 있는 곳 중 몇 군데를 후보군으로 정한 다음 추리고 추려서 한 곳을 정한다. 매도 우위 시기에는 더 오르기 전에 빨리 매물을 정하고, 매수 우위 시기에는 적정한 선에서 로열 단지, 로열동, 로열층을 골라 적정한 시기에 매수한다.

자신만의 투자 확신이 클수록 결정이 빠르고 쉽다. 확신이라는 아웃풋이 나오려면 그 바탕에는 당연히 공부가 자리 잡고 있어야 한다. 그 지역에 대해 많은 공부를 한 사람일수록 기회를 포착하기 쉽다. 스쳐 지나가는 기회도 내 것으로 만든다는 것이다. 진짜 급매인지, 더 오를 가능성이 있는지, 아니면 호재가 이미 반영되어 오를 여력이 적은지 판단할 수 있다.

자신이 운용할 수 있는 자금은 항상 한정적이다. 한정된 자금에서 최고의 수익률을 내야 한다. 잠시 고민하는 사이 매물을 놓치면 그 금액으로 가고자 했던 곳으로 갈 수 없을지도 모른다. 보통 우물쭈물하다 결정을 못 하고 몇 개를 놓쳐야 겨우 하나를 사게 된다. 그래도 샀다면 다행이다. 아직도 결정하지 못한 사람들은 이미 아파트를 장만한 사람에 비해 자산의 차이가 더 많이 나게 될 것이다. 지금도 그렇고 앞으로 시간이 지날수록 차이는 더 크게 벌어진다.

한 번도 집을 사보지 않은 사람들은 아직도 어디서 어떻게 시작해야 할지 전혀 감을 잡지 못한다. 아니면 여전히 폭락을 외치다 결국 사지 못한다. 게임도 처음 시작할 때는 득점하기 힘들어도 몇 번씩 반복하다 보면 노하우가 쌓이면서 최고 점수를 계속 경신하게 된다. 투자도 게임처럼 처음에는 어려운 듯해도 계속 시도해 볼수록 기술이 늘어나게 마련이다.

아무도 흘러가는 시간을 붙잡을 수는 없다. 세월 타령만 하는 사람들이 이룰 수 있는 것은 없다. 빠르게 흘러가는 시간을 친구 삼아 자산 관리를 적극적으로 해야 한다는 것은 투자에서 불변의 진리다.

나에게는 절대적인 원칙이 있다. 투자에 관해서는 할 일을 정했다면 꾸물대지 않고 바로 시작하는 것이다. 절대 내일로, 다음 주로 미루지 않는다. 이 책을 읽는 당신도 지금 당장 시작하라. 공부도 하고, 임장도 다니고, 멘토도 찾고, 시간을 절약하며, 적당히 살고 싶은 마음을 버려야 한다. 내일은 영원히 오늘이 될 수 없다.

실행력을 강조하는 이야기가 있다. "코끼리를 먹는 방법은, 한 번에 한입씩!" 목표도 한입 크기로 잘게 나눌 필요가 있다. 작게 나누면 벅찬 목표도 쉬워 보이기 때문이다. 자신의 목표를 생각만 하고 실행하지 않는다면 출발조차 하지 못한다. 일단 시작해 보자. 시작이 반이다.

평범한 회사원일수록
아파트 투자에 유리하다

현명한 사람은 그가 발견하는 것 이상으로 많은 기회를 만든다.
– 베이컨

월급쟁이라서 더 유리하다

"아이는 엄마가 키워야지. 엄마가 키운 아이들이 정서적으로 안정적이야." 첫아이를 임신했을 때부터 6년 동안 친구들, 가족들, 지인들에게 수도 없이 들은 이야기다. 워킹맘의 아이들은 엄마가 키우지 않아 예의도 없고 정서가 불안하다는 것이다. 부동산으로 자산을 불리기는 했지만 나는 아직 전업 투자자가 아니다. 아이 둘의 임신과 출산을 반복하며 워킹맘의 삶이 얼마나 고단한지 나 자신이 가장 잘 안다. 하지만 나는 회사를 다니고 있고, 퇴사할 마음도 없다.

과감히 육아휴직을 포기하고 3개월의 출산 휴가만 이용했다. 육아가 벅차다거나 체력 소모를 충분히 감당할 수 있어서가 아니라 빨리 자산을 늘려서 안정적인 삶을 사는 것이 먼저였기 때문이다.

육아휴직 급여는 상한신이 징해져 있다. 1년 동안 직은 급여로 사느니 조금 힘들어도 출근하면서 월급을 받는 것이 낫다고 생각했다. 아이들이 커갈수록 지출도 더 커질 터였다. 허리띠 졸라매고 모든 것을 아끼며 살 자신도 없었고, 매월 발생하는 현금흐름을 줄이고 싶지도 않았다.

조금 더 빨리, 조금 더 크게 경제적 자유를 누리고 싶었다. 얼른 자산을 늘려 매월 빡빡한 삶에서 탈피하고 싶었다. 그러기 위해서는 월급을 대체할 만한 돈을 벌어놔야 했다. 부동산 수입은 매월 같은 날짜에 따박따박 들어오는 월급보다 불안정했다. 역시 안정적인 수입은 월급이 최고였다.

회사원은 월급 외에 인센티브나 휴가비, 세액공제, 상여금 등이 꽤 많고, 특히 맞벌이 부부는 이런 수입이 훨씬 더 크다.

월급은 고정적인 지출이 정해져 있어 저축과 생활비로 쓰고 나면 여윳돈이 거의 없다. 하지만 이런 상여금은 허투루 쓰지 않고 모으려는 의지만 있다면 얼마든지 추가 적금이 가능하다. 이런 시간들이 1년, 2년, 몇 년씩 쌓이면 종잣돈이 크게 불어나 투자금을 마련할 수 있다. 이런 투자금들이 시세차익과 함께 몇 년에 한 번씩 돌아온다면 자산 규모를 키울 수 있는 것이다.

퇴사의 유혹을 물리쳐라

어느 정도 자산이 늘어나고 돈을 벌어보니 회사 생활을 접고 전업 투자를 해보면 어떨까 하는 생각이 들기도 했다. 회사를 그만두면 임장도 더 많이 다닐 수 있고, 공부할 시간도 늘어나 부동산에만 집중할 수 있다고 여겼다. 하지만 곰곰이 따져보니 직장인이 부동산 투자를 하기에 더 좋은 조건을 갖추고 있는 것이 아닐까 하는 생각이 들었다.

전업 투자자는 발 빠르게 다닐 수는 있다. 하지만 매월 발생하는 생활비를 무시할 수 없다. 월급만큼 임대수입을 얻어야 하는데, 자산이 전무한 상태에서 시세차익형이 아닌 월세수익형으로 투자한다면 자산을 빨리 키울 수 없기 때문이다. 임대수입과 시세차익을 모두 얻을 수 있다면 더할 나위 없이 좋겠지만 자산이 없는 초보 투자자는 처음부터 2가지 모두 얻기가 쉽지 않다.

하지만 회사를 다닌다면 이런 걱정을 할 필요가 없다. 고정적인 월세 수익을 얻기 위해 고군분투하지 않아도 된다. 회사만 출근하면 한 달에 한 번 월급이 나오기 때문이다. 월세를 받아야 한다는 조급함이 없기 때문에 오를 가치가 있는 곳에 투자하고 기다릴 여유가 생긴다. 투자의 기본은 기다림 아니던가. 급한 투자는 실패하기 쉽다. 내가 연봉보다 더 많은 돈을 벌어도 회사를 그만두지 않는 첫 번째 이유이기도 하다.

또 부동산 투자를 하는 직장인의 가장 큰 장점은 대출이 쉽다는 것이다. 부동산은 레버리지를 이용하는 투자다. 적은 금액으로 높은 수익률을 내야 하는 레버리지 투자는 당연히 전세를 놓거나 대출을 하는 것이 좋다. 레버리지를 이용해 적은 투자금으로 높은 수익률을 얻을 수 있는 것이 부동산의 가장 큰 매력이다.

자영업을 하는 사람들은 고정적인 수입이 없기 때문에 대출 승인을 받기가 쉽지 않다. 직장인은 작년 한 해 받은 연봉을 증명하는 원천징수영수증과 재직증명서를 제출한다면 비교적 어렵지 않게 대출받을 수 있다. 직장인이 아닌 사람들에 비해 대출 한도는 높고 금리는 저렴하다.

내가 일정한 소득 없이 남편의 대출에만 의존했다면 투자금의 한계로 더 다양한 곳에 투자하지 못했을 것이다. 나도 직장인이니 남편만큼 대출을 받을 수 있었고, 1명보다 2명이 대출받을 수 있어서 투자금을 마련하기가 더 쉬웠다. 1채를 투자하는 것과 몇 채를 투자하는 것은 수익 면에서 상상 이상의 차이가 난다. 자산이 몇십억 원이라면 모를까 자본금이 모이고 투자가 안정될 때까지 악착같이 회사를 다녀야 한다.

회사를 다니면서 부동산 투자를 해야 하는 또 다른 이유가 있다. 현재까지 나는 물론이고 남편도 경험한 것이다. 누구나 꿈꾸지만 이루기가 쉽지 않은 것, 바로 큰 부담 없이 즐겁게 회사를 다니는 것이다.

직급, 승진, 고용불안, 연봉에 대한 스트레스가 적으니 더 즐거운 삶이 가능하다. 즐겁게 회사 생활을 하니 업무 효율도 높아진다. 어떻게 그럴 수 있을까?

내가 다니는 회사는 모회사가 있는 자회사이다. 모회사에 좌지우지되는 '을'의 입장일 수밖에 없다. 그래서 사업 방향이 달라지거나 사업이 축소되면 직원들의 사기가 떨어지게 마련이다. 입사했을 때만 해도 승승장구하던 회사 분위기가 조금씩 달라지는 것을 보면서 불안감이나 심리적인 압박감이 생기기도 했다. 하지만 나는 월급 말고도 꾸준히 들어오는 수입이 있고, 회사를 그만두더라도 계속 자산을 늘릴 수 있다는 확신이 있기 때문에 마음이 편하다. 이런 확신은 회사 분위기가 좋지 않을수록 더 강해진다. 그리고 어떤 상황에서도 유연하게 대처할 수 있는 긍정적인 마인드가 생기면 회사 생활을 더 편하게 할 수 있는 동력이 된다.

나와 남편은 부동산 투자를 시작한 이후로 이런 부담감이 크게 생기지 않는다. 부수입이 월급보다 많고, 이미 자산을 어느 정도 구축해 놓았기 때문에 실질적으로 큰 스트레스를 받지 않는다. 이런 점이 직장 생활에 더 좋은 영향을 끼칠 수 있다. 경제적 여유가 생기니 심리적으로도 여유로워 선순환이 이루어지는 것이다.

언제 해고될지 몰라 전전긍긍하면서 살지 않는다. 주눅 들지 않고 당당하게, 동료들에게도 밥 한 번 더 살 수 있고, 팀원에게 진심 어린 따뜻한 조언 한마디도 할 수 있다. 받는 사람들도 좋지만 베풀 수 있는 나도 행복하다.

자기계발을 하면서 즐기는 삶이 회사 생활에 끼치는 영향은 생각보다 크다. 자산을 이뤄놓음으로써 미래도 계획할 수 있고 행복한 상상도 할 수 있다.

나에게 조언을 구하는 사람들에게 항상 하는 말이 있다. 가능하면 목표로 정한 자산을 모을 때까지 직장 생활은 필수라는 것이다. 월급과 여유로운 마음, 부동산 투자 수익 3가지를 동시에 누릴 수 있다. 안정적인 삶을 살면서 더 큰 부를 축적할 수 있는 기회로 삼는다면 회사를 다니면서 투자를 하는 것이 결코 힘들지 않다. 무엇이든 마음먹기 나름이고 생각하기 나름이다. 안정적으로 회사를 다니는 동안 더 크게 불어날 자산을 생각하며 경제적 자유를 누리는 날을 위해 열심히 준비하자.

종잣돈을 모은다는 것이 쉽지는 않지만 그렇다고 몹시 어려운 것도 아니다. 큰돈을 보유하고 있다면 당연히 투자해야 더 큰돈을 벌 수 있다. 하지만 종잣돈을 모으기 위해서는 돈을 벌고, 소비를 줄이고, 무조건 저축하는 습관을 들여야 한다.

새해 첫날이 되면 많은 다짐을 한다. 하지만 작심삼일이라고 며칠 지나지 않아 포기한다. 대표적인 것이 바로 운동과 저축이다. 운동을 시작하려고만 하면 꼭 약속이 생기고, 저축을 하려고만 하면 꼭 사야 할 것들이 있다.

종잣돈은 씨앗처럼 싹을 틔우기까지는 힘들지만 일단 싹을 틔우면 물과 햇빛만 있어도 저절로 자라 열매를 맺는다. 문제는 작은 씨앗, 부자가 될 수 있는 종잣돈을 모으는 것이다. 습관만 잘 들이면 얼마든지 월급을 아끼고 모아서 종잣돈을 만들 수 있다.

지인 중에 종잣돈을 잘 모으는 사람들이 있다. 그들은 전문직이나 고소득자가 아닌 평범한 직장인들이다. 한 달에 400~600만 원을 저축하는 맞벌이, 외벌이인데도 1년에 2천만 원을 저축하는 친구도 있다. 그들에게 종잣돈을 잘 모으는 방법이 무엇이냐고 물어보면 간단한 대답이 돌아온다. 월급의 50퍼센트 이상을 저축하고 나머지 돈으로 생활한다는 것이다. 선저축 후지출이 최고의 진리다. 돈을 모으려는 의지가 있다면 쓸데없는 데 돈을 쓰지 않아야 한다. 돈 쓰는 즐거움을 조금 미룰 필요가 있다.

한 달 지출 예산과 저축 목표액을 설정하라

많은 월급을 받아도 늘 빠듯하게 사는 사람이 있는가 하면, 적은 월급을 받아도 재테크를 해서 내 집 마련에 성공해 여유 있는 삶을 누리는 사람들이 있다. 저축하는 사람은 10년 후 소비에 치중하는 사람과는 전혀 다른 삶을 살고 있을 것이다. 돈을 모아 재테크에 성공한 사람들은 공통된 습관이 있다.

먼저 한 달 지출 예상과 저축 목표액을 설정한다. 확실한 목표를 세우면 종잣돈을 모으기가 한결 쉽고 빠르다. 나는 강제성이 없으면 느슨해지므로 대출금을 갚을 때처럼 매월 월급날 적금계좌로 자동이체를 설정해 놓는다. 급여 통장과 저축 통장, 소비 통장, 비상금 통장 등 4가지 통장으로 나눠서 관리한다. 월수입을 한군데 모아놓지 않고 분산하는 것이다.

상여금이나 인센티브와 같은 부정기적 수입, 세액공제, 연차수당 등도 적금통장으로 자동이체를 설정해 놓는 것도 좋은 방법이다. 외벌이도 이렇게 1년만 하면 목돈을 모을 수 있다. 맞벌이하는 가정의 남편과 아내가 뜻을 모아 노력한다면 더 빠르게 종잣돈을 만들 수 있다.

고정지출을 관리하라

대부분의 직장인들은 생활비를 줄인다면서 식비, 유흥비, 쇼핑 등 일정치 않은 지출을 줄이려고 노력한다. 유동적인 생활비도 중요하지만, 쉽게 지나칠 수 있는 고정지출을 줄이면 훨씬 더 많은 돈을 아낄 수 있다. 보통 고정지출에 해당하는 휴대전화 이용료, 보험료 등을 필요한 만큼만 설정해 놓고 최대한 정리해야 한다. 관리비나 교통비는 할인 혜택이 있는 카드 결제로 바꾸는 것도 방법이다.

사소하게 소비하는 돈을 모아보면 얼마나 큰돈인지를 느낄 수 있다. 세계 1위의 자산가이자 투자자인 워런 버핏은 "100달러를 버는 것보다 1달러를 아껴라"라고 말했다. 돈을 버는 것만큼 중요한 것이 돈을 모으는 것이다. 부자와 가난한 사람은 푼돈을 바라보는 시각이 다르다. 소액도 허투루 쓰지 않는 습관을 들이면 저축을 많이 할 수 있지만 지출을 통제하지 않으면 자산을 불리기가 어렵다.

나를 위한 투자

목표한 금액을 모았다면 쓰는 즐거움도 누려보아야 한다. 그래야 다시 '돈을 벌고 싶다'는 의욕이 생겨 나기 때문이다. 보유한 부동산의 전세금을 올려 투자금이 생기거나, 매도해서 시세차익이 생기면 나는 무조건 10퍼센트는 가족 여행이나 교육을 위해 사용한다. 예쁜 옷 한 벌도 좋고, 예쁜 가방 하나도 좋다. 꼭 비싸지 않아도 된다. 나는 더 좋은 곳으로 더 오랫동안 여행을 가고 싶어서 계속 투자한다.

돈은 과시하기 위해 필요한 것이 아니라 더 여유롭고 행복한 삶을 누리기 위한 도구일 뿐이다. 돈을 보는 관점이 정리되지 않는다면 여전히 부정적인 시각으로 바라보게 되어 여유로운 노후를 보낼 수 없다.

PART 3

소형 아파트
투자 전문가의 노하우

준공 5년 이내의
아파트 급매를 노려라

할 수 있다는 말도, 할 수 없다는 말도 다 맞는 말이다.
— 헨리 포드

폭락주의자의 두려움

대학을 졸업하고 사회 초년생이 되었을 때가 2006년이다. 이때 부동산 가격 급등의 주범이라는 '버블세븐'에 대해 처음 들었다. 강남3구, 목동, 분당, 용인, 평촌 등 7개 지역을 지칭하는 단어로, 미디어에서는 연일 '자고 나면 오른다'는 보도가 나왔고, 며칠 새 수천만 원이 올랐다고 하던 시기였다.

당시 우리 집은 생활이 어려워지면서 작은 평수의 아파트마저 팔아 집 1채도 없었다. 사회 초년생이라 부동산에 대해 잘 알지도 못했지만 느낄 수는 있었다. '집 있는 사람들은 모두 돈을 버는데 우리 집만 벌지 못하는구나.' 너무나도 안타까웠지만 갓 취업한 나 혼자 힘으로는 가족이 모두 살 아파트를 마련할 수 없었다.

'아파트 가격이 언제쯤 떨어질까', '예전 가격만큼 내려야 하는데, 오르는 것은 수

억이지만 내릴 때는 몇천만 원이지', 이런 고민이 계속되었다. 지금 생각해 보면 폭락주의자 중 하나였던 것 같다. 나는 왜 그런 생각을 했을까? 아파트를 사고 싶은 마음이 컸기 때문이다. 이런 아쉬운 마음이 잠재의식 속에 '결혼하면 꼭 아파트를 사야지'라는 목표를 심어주었다.

첫 아파트를 매수하다

결혼하고 내 집에 대한 마음이 더욱 간절했다. '내 아이에게는 아파트 1채라도 가진 부모가 되자. 가난은 절대로 물려주지 말자'고 말이다. 그래서 결혼한 지 6개월 만에 기회가 왔을 때 덥석 결정할 수 있었다. 일단 전세를 살던 아파트를 매수했다. 물론 최대한 받은 대출은 감수해야 했지만 부동산 투자의 첫 발판을 마련할 수 있었다.

'내 집'을 가졌을 때의 장점은 첫 번째가 주거의 안정감, 두 번째가 자신감, 마지막으로 부동산 거래 경험이다.

일단 2년 만에 한 번씩 계약을 연장하거나 전세금을 더 올려주거나 이사를 가야 하는 부담에서 해방되었다. 대출 상환만 잘한다면 내가 살고 싶을 때까지 계속 살 수 있다. '전세금은 얼마나 올려줘야 하나', '이사를 가야 한다면 집을 알아보러 다녀야 하는데, 이 금액으로 어디를 갈 수 있을까', 이런 불안감이 사라지자 내 삶에 집중할 수 있었다. 대출 상환 계획도 세우고, 다음에 더 넓은 집이나 아이 교육에 좋은 지역으로 옮겨 갈 생각도 할 수 있었다. 일단 집을 사고 나니 더 잘살고 싶은 의지가 강해졌다. 그럴수록 재테크 책을 더 많이 읽고, 더 많은 지역을 다니면서 아파트 시세를 파악하기 시작했다. 같은 지역이라도 비싼 아파트와 저렴한 아파트, 오르는 아파트와 시세 변동이 없는 아파트 등을 알아보니 공통적인 요소를 확인할 수 있었다.

내가 거주하는 동네부터 파악하는 것이 부동산에 대한 재미를 더 빨리 느끼고 지식 습득 속도가 훨씬 빠르다. 부동산 투자를 처음 시작하는 사람들은 자신이 살고 있는 동네부터 공부할 것을 추천한다.

비슷한 시기에 결혼한 경우 전세로 시작한 사람보다는 자기 집을 산 사람이 훨씬 더 빨리 자산을 늘려간다. 특히 지난 몇 년간의 상승 사이클을 감안하면 더 많은 차이가 날 수밖에 없다.

특히 새 아파트, 역세권, 대단지일수록 상승 폭이 크다. 2008년 국제 금융위기 이후 아파트 공급이 부족했던 서울에 새 아파트가 공급되면서 선풍적인 인기를 끌었다. 여기에 소득 증가, 신축 아파트에 대한 선호, 지방의 수요까지 겹치면서 집값이 급등했다.

신축 아파트의 힘

지난 시장에서 어떤 아파트가 올랐는지 주목할 필요가 있다. 앞으로 어떤 아파트에 투자할지 가늠하는 기준이 되기 때문이다. 단연 상승률 1등은 신축 아파트였고, 앞으로 신축 아파트가 될 재개발, 재건축, 분양권의 가격 상승률은 무서울 정도로 올라갔다. 시장 안정을 위한 정부의 대출 규제나 보유세 강화, 3기 신도시 발표 등 부동산 규제 정책이 연일 발표되면서 집값 상승세가 둔화되고 있지만 기본적인 것은 변하지 않는다. 혼란스러운 것도 사실이지만, 풀어야 할 문제가 어려울수록 문제의 본질을 이해해야 한다.

실수요자와 무주택자는 주택을 마련해야 한다. 정부의 규제 정책은 다주택자의 추가 구입을 막기 위함이지 실수요자의 매수를 막는 것은 아니다. 절대적으로 실수요자를 보호하고자 하는 정책이다.

하지만 무주택자들은 대개 이런 규제 정책을 기회로 여기고 주택을 매수하기보다 집값이 더 떨어질까 봐 매수를 꺼린다. 확신이 없기 때문이다. 이런 때일수록 시중에 나온 부동산 관련 책을 30권 이상 읽고, 매일경제 신문을 정독하며 전반적인 경제 상황이나 부동산 시장, 청약 정보 등을 알아두어야 한다. 그리고 지금이 기회임을 인식해야 한다.

시장이 혼란스러울수록 무주택자는 기회를 잡기 위해 노력해야 한다. 청약에 당첨되는 것이 가장 좋지만, 계속 떨어진다면 준공 후 5년 내의 아파트 중에 급매로 나온 물건을 매수하는 것도 좋다. 언제 떨어질지 모르는 감을 마냥 기다릴 수는 없다. 능동적으로 움직여 최대한 많은 것을 수확해야 한다.

나는 특별히 잘났거나 뛰어난 사람이 아니다. 평범한 직장인일 뿐이다. 하지만 '노후의 여유 있는 삶'을 위한 간절함은 누구보다 강했다. 부동산을 1채, 2채 계약하며 떨리고 두려운 마음으로 잠을 이루지 못한 날들이 셀 수 없이 많다. 대출과 세금, 일정 조율 등 쉽기만 했던 것은 절대 아니었다. 하지만 조금씩 연습할수록 자산도 늘고 자신감도 커졌다.

직장인, 아내, 엄마, 딸로서 역할을 해야 했던 내가 힘든 과정을 딛고 부동산 투자로 자산을 조금씩 늘리다 보니 결국 나 자신으로 우뚝 설 수 있었다. 결국 '부동산 투자'가 아니라 '나를 위한 투자'였던 셈이다. '내 삶을 위한 성장, 내 삶을 위한 발전' 말이다. 자산을 늘리기 전에는 한없이 작았던 나 자신이 조금씩 발전해 어느새 훌쩍 성장한 모습을 발견했다.

결혼하면서 남편에게 "우리 아이들에게는 어떤 것을 해줄 수 있을까? 과연 나이 들어서도 밝게 살 수 있을까? 여유가 없으면 너무 힘들어"라고 걱정했다. 하지만 지금은 "우리는 무엇이든 다 할 수 있어. 가능해. 이렇게 꾸준히 열심히 살아보자"라고 남편을 다독거린다.

인생이라는 큰 틀 안에서 작은 성공을 계속 이루다 보면 성취감과 자신감이 생겨 더 큰 성공도 이룰 수 있다. 내 집 마련이나 부동산 투자도 처음에는 버겁고 힘들지만 그 과정을 기꺼이 받아들이고 노력한다면 점점 자신감이 생긴다.

자금이 부족해 내 집 마련을 미루고 있는 사람들에게 "작은 평수라도 꼭 1채는 마련하라"고 말하고 싶다.

10년 전에는 무조건 아파트 가격이 떨어지기만을 기다렸다. 하지만 나는 막연하게 아파트 가격이 하락하기만을 기다리는 것보다 구입하고 오르기를 바라는 것이 훨씬 편하다는 것을 깨달았다.

내 집 마련을 시작으로 다른 사람들보다 경제적 자유를 더 빨리 누릴 수 있기를 응원한다.

신축 아파트는
가격이 꾸준히 오른다

사람들이 제대로 알고 했더라면 더 잘했을 것이다.
– 짐 론

2011년 처음 12년 된 24평 아파트로 내 집 마련을 하고 5년이 지났다. 아파트 시세가 오르지 않은 것은 물론 가격이 더 내려가지 않으면 다행이라고 생각할 만큼 경제 상황이 좋지 않았다. 아파트로 돈을 버는 시절은 끝났다고 생각할 무렵 김포의 미분양 아파트 물량이 소진되어 간다는 뉴스 기사를 접했다. 절대 오르지 않을 것만 같던 우리 아파트의 가격도 조금씩 상승하고 있었다. 부정적인 내용보다 긍정적인 시그널을 언급한 책들이 하나둘씩 나오기 시작했고, '부동산 상승 시기가 드디어 도래했다'고 직감했다.

5년 동안 대출 상환도 절반 이상 했고 현금도 조금 마련할 만큼 약간의 여유가 생길 즈음이었다. 그동안 공부한 것을 바탕으로 자산을 좀 더 빨리 늘리기 위해 고군분투하던 중 부동산 투자 컨설팅을 받았다. 지금 보유하고 있는 구축 아파트를 팔고 새 아파트로 갈아타라는 멘토의 조언이었다. 그 이유는 낡고 오래된 구축 아파트보다 깨끗하고 편의시설이 좋은 신축 아파트의 수요가 많기 때문이라는 것이었다. 그때부터 온통 나의 머릿속은 '신축 아파트를 어떻게 살 수 있을까' 하는 것으로 가득 찼다. 그리고 2개월 동안 밤낮으로 네이버 부동산, 부동산 114를 통해 서울의 신축 아파트를 검색했다. 이사를 반대하던 남편도 열정적으로 공부하는 모습을 보며 비로소 나를 이해해 주었다.

그런데 공부를 하다 보니 점점 더 주눅이 들었다. 신축 아파트가 좋은 것은 누구나 알고 있지만 '과연 쉽게 살 수 있을까?' 하는 생각이 들었던 것이다. 이유는 단 하나였다. 가격이 비쌌기 때문이다. 같은 평수의 경우 신축 아파트가 구축 아파트보다 기본적으로 1~2억 이상 더 비싸다. 더 넓은 평수의 새 아파트로 이사한다는 것은 언감생심, 가당치 않은 꿈인 듯했다.

자금은 한정되어 있고 사고 싶은 아파트는 너무 비싸서 포기하고 싶을 때쯤 드디어 투자금에 딱 맞는 아파트 분양권을 발견했다. 구축 아파트 24평으로 신축 아파트 24평을 사기에는 한참 부족했지만 분양권은 가능했다. '분양권(청약 당첨 후 준공이 떨어지면 아파트에 입주할 수 있는 권리)'을 전매(분양권을 다른 사람에게 파는 것)할 수도 있다는 것을 알게 된 것이다(2017년 8·2부동산대책 전까지는 가능했다).

청약이 당첨되면 분양가의 계약금(10퍼센트), 중도금(60퍼센트, 6회), 중도금(30퍼센트)으로 나눠서 납부한다. 분양권을 매수할 때 납부된 계약금 10퍼센트에 프리미엄을 주면 중도금을 승계받을 수 있었다. 예를 들어 분양가 5억 원의 아파트를 프리미엄 3천만 원에 매수할 경우 계약금 10퍼센트인 5천만 원+프리미엄 3천만 원=8천만 원을 주고분양권을 승계받는 것이다(현재는 비조정지역에서 가능하고, 투기지역 내에서는 소유권 이전 등기 시까지 제한되어 있다).

입주까지 6개월 정도 남은 아파트였고, 같은 단지 내에서도 비교적 역과 가까워 선호도 높은 로열동이었다. 당시 프리미엄 시세가 5500만 원 정도였는데 프리미엄이 2천만 원이라는 것을 보면 분명 급매였다. 당시 아파트 가격이 상승 시기에 접어든 단계이기도 했고, 시세보다 저렴하게 나와 내가 보유하고 있는 금액과 딱 맞아떨어졌기에 고민 없이 매수를 결정했다. 기존 아파트를 매수하는 것과는 달리 큰 금액이 들어가지 않았다. 계약금 10퍼센트에 프리미엄만 있으면 살 수 있었기 때문이다.

신혼 때 거주하던 아파트를 매도한 금액으로 분양권을 구입했기 때문에 당연히 기존 아파트와 신축 아파트의 시세상승률을 따져보았다. 신축 아파트가 정말 눈에 띄는 상승세를 보이는지 알아보기 위해서였다. 분양권 매매 계약서를 쓰고 한 달 후 잔금을 치를 시점에 매도한 구축 아파트는 2천만 원 올랐지만 새로 계약한 신축 아파트는 6천만 원 이상 올라 있었다. 시세는 사람들의 수요와 관심을 뜻한다. 가격이 비쌀수록 선호도가 높은 지역이라는 뜻이다.

나는 새 아파트가 어떤 이유로 대중의 인기를 한몸에 받고 있는지 알고 싶었다. 하지만 공부를 하기도 전에 새 아파트 단지에 들어서는 순간 직감할 수 있었다. 입지와 브랜드 가치, 그에 걸맞은 커뮤니티와 단지 구조, 편의시설이 뒷받침되어 있기 때문이다.

청약으로 내 집 갖기

이때부터는 3가지만 염두에 두고 공부하기 시작했다. 첫 번째는 새 아파트일 것, 두 번째는 가격 오름 폭이 클 것, 세 번째는 투자금이 많지 않을 것. 투자금이 절대적으로 부족한 나에게 돈을 빨리 불릴 수 있는 수단이 될 수 있겠다고 판단했다.

분양권을 매수해 본 다음부터는 청약에 당첨만 된다면 계약금 10퍼센트로 내 집 1채를 소유할 수 있다는 것을 알게 됐다. 자금이 없는 나에게는 가장 적합한 방법이었다. 중도금 60퍼센트와 잔금 30퍼센트는 임차를 해서 전세금으로 충당하고 조금 부족한 금액은 내가 보태면 된다. 분양을 받고 잔금을 치르고 입주하기까지 보통 3년 정도 걸린다. 결국 계약금 10퍼센트만 내고 시간을 버는 셈이다. 신축 아파트는 전세 물량이 한 번에 쏟아지기 때문에 전세금이 주변 시세보다는 저렴하지만 장기적으로는 유리하다. 2년 후 계약을 갱신하더라도 역전세는 걱정하지 않아도 되기 때문이다.

그동안 구축 아파트에 집중하느라 청약에 대한 공부를 전혀 하지 못했다. 청약의 장점을 온몸으로 느끼기 전까지 대출을 받아 구축 아파트를 사는 것만이 전부인 줄 알았다.

청약에 대한 지식이 전무한 나는 청약이 뭔지, 조건은 무엇인지, 어떤 방법으로 신청하는지조차 알지 못했다. 청약에서 첫 번째로 필요한 것이 청약통장이다. 몇 년 전 은행에서 꼭 필요한 통장이라며 추천했을 때 별 생각 없이 가입해 두었던 통장이 기억났다. 매월 10만 원씩 적금을 넣어 240만 원이 들어 있었다.

서울에서 4인 가족이 살 만한 30평대 아파트를 청약하려면 '예치금 300만 원, 가입 기간 1년 이상'의 조건이 충족되어야 했다(2016년 2월 기준). 부족한 60만 원은 얼른 채워 넣고 '아파트투유'에 들어가 2016년에 분양할 단지를 검색해 보았다. 입주하고 싶은 분양 리스트를 만들어 초등학교가 있는 역세권 분양단지에 도전했다. 나의 청약 가점은 절망적인 '23점'이었다. 그 당시 분양만 했다 하면 적어도 수십 대 1의 경쟁률은 기본이었고 시간이 지날수록 최고 경신률을 매번 갈아치우는 것을 보면서 부러움 반 설렘 반이었지만 워낙 가점이 낮아 큰 기대를 하지 않았다.

역시나 몇 번을 시도해도 당첨되기는커녕 낙방 소식만 들릴 뿐이었다. '당첨만 돼도 프리미엄이 몇천만 원이라는데, 난 언제쯤 기쁜 소식을 들을 수 있을까.' 불안감이 엄습하고 조바심도 났다. 청약에 떨어질수록 자신감도 줄어들었다. 하지만 포기하지는 않았다. 도전하지 않으면 희박한 당첨의 기회조차 없기 때문이다.

결국 수십 번의 청약 신청 끝에 달콤한 열매를 맺을 수 있었다. 드디어 당첨된 것이다!

새 아파트의 가치는 꾸준히 상승

2015년 당시 서울 부동산 시장에는 새 아파트 신드롬이 불고 있었다. 만성적으로 공급 부족에 시달리던 서울에서 새 아파트는 귀한 몸 대접을 받았다. 노후 아파트가 밀집한 지역일수록, 도심에 근접할수록 더했다. 더욱이 학군이 좋은 서울 강남권 재건축 단지나 도심과 가까운 강북 뉴타운 등 정비 사업을 마친 새 아파트는 매매 시장에서 몸값이 고공행진을 하고 있었다(반포, 북아현, 마포, 신길, 왕십리, 금호, 옥수 일대). 아직 입주를 시작하지 않은 단지 분양권도 웃돈이 붙었고, 심지어 신축 아파트의 전세 가격이 구축 아파트의 매매가를 앞지르기도 했다.

평면의 혁명

새 아파트는 4베이 등 각종 특화 평면을 적용해 공간 활용도를 높여 생활의 편리성을 추구했다. 기존 아파트와 비교할 수 없을 정도로 평면이 많이 달라진 것을 느낄 수 있었다. 2000년대 이전 아파트는 방 3개에 화장실 1개가 대부분이었지만 요즘 짓는 새 아파트를 보면 가변형 벽체를 적용해 방 1개를 넓게 사용하거나 방을 2개로 나

〈30평대 아파트 구조와 평면도〉

강서구 염창동 동아3차아파트. 2베이 1999년 입주　　양천구 신정동 목동파크자이. 4베이 2019년 입주

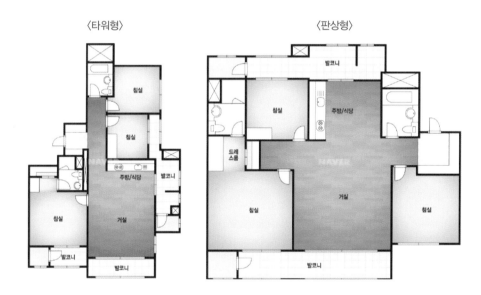

〈타워형〉　　　　　　　　　　　〈판상형〉

타워형 특징

- 복도가 길다.
- 환기가 어렵다.
- 거실 2면이 창일 가능성이 크다.
  (거의 남향 배치 – 남동향, 남서향)
- 주방과 거실이 연결되어 있다.

판상형 특징

- 맞통풍 구조로 환기가 잘된다(주방–거실).
- 햇빛이 잘 들어온다.
- 앞 동과의 간격은 넓을수록 좋다.

뉘 쓸 수 있다. 또 전용면적 59제곱미터(20평대)의 새 아파트도 발코니 확장과 평면의 업그레이드로 신혼 생활을 했던(1999년 입주) 아파트보다 훨씬 넓어 보였다. 틈새 면적이나 발코니 확장 등을 적용해 공간 활용도가 훨씬 높았고, 자투리 공간을 수납공간으로 활용하니 잘 정돈된 느낌이었다.

2000년대 이전의 아파트 평면은 한 가지로 통일되었다면 요즘 분양하는 아파트는 판상형과 타워형으로 나뉜다. 한때는 새로 도입된 타워형(탑상형) 구조가 인기 있었지만 요즘은 환기가 잘되는 판상형을 더 선호한다. 같은 단지 내에서 판상형인지 타워형인지에 따라 매매가가 조금씩 차이 나기도 한다.

다양한 커뮤니티 시설

성동구 성수동의 트리마제와 반포의 아크로리버파크의 공통점은 무엇일까? 한강을 조망할 수 있는 최고급 아파트라는 점이다. 또 하나 있다면 모두가 주목하는 커뮤니티 시설과 아파트 주민을 위한 서비스다. 트리마제는 조식 서비스, 아크로리버파크는 31층 스카이라운지의 카페테리아로 유명하다. 단지마다 사우나, 수영장, 피트니스 센터, 골프 연습장 등 구축 아파트에서는 생각할 수 없는 편의시설을 갖추고 있다.

이처럼 최근 아파트 가격을 좌우하는 요소로 커뮤니티 시설이 급부상하고 있다. 아파트가 단순한 주거 공간을 넘어 취미 및 문화 활동까지 아우르는 공간이라는 인식이 퍼지고 있는 것이다. 주변의 다른 아파트보다 특화된 다양한 커뮤니티 및 서비스 시설은 입지나 브랜드와 함께 아파트를 선택하는 기준이 되어 해당 아파트에 대한 선호도와 프리미엄 또한 높다.

초등학교를 품은 아파트

3040 세대의 부동산에 대한 관심은 나날이 높아지고 있다. 그에 따라 아이의 교육과 안전에 대한 걱정을 덜 수 있는 '초품아(초등학교를 품은 아파트)'에 대한 관심 또한 높아지고 있다. 요즘처럼 맞벌이 가정이 많은 시대에는 자녀들의 통학을 책임져야 하는 학부모들의 부담을 줄일 수 있는 아파트에 대한 선호도가 높다.

나 역시 이사를 고려할 때 가장 중요하게 생각한 것이 초등학교의 유무였다. 아파트 단지 내에 학교가 있다면 왕복 2차선 이상의 도로를 지나서 등하교를 하는 것보다 훨씬 안전하다.

가까운 거리에 학교가 있다면 통학이 편리할 뿐 아니라 안전사고나 범죄의 위험도 적다. 이런 이유로 초등학교가 있는 아파트 단지의 경우 수요자들이 많아 돈을 조금 더 주더라도 다른 아파트에 비해 가격이 높게 형성되어 있다.

매수한 신축 아파트에 입주하기 전 사전 점검 기간에 가본 적이 있다. 결혼 후 지금까지 구축 아파트에만 살던 나는 현관에 들어선 순간부터 신세계를 경험했다. 아무리 구축 아파트를 새로 인테리어를 한다고 해도 신축 아파트의 느낌을 따라올 수는 없다. 평면이나 커뮤니티 시설, 조경, 주차장 등 누구나 살아보고 싶은 아파트였다. 본능적으로 새 아파트가 좋다고 느끼는 것은 아이나 어른이나 똑같다. 특히 주부의 마음을 사로잡는다면 성공한 것이다. 아이들의 안전과 편리성은 집에서 시간을 가장 많이 보내는 엄마가 맨 먼저 느낀다.

무주택자라면
무조건 청약제도를 활용하라

지옥을 통과하고 있다면 계속 쭉 가라.
– 윈스턴 처칠

내 돈 다 주고 사는 아파트가 아니다

30년 전부터 시작된 선분양제도는 전세제도와 마찬가지로 우리나라에만 있는 주택제도다. 건설사의 주택 건설 자금을 확보하기 위한 것으로, 1970~1980년대 주택 대량 공급 정책의 일환으로 허용되었다. 주택이 완공되기 전에 분양하고, 입주 예정자가 납부한 계약금(주택 가격의 10퍼센트), 중도금(주택 가격의 60퍼센트)을 완공 이전에 납부해 건설 비용으로 충당하는 것이다.

쉽게 말해 아파트 선분양제도는 토지를 매입하고 건축을 시작하기 전에 먼저 분양해서 계약금과 중도금을 받아 아파트를 짓는 것이다. 민간 건설사 입장에서는 건설 비용이 거의 들지 않기 때문에 용지 매입 비용만 있으면 된다.

계약자도 준공이 떨어질 때까지 '계약금+중도금+잔금'으로 나눠 납부하기 때문에 청약에 당첨되기만 하면 몇억 원의 목돈을 한꺼번에 들이지 않고 내 집 마련을 할 수 있다. 아파트 가격을 한 번에 지불하는 것과 계약금 10퍼센트만 내고 입주 시까지 2~3년 동안 분납하는 것은 천지 차이다. 자금을 마련할 시간을 버는 것이다. 실제로 청약에 당첨되고 입주 시까지 프리미엄이 붙고 이미 매매가는 올라 있기 때문에 투자에 큰 장점을 갖고 있다.

아파트 시세가 5억 원이라고 했을 때 대출이나 전세금을 레버리지로 삼아 2~3억 원을 한 번에 납부하는 것이 좋을까, 10퍼센트인 5천만 원을 계약금으로 납부하고 입주 시까지 분납하는 것이 좋을까? 당연히 후자다. 9억 원 이하로 분양하는 아파트는 중도금 대출을 받을 수 있기 때문에 실질적인 투자금은 계약금 10퍼센트와 중도금 60퍼센트 중 20퍼센트(조정대상지역)밖에 되지 않는다.

청약 경쟁률이 연일 높아짐에 따라 정부는 실수요자 중심의 청약제도를 개편하기 시작했다. 무주택자라면 꼭 도전해 볼 만하다.

바뀐 청약제도에 대처하는 자세

'실수요자 중심의 청약시장'을 위한 부동산 정책의 주요 내용은 전매제한을 대폭 수정해서 무주택자의 청약 가점 비율을 높이는 것이다.

수도권 아파트 가격의 상승으로 더욱 시선을 끄는 것은 신규 분양시장이다. 순식간에 몇천~몇억 원이 올라버린 아파트를 사려니 투자금에 대한 부담과 과거 시세에 대한 미련을 버리지 못해 분양시장을 주목하는 사람들이 많아졌다.

현재 청약시장은 주택도시보증공사(HUG)의 분양가 통제와 분양가 상한제로 인해 주변 시세 대비 분양가가 저렴하게 책정되어 있다. 따라서 시세차익을 볼 수 있는 아파트의 청약은 엄청난 경쟁률로 마감한다.

서울이나 수도권 주요 지역은 조정대상지역으로 묶여 전매제한으로 쉽게 매도할 수 없고, 개편된 청약제도에서는 분양권이 있을 경우 유주택자가 된다. 또 분양가가 9억 원이 넘는 아파트는 중도금 대출을 승인하지 않아 예전보다 진입하기가 쉽지 않다. 하지만 무주택자라면 적극적으로 청약을 시도할 필요가 있다.

개편된 청약제도의 핵심적인 내용은 3가지다.

첫 번째는 청약가점제가 확대된 것이다. 9·13부동산대책의 후속 조치로 10월 12일 주택공급제도 개선안이 예고되었는데, 실수요 무주택자 공급이 핵심 내용이다. 청약제도가 개편되면서 실수요 무주택자의 청약 당첨 기회가 대폭 늘어날 것으로 판단된다. 개편 전에는 전용면적 85제곱미터 이하의 공급 물량은 청약가점제가 적용되어 무주택 기간이 길고 부양가족이 많은 40대 이상 중장년층이 훨씬 유리했다. 상대적으로 신혼부부 등 나이가 어린 젊은 층은 불리했다. 또 유주택자도 1주택자의 경우 청약이 가능했고, 주택 소유 여부에 관계없이 똑같은 기회를 부여받았다.

하지만 청약제도 개편 이후에는 투기과열지구(청약과열지구, 수도권 및 광역시 지역)에서 추첨제로 공급할 때 대상 주택의 75퍼센트 이상을 무주택자에게 우선 공급하기로 했다. 잔여 주택의 경우도 무주택자와 1주택 실수요자에게 우선 공급한다. 따라서 무주택자에게는 세 번의 기회가 주어진다. 무주택자가 청약제도에서 우위를 선점할 수 있게 된 것이다. 이후 남는 주택은 1주택자에게 공급된다. 단, 1주택자는 기존 주택을 처분해야 한다는 조건이 따른다.

두 번째, 주택도시보증공사(HUG)에서 고분양가를 통제하고 있다. 주변 시세 대비 가격 경쟁력을 갖추면서 신규 분양단지에 시선이 집중되고 있다. 분양가 9억 원 이상은 중도금 대출이 되지 않는 상황에서도 청약시장에 사람들이 몰리는 이유는 단

〈투기과열지구 전용 85m² 초과 아파트 청약 시〉

가점제 50%

가점제 물량 100%
무주택자 우선
(청약미달시 추첨제 이월)

추첨제 50%

추첨제 물량 75%
무주택자 우선

추첨제 물량 25%
무주택자 및
1주택자우선

[투기과열지구 전용 85m²초과 아파트 청약시, 무주택자에 우선 공급]

한 가지, 시세차익 때문이다. 그래서 '로또청약'이라는 단어가 나오게 된 것이다. 당첨만 되면 시세차익을 볼 수 있지만 당첨되기는 하늘에 별 따기다.

세 번째, 신혼부부 특별공급 확대다. 새 아파트 청약은 1순위, 2순위, 특별공급으로 나뉜다. 특별공급은 사회적 배려가 필요한 계층의 주거 안정을 위해 신혼부부, 다자녀 가구, 노부모 부양자 등이 일반 청약자들과 경쟁하지 않고 아파트를 분양받을 수 있는 것이다. 신혼부부 특별공급 대상 주택은 9억 원 이하 민영주택이나 국민주택이다. 공급 비율은 민영주택, 국민주택 모두 10퍼센트 → 20퍼센트, 15퍼센트 → 30퍼센트로 늘렸다. 월 소득 600만 원 내외, 혼인 기간도 5년에서 7년으로 늘었다. 무조건 자녀가 1명 이상이어야 하던 것이 자녀가 없어도 지원 가능하다. 자녀가 있다면 1순위, 1순위에서 탈락했다면 무자녀 신청자들과 2순위에서 다시 경쟁할 수 있다. 자녀는 태아를 포함할 수 있고, 자녀 수가 같으면 추첨으로 결정한다.

유의해야 할 점은 공급 대상이 확대된 만큼 자격 조건을 갖춘 사람 또한 늘어났다는 점이다. 결국 경쟁률이 치열하다는 것이다. 혜택의 폭과 기회가 확대되었지만 경쟁률 또한 높아졌기 때문에 당첨 가능성이 커졌다고 할 수는 없다.

〈신혼부부 특별공급 제도 개선 방안〉

		현행	개선	
			소득기준 유지	소득기준 확대
공급비율	민영	10%	15%	5%
	국민	15%	22.50%	7.50%
공급대상	혼인기간	혼인기간 5년 이내	혼인기간 7년 이내	
	자녀	1자녀 이상(태아 포함)	삭제	
	소득	도시근로자 월 평균소득 100% (맞벌이 120%)	도시근로자 월 평균소득 100% (맞벌이 120%)	도시근로자 월 평균소득 120% (맞벌이 130%)
공급순위	1순위	혼인기간 3년 이내	有자녀 가구	
	2순위	혼인기간 3년 초과	無자녀 가구	
주택가격		제한 없음	9억 원 이하 주택	14억 원

출처 : 국토교통부

네 번째, 신혼희망타운을 공급한다. 신혼희망타운은 신혼부부에게 주변 시세보다 20~30퍼센트 저렴하게 공급하는 신혼부부 특화형 공공주택이다.

공급 주택의 전용면적은 60제곱미터(18평) 이하이고, 신혼부부나 예비 신혼부부, 한 부모 가정에게 공급된다. 세대주는 물론 세대원도 무주택이어야 한다. 따라서 부모와 함께 사는 신혼부부들은 아쉽지만 입주 자격에 해당되지 않는다. 부동산+자동차+금융자산+일반자산에서 부채를 제외한 순자산이 2.5억 원 이하여야 가능하다.

2018년부터 2022년까지 약 15만 호의 주택이 신혼부부에게 공급될 예정이다. 2017년 11월에 발표한 주거복지 로드맵에서 7만 가구를 공급한다고 했지만, 기존 분양 주택 10만 가구와 장기임대주택 5만 가구를 더해 15만 가구를 공급하기로 했다.

2018년 위례신도시(508호)와 평택시 고덕신도시(891호)를 시작으로 분양이 시작된다. 분양형과 임대형(전세)이 있고, 과도한 시세차익을 막기 위해 분양가 2억 5060만 원을 초과할 경우 수익공유형 모기지 대출을 의무적으로 받아야 한다.

〈가구원 수별 2017년 도시근로자 월평균 소득〉

가구원 수	100%	120%	130%
3인 이하	5,002,590	6,003,108	6,503,367
4인	5,846,903	7,016,284	7,600,974
5인	5,846,903	7,016,284	7,600,974
6인	6,220,005	7,464,006	8,086,007
7인	6,625,810	7,950,972	8,613,553
8인	7,031,615	8,437,938	9,141,100

(출처 : 통계청)

수익공유형 모기지 대출은 연 1.3퍼센트 저리의 고정금리로 최장 30년까지 집값의 최대 70퍼센트(한도 4억 원)를 지원하지만, 주택을 매도하거나 대출금 상환 시 시세차익을 기금과 공유해야 한다. 단, 대출을 장기간 이용하고, 정산 시점에서 자녀 수가 많으면 정부가 가져가는 수익을 최대 10퍼센트까지 낮출 예정이다. 9·13주택시장안정대책에서 공공택지 내 전매제한 기준을 신혼희망타운에도 적용했기 때문에 최대 8년까지 전매를 할 수 없고, 의무 거주 기간은 최대 5년이다.

〈신혼희망타운 청약 자격 기준〉

구분	주요 내용
입주 자격	• (기본 자격) 혼인 기간 7년 이내 신혼부부, 예비 신혼부부, 만 6세 이하 자녀를 둔 한 부모 가족 • (소득 기준) 맞벌이 130%, 외벌이 120% • (자산 기준) 순자산 2억 5060만 원 이하
입주자 선정 기준	• 2단계 가점제로 선정 (1단계) 혼인 2년 이내 및 예비 부부, 만 2세 이하 자녀를 둔 한 부모 가족 대상으로 30% 우선 공급(가점제) (2단계) 1단계 낙첨자 및 잔여자를 대상으로 잔여 70% 공급(가점제)

〈신혼희망타운 상세 내용〉

[신혼희망타운 입주자 자격]
- 신혼부부 : 혼인 기간 7년 이내 무주택 신혼부부
- 예비 부부 : 입주자 모집공고일 기준 1년 내 혼인신고 예정인 예비 부부
- 한 부모 가족 : 6세 이하 자녀가 있는 무주택 부 또는 모

[신혼희망타운 입주자 청약 요건]
주택청약종합저축(청약저축 포함) 가입 6개월 경과, 납입 인정 횟수 6회 이상

[신혼희망타운 입주자 자산 기준]
부부의 부동산, 자동차, 금융자산, 일반자산을 더하고 부채를 제외한 순자산 2억 5060만 원 이하

[신혼희망타운 입주자 소득 기준]
- 외벌이의 경우 도시근로자 월 평균소득의 120%인 600만 3108원(3인 가구) 이내
- 맞벌이의 경우 도시근로자 월 평균소득의 130%인 650만 3367원(3인 가구) 이내

[신혼희망타운 선정 기준]
- 예비 부부 및 혼인 2년 이내 신혼부부에게 30% 물량을 우선공급한 후(1단계 가점제 적용) 잔여 물량 70%는 2단계 가점제를 적용하여 입주자를 선정함.
- 1단계 가점제
  - 예비 부부, 혼인 2년 이내 신혼부부, 만 2세 이하 자녀를 둔 한 부모 가족에게 30% 물량을 가점제 방식으로 우선 공급함.
  - 가점 항목[가구 소득, 해당 지역(시·도) 연속 거주 기간, 입주자 저축 납입 인정 횟수]
- 2단계 가점제
  - 1단계 낙첨자를 포함한 입주 자격을 갖춘 모든 신혼부부를 대상으로 함.
  - 가점 항목[미성년 자녀 수, 무주택 기간, 해당 지역(시·도) 연속 거주 기간, 입주자 저축 납입 인정 횟수]

1. 분양권 또는 입주권 계약을 체결한 사람은 유주택자로 간주한다.
2. 1주택 유주택자는 기존 주택을 처분하는 조건으로 분양 계약 체결이 가능하다(입주 가능일로부터 6개월 이내에 처분하지 않을 경우 과태료, 벌금 또는 징역에 처할 수 있다).
3. 주택을 소유한 60세 이상 부양가족은 청약 가점 부여 대상에서 제외된다.
4. 분양가 9억 원 이상 주택의 중도금 집단 대출이 어렵다.
5. 청약에 당첨되었지만 부적격 처리된다면 1순위 청약통장을 1년 동안 사용하지 못한다.
6. 1순위, 2순위, 예비 당첨, 특별공급으로 청약에 당첨되었을 경우, 당첨자 본인과 세대 구성원은 투기과열지구, 청약과열지역에서 5년 동안 청약이 제한된다.

서울 (6,428)		100%	100%	100%	120%	130%
합계 (80,439)	1,399	10,522	15,100	25,207	19,371	8,840
수도권 (59,757)	1,399	6,468	12,646	16,327	16,786	6,131
서울 (6,428)	(12월)위례(508) (12월)평택고덕①(891)	3/4분기 화성동탄2①(1,171) 고양지축①(750) 남양주별내(383) 시흥장현①(964) 하남감일(510) 4/4분기 파주운정3(799) 파주와동(370) 화성봉담2(481)	1/4분기 양주회천(696) 2/4분기 고양지축②(607) 의정부고산(900) 화성동탄2(1,554) 3/4분기 시흥장현②(598) 4/4분기 과천지식(545) 부천괴안(356) 부천원종①(540) 수원당수①(911) 의왕고천(899) 김포고촌2(273) 의왕초평(689) 화성능동(340)	고양장항(1,312) 과천주암①(816) 수원당수②(1,011) 용인연남(458) 평택고덕②(600) 남양주진접2①(1,500) 부천원종②(400) 군포대야미①(550) 구리갈매역세권①(1,600) 의왕월암①(700) 성남금토①(800) 성남복정①(700) 성남서현①(740) 화성어천①(500) 시헝거모①(1,000) 광명하안2①(500호) 의왕청계①(300호) 성남신촌(300호) 시흥하중①(500호) 의정부우정①(600호)	과천주암②(640) 김포고촌(541) 남양주진건(1,814) 포천송우2(940) 남양주진접2②(1,653) 군포대야미②(1,250) 구리갈매역세권②(1,000) 의왕월암②(650) 성남금토②(908) 성남복정1②(845) 성남서현②(760) 화성어천②(435) 시흥거모②(1,300) 광명하안2②(500호) 의왕청계2②(300호) 시흥하중②(400호) 의정부우정②(600호)	군포대야미①(886) 구리갈매역세권①(995) 의왕월암①(667) 성남복정1①(800) 시흥거모①(485) 광명하안2①(400호)
인천 (3,938)			3/4분기 인천논현2(200)	인천가정2①(740)	인천가정2①(500) 검암역세권①(600호)	인천가정2①(498) 검암역세권②(400호)

청약 신청부터 대금 납부까지
청약 5단계

세상에 딱히 좋거나 나쁜 것은 없다.
우리가 그렇게 생각할 뿐이다.
– 셰익스피어

새 아파트로 내 집 마련을 하는 방법

아파트에는 국민주택 분양과 민영주택 분양이 있고, 이에 따라 청약 자격, 입주자
(당첨자) 선정 방식, 재당첨 제한 등이 다르게 적용된다. 아파트 청약에 대한 기본 지식
부터 쌓아보자.

청약이란?

건설사에서 짓는 새 아파트를 분양받기 위해 미리 신청하는 절차다. 일반적으로
집을 산다고 하면 이미 지어진 아파트를 공인중개사를 통해 구매하는데, 아직 완공
되지 않은 새 아파트의 경우 청약·분양제도를 통해 소비자에게 판매한다.

아파트 청약 진행 과정

청약통장 만들기 → 청약 공고 확인 → 청약 → 입주자 선정(당첨자 발표) → 계약 및 대금 납부 → 입주

STEP 1. 청약통장 만들기

예전에는 청약저축, 청약예금, 청약부금으로 구분하고, 국민주택/민영주택 또는 평형에 따라 통장이 나뉘었다. 하지만 2009년부터 통장 하나로 모든 주택에 청약할 수 있는 '주택청약종합저축'이 나왔다. 아직 통장이 없는 사람들은 '주택청약종합저축'에 가입하면 된다. 청약통장은 농협, 신한, 우리, 하나, 기업, 국민, 대구, 부산은행에서 가입할 수 있으며, 대한민국 거주자라면 연령이나 자격 제한 없이 누구든 가입 가능하다.

청약통장을 만들었다면 일정 금액을 불입해야 하고, 2년 내에 내가 살고 싶은 지역, 원하는 아파트 평수에 해당하는 예치금을 넣어야 한다. 그래야 청약저축 1순위 자격을 획득해서 내가 원하는 아파트에 청약을 넣을 수 있다.

〈지역별 예치금액〉

(단위 : 만 원)

구분	청약예금			청약부금 (85m² 이하의 주택에만 청약신청 가능)		
	서울/부산	기타 광역시	기타 시/군	서울/부산	기타 광역시	기타 시/군
85m² 이하	300	250	200	300	250	200
102m² 이하	600	400	300	청약부금으로 민영주택 2순위 청약시에는 예치금액에 관계없이 모든 주택 규모 청약 가능		
135m² 이하	1,000	700	400			
모든 면적	1,500	1,000	500			

STEP 2. 청약 공고 확인

새 아파트에 청약하기로 했다면 아파트 청약 공고, 즉 입주자 모집 공고가 뜰 때까지 기다려야 한다. 이런 청약 공고는 아파트투유(www.apt2you.com)와 같은 청약 사이트에서 확인 가능하다. 건설사별 홈페이지나 신문 등의 분양 광고 또는 포털사이트를 비롯한 각종 정보 사이트에서도 확인할 수 있다.

입주자 모집 공고에는 청약 접수일, 발표일, 계약일 등 세세한 청약 일정과 공급 대상에 대한 자세한 정보가 담겨 있으니 꼼꼼히 살펴보고 본인에게 꼭 맞는 아파트를 선택해서 청약하는 것이 중요하다.

STEP 3. 아파트 청약하기

마음속에 품은 아파트를 결정했다면 이제부터 진짜 청약의 시작이다. 어디서부터 어떻게 해야 할까?

- 국민은행 청약통장 가입자 - 국민은행 사이트(www.kbstar.com)
- 국민은행을 제외한 은행의 가입자 - 아파트투유(www.apt2you.com)

청약을 신청할 때 다음 항목을 결정하자. 분양 아파트 청약가점제에서 만점은 84점이다. 가점이 높은 순서로 당첨되고, 가점 1점으로 등락이 갈릴 수도 있다. 청약제도는 늘 조금씩 바뀌니, 통장을 중간에 해약하지 않고 오래 보유하는 것이 좋다.

- 청약 대상 아파트와 주택형 선택
- 해당 거주 지역 선택
- 주소 및 연락처
- 가점 항목(부양가족 수)

STEP 4. 입주자 선정 및 당첨 확인

당첨자 선정은 순위와 거주지를 고려해 평형별로 가점 또는 추첨으로 공정하게 진행되며, 당첨 여부뿐 아니라 동과 호수 및 예비 당첨자도 확인이 가능하다.

STEP 5. 계약 체결 및 대금 납부

입주자로 선정되면 계약을 체결하는데, 이 계약을 통해 당첨자는 대금을 지급할 의무와 재산권이 생긴다.

계약을 체결할 때 지급하는 계약금은 일반적으로 분양가의 10퍼센트이며, 중도금은 60퍼센트(10퍼센트씩 6회 납부), 잔금 30퍼센트는 입주 시에 납부한다.

〈청약 가점 계산하기〉

무주택 기간	점수	청약 가입 기간	점수	부양가족	점수
1년 미만	2	6개월 미만	1	0명	5
1년 이상~2년 미만	4	6개월 이상~1년 미만	2	1명	10
2년 이상~3년 미만	6	1년 이상~2년 미만	3	2명	15
3년 이상~4년 미만	8	2년 이상~3년 미만	4	3명	20
4년 이상~5년 미만	10	3년 이상~4년 미만	5	4명	25
5년 이상~6년 미만	12	4년 이상~5년 미만	6	5명	30
6년 이상~7년 미만	14	5년 이상~6년 미만	7	6명 이상	35
7년 이상~8년 미만	16	6년 이상~7년 미만	8		
8년 이상~9년 미만	18	7년 이상~8년 미만	9		
9년 이상~10년 미만	20	8년 이상~9년 미만	10		
10년 이상~11년 미만	22	9년 이상~10년 미만	11		
11년 이상~12년 미만	24	10년 이상~11년 미만	12		
12년 이상~13년 미만	26	11년 이상~12년 미만	13		
13년 이상~14년 미만	28	12년 이상~13년 미만	14		
14년 이상~15년 미만	30	13년 이상~14년 미만	15		
15년 이상	32	14년 이상~15년 미만	16		
–	–	15년 이상	17		
합계	32	합계	17	합계	35

총점 84점

아파트 청약 신청 과정

APT청약 신청 절차
청약신청은 아래의 순서로 진행됩니다. 물음표 ❓ 클릭시 도움말이 나타납니다.

01 주택선택 › 02 유의사항 확인 › *로그인(전자서명)* › 03 청약신청자 확인 › 04 주택형 선택 › 05 거주지 입력

1순위

2순위

국민주택 ❓
06 무주택기간 선택

민영주택 ❓
06 주택소유여부 등

07 가점항목입력/확인

06 연락처 등 입력

07 청약신청내역확인

청약완료(전자서명)

08 연락처 등 입력

09 청약신청내역확인

청약완료(전자서명)

분양 일정 공고문(예시)

분양일정

일	월	화	수	목	금	토
12/25	11/26	11/27	11/28	11/29	11/30 M/H OPEN	12/01
12/02	12/03	12/04 1순위(해당)	12/05 1순위 기타	12/06 2순위	12/07	12/08
12/09	12/10	12/11	12/12	12/13 당첨자 발표	12/14	12/15
12/16	12/17	12/18	12/19	12/20	12/21	12/22
12/23	12/24	12/25 크리스마스	12/26 계약 1일차	12/27 계약 2일차	12/28 계약 3일차	12/29

당당하게, 꼼꼼하게, 부지런하게!

초심자의 시도 횟수보다 대가의 실패 횟수가 더 많다.
— 지그 지글러

청약을 하거나, 아파트를 사거나, 그 밖에 부동산 투자를 할 때 꼭 필요한 것이 현장 조사, 즉 임장이다. '현장에 답이 있다'는 말처럼 지하철역과의 거리, 학교의 위치, 동네 분위기, 경사 유무 등은 직접 가보지 않으면 정확하게 알 수 없다.

나는 공부가 목적인 경우에는 그 지역 부동산중개사무소에 전화해서 물어보지만, 투자가 목적인 경우에는 무조건 해당 지역을 방문한다. 지금은 웃으며 여유 있게 다니지만 처음에는 쉽지 않았다. 그 지역의 시세나 특징 등을 전혀 알아보지 않고 무작정 부동산중개사무소를 방문한 적도 있다. 그러다 보니 사장님과 제대로 이야기를 나눠보지도 못하고 나온 적도 많았다.

부동산 투자를 처음 해보는 사람들에게 임장은 여간 어려운 일이 아니다. 하지만 한 번 해보면 생각보다 정말 쉽고 재미있고 흥미진진한 것이 임장이다. 자신이 거주할 집이든 투자할 집이든 큰돈이 드는 만큼 사전 조사는 굉장히 중요하다. 일단 관심 있는 지역에 대한 정보를 최대한 많이 찾아보고 부동산중개사무소에 전화해서 확인한 다음 현장을 직접 다녀봐야 한다. 끌어당김의 법칙은 부동산 투자에도 적용된다. 투자에 공을 들일수록 좋은 아파트가 나에게 온다. 그럼 어떻게 해야 임장을 잘할 수 있을까?

사전 준비

현장 조사(임장)의 가장 기초 단계다. 유아들에게 영어를 가르칠 때 인풋(input)이 없으면 아웃풋(output)이 나올 수 없다고 한다. 아기들이 '엄마'라는 단어 한마디를 하기 위해 수만 시간의 노출이 필요하듯이 부동산도 직접 가보는 것이 가장 좋다. 그럴 수 없다면 부동산 관련 블로그, 동영상 강의, 매물 검색 등을 통해 해당 지역을 머릿속에 바로 그릴 수 있을 정도로 많은 정보를 얻어야 한다.

해당 지역의 부동산중개사무소는 당연히 나보다 훨씬 더 많이 알고 있다. 내가 알아본 내용들이 정확한지 확인하기 위해서라도 부동산중개사무소를 방문해 가능한 많은 것을 물어본다. 제대로 준비하지 않으면 어떤 것부터 보고, 뭘 물어봐야 할지를 모른다. 거주 목적인지, 투자 목적인지, 아니면 구축과 신축, 재개발, 재건축 등 본인만의 주제를 정하면 더 깊이 공부할 수 있다. 지금 살고 있는 곳 주변부터 시작해 보자. 자신이 사는 아파트를 포함해 동네의 랜드마크 아파트를 기준으로 몇 곳을 확인해 본다면 쉽게 이해할 수 있다.

또 네이버 지도나 다음 지도의 로드뷰를 이용하면 지역 분위기, 지하철역에서 아파트까지 가는 방법 등 현장 조사를 하기 쉽다. 사전 조사를 확실하게 하면 그 지역의 호재나 시세 등을 비교할 수 있는 기준이 생겨 임장이 훨씬 수월하다.

네이버 부동산에 매물 검색하기(https://land.naver.com)

아파트 단지 정보(위치, 입주 연도, 세대 수, 면적 분포도)

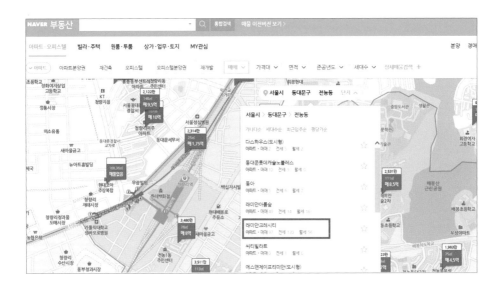

단지 정보 확인(매매가, 전세가, 시세)

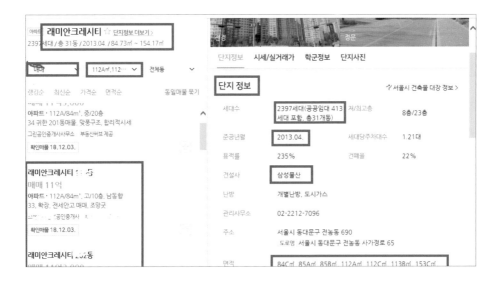

최근 3~5년 매매·전세 시세 확인

〈매매 시세〉

〈전세 시세〉

실제 거래 금액 확인

① 국토교통부 아파트 실거래가(http://rt.molit.go.kr)

② KB부동산 아파트 실거래가(http://nland.kbstar.com)

③ 네이버 부동산 아파트 실거래가

아파트를 구입할 때 평균 시세를 기준으로 대출금액을 예상해 볼 필요가 있다. KB부동산 시세나 한국감정원 시세를 참고하면 매매 또는 전세금액을 확인할 수 있다.

2018년 6월 이후 매도 물량은 많지 않았지만 매수세는 폭발해 매도자가 내놓는 금액대로 계약이 진행되어 호가가 곧 시세로 아파트 가격이 급상승했다. 부동산 초보자는 네이버 부동산에 올라온 가격만 보고 기준을 세운다면 큰 오류를 범할 수 있다. 지난 실거래 금액을 확인하고 적정한 금액인지 판단해서 매도자와 협의해야 한다.

〈국토교통부 사이트에서 볼 수 있는 아파트 실거래가〉

〈네이버 부동산 실거래가〉

2018.09.	매매 11억(8층)
2018.08.	매매 9억4,500(20층) 매매 9억(8층) 매매 10억5,000(9층)
	매매 9억4,000(6층) 매매 9억5,000(1층) 매매 9억6,000(9층)
	매매 9억5,000(3층) 매매 9억7,000(11층)
	매매 9억9,800(10층) 매매 9억4,000(8층)
2018.07.	매매 9억2,000(9층) 매매 9억2,000(13층)
	매매 9억3,000(5층) 매매 9억4,500(9층)
2018.03.	매매 9억3,000(7층) 매매 9억(5층) 매매 9억1,000(10층)
	매매 8억9,500(13층) 매매 9억1,500(11층)
2018.02.	매매 8억7,300(2층) 매매 8억8,500(5층) 매매 8억8,000(6층)
	매매 7억6,500(7층) 매매 8억9,700(5층) 매매 9억(7층)
2018.01.	매매 7억8,000(7층) 매매 8억2,000(4층)
	매매 7억8,000(11층) 매매 8억8,000(4층)
2017.12.	매매 7억2,000(9층) 매매 7억1,000(10층)
	매매 7억7,000(20층)

로드뷰로 지역 분위기 확인하기

〈다음 지도 로드뷰 기능(http://map.daum.net)〉

부동산중개사무소에 전화하기

투자 지역이 멀거나 퇴근 후에 임장을 나갈 수 없을 때는 해당 지역의 부동산중개
사무소에 전화해서 작은 정보라도 얻는다. 전화 상담은 단순 정보를 수집할 수 있을
뿐 급매물이나 좋은 정보를 얻는 데는 한계가 있다. 내가 원하는 내용을 얻을 수 있

다면 더할 나위 없겠지만 쉽지 않은 일이다. 공인중개사 입장에서 갑자기 전화한 사람이 실제 투자 의사가 있는지 가늠하기는 힘들기 때문이다. 나는 지역 분위기, 시세, 실투자금, 대출 유무, 대출 가능 금액, 매도 이유 등 중요한 몇 가지만 물어보고 실수요자임을 강조한다. 가장 중요한 것은 사고자 하는 의지가 있음을 보여주는 것이다. 일종의 심리전이라고 할 수 있다.

대화가 잘 이어지고 열정을 다해 설명하는 부동산중개사무소는 주말에 상담 예약을 한다. 초보자들은 당일 방문하곤 하는데, 하루 이틀 전에 주말 방문 예약을 하면 뜨내기 손님이 아니라 실수요자라는 것을 확신하고 그에 맞는 매물을 알려준다.

다음은 똑 소리 나는 부동산중개사무소 방문 방법이다.

1단계 : 당당하게 접근하라

부동산중개사무소 문을 열고 들어갈 때부터 다르게 행동해야 한다. 꼿꼿하고 바른 자세, 자신감 있고 또렷한 목소리, 웃는 얼굴로 예의 바르고 깍듯하게 행동한다. 부동산중개사무소에 들어가면 방문 목적부터 말한다.

"안녕하세요? 이틀 전에 연락드린 OOO입니다. 준공된 지 5년 이내의 아파트를 찾고 있는데요. 가능한 금액이 OO원 정도예요. 얼마 전에 매도한 아파트가 있어서 다른 아파트로 갈아타려고 합니다."(이때 현금을 보유하고 있음을 넌지시 이야기한다.)

여유 있는 표정으로 당당하게 이야기해야 상대도 실수요자로 여기고 최대한 많은 정보를 제공한다.

2단계 : 관심 아파트에 대해 꼼꼼하게 체크하라

자신이 알아본 내용을 모두 확인할 차례다. 이때 자신이 아는 것을 모두 이야기하지 말고 넌지시 물어본다. 필요한 사항들은 빠짐없이 물어보고 꼼꼼히 메모한다.

지역의 호재

이 지역에 신설되는 역은 어디인가요?

언제 완공되나요?

완공된다면 어느 쪽으로 가는 것이 수월한가요? 그쪽으로 갔을 때 시간은 얼마나 단축되나요?

재건축재개발 계획은 있나요? 이주 일자가 정해졌나요?

신규 분양 아파트는 청약 경쟁률이 어떻게 됐나요? 분양가는 얼마였어요? 시세는 얼마에 형성됐죠?

지역의 편의시설, 선호도, 교통

지하철역까지 도보로 몇 분이나 걸리나요?

버스 정류장은 어디인가요? 어디로 가는 노선이 있나요?

비슷한 조건으로 지하철역에서 멀지 않은 만족도 높은 아파트는 어디인가요?

사람들이 선호하는 동은 몇 동인가요? 사람들이 몇 평대를 선호하나요?

초등학교, 중학교, 고등학교는 어디가 좋나요?

학원가는 어디를 이용해야 할까요?

실거주자의 연령대는 어떻게 되나요?

마트나 병원은 어디 있나요?

실제 투자할 아파트의 시세 질문

사람들은 몇 동을 선호하나요?

매매가와 전세가는 어떻게 형성되어 있나요?

최근에 거래된 금액은 얼마인가요?

가장 저렴한 아파트는 어디인가요? 저렴한 이유가 뭔가요?

1층과 로열층의 시세 차이가 얼마인가요?

전망을 가리는 것은 없나요?

아파트는 어떤 방향(남향, 동향, 서향, 북향)으로 나 있나요?

실제 투자금은 정확히 얼마인가요?

3단계 : 투자하기 위한 실전 단계

거금을 들여 투자할 경우 집의 상태나 매물을 내놓은 이유 등을 알아볼 필요가 있다. 급한 사정이 있거나 매도해야 할 다른 이유가 있다면 가격 조정을 할 수도 있기 때문이다. 이럴 때는 계약 의사를 밝히고 가격을 협상하는 것이 좋다. 여유 자금이 준비되어 있음을 알리는 것도 중요하다.

"집주인이 살았나요, 아니면 전세를 주었나요?', '이 아파트에서 얼마나 살았나요?"

얼마 전 매도를 시도했지만 가격 조정이 되지 않아 계약이 불발되었고 그동안 매수세가 끊겨 팔리지 않았다면 금액을 조정할 확률이 높다.

억지로 꾸미기보다 있는 그대로 진솔한 모습을 보여주는 것이 훨씬 더 좋다. 또 매도자와 매수자를 연결해 주는 공인중개사에게도 정중하게 감사의 인사를 해야 한다.

"사장님 덕분에 좋은 집을 살 수 있었어요. 정말 감사합니다."

"또 좋은 매물이 나오면 꼭 연락주세요."

터무니없이 저렴하게 매수하려 들기보다 매도자와 매수자 모두에게 합리적인 가격으로 계약하는 것이 가장 좋다. 어느 정도의 가격이면 바로 계약할 수 있다는 의지를 보여주는 것이 중요하다.

내 돈 다 주고 사는 것은
투자가 아니다

남들보다 앞서 나가는 방법은 출발하는 것이다.
— 마크 트웨인

청약으로 집을 마련하기 위해 몇 년을 소비하지만 당첨이 생각처럼 쉽지 않다. 공급보다 수요, 즉 분양받으려는 사람이 훨씬 많기 때문이다. 자금 마련의 부담이 적은 청약을 계속 시도해 보지만 번번이 떨어지기만 한다. 그래도 청약 당첨이 될 때까지 계속 시도해야 할까 아니면 기존 아파트라도 매수해야 할까?

이미 지어진 아파트는 전액을 한꺼번에 지불해야 한다는 생각에 부담스럽기만 하다. 하지만 100퍼센트 내 돈을 지불하고 부동산을 사는 경우는 거의 없다. 1억 원짜리 집을 살 경우 1억 원을 전액 지불하지 않고 내 투자금을 최소화하는 것을 레버리지 효과라고 한다. 즉, 타인의 자본을 지렛대 삼아 자기자본이익률을 높이는 것이다. 지렛대를 이용하면 같은 무게를 들더라도 내 힘이 훨씬 적게 들어가는 것과 같은 원리다. 부동산에서 '타인의 자본'이란 '은행 대출'이나 '임차인의 돈(전세보증금)'을 말한다.

전세보증금을 이용한 레버리지

3억 원짜리 아파트를 구입한다고 가정해 보자. 3억 원이 꼭 있어야 하는 것도 아니고 반드시 거주해야 하는 것도 아니다. 3억 원짜리 아파트를 구입해서 2억 5천만 원에 전세를 주면 실투자금은 5천만 원이 된다. 전세보증금 2억 5천만 원을 레버리지로 이용해 어렵지 않게 투자하는 것이다. 다만 전세가가 꾸준히 오를 수 있는 것, 시세차익을 볼 수 있는 것이어야 한다. 2년 후 전세 계약 만료 시점에 전세금과 매매가가 오른다면 투자금을 회수할 수도 있다.

전세보증금을 이용한 투자는 주변에 공급 물량이 많지 않은 아파트, 개발 호재가 있는 아파트, 전세가가 꾸준히 오르는 아파트, 그리고 전세가와 매매가의 차이가 크지 않은 아파트를 대상으로 살펴본다. 실제로 거주하지 않아도 되기 때문에 주변 환경, 채광, 아파트 평면도 등을 조사할 때도 거주자 입장보다는 철저히 수익률이 높은 아파트인지를 따져봐야 한다. 보통 이런 곳은 강력한 교통 호재나 일자리를 통해 한 단계 업그레이드되는 지역이 될 가능성이 크다.

은행 대출을 이용한 레버리지

대출을 무조건 빚이라 생각하고 꺼린다면 투자로 자본을 늘리기 쉽지 않다. 나는 첫 내 집 마련을 할 때 가진 돈이 9천만 원밖에 없었다. 하지만 1억 7천만 원을 은행에서 대출받아 3억 원짜리 아파트를 샀다. 대출받는 것이 두려워 계속 전세를 살았다면 7년이 지난 현재까지 순자산 3억 원이 채 되지 않았을 것이다. 큰 종잣돈이 없는 서민들은 부동산 투자를 위해 '감당할 수 있는 대출'은 필수다. 반대로 부동산 투자를 이용해 더 큰 종잣돈을 만들 수 있어야 한다.

아직도 '대출'이라는 얘기만 들어도 심장이 벌렁거리고, 내 인생에서 절대 해서는 안 되는 일이라고 느껴지는가? 아니면 대출은 더 큰 자산을 만들기 위한 디딤돌이라고 생각하는가? 후자라고 생각하는 사람은 투자 마인드가 이미 갖춰진 것이다.

신문이나 뉴스에는 무리하게 대출을 받아 이자 갚기에 급급한 사람들의 이야기가 넘쳐난다. 이런 뉴스가 대출에 대한 부정적인 인식을 심어준다. 기업이나 정부, 은행도 자기자본만으로 운영하는 것은 아니다. 오히려 개인보다 훨씬 더 많은 자금을 빌릴 뿐 아니라 자기자본비율이 개인보다 낮기도 하다. 자본주의 시스템 자체가 대출로 움직이고 있음을 알아야 한다.

대출 없이 사업하는 사람이 있는가. 자산가들은 이러한 자본주의의 생리를 너무나 잘 알고 있다. 대출은 그야말로 수익 창출을 위한 수단이다.

부동산의 매력은 레버리지 효과를 이용해 큰돈을 벌 수 있다는 점이다. A가 3억 원짜리 아파트를 산다고 생각해 보자. 맞벌이 부부가 1년에 2천만 원씩 모을 수 있다는 전제하에 5년이면 1억, 15년을 모아야 겨우 3억 원이다. 그것도 돈을 모으는 동안 부부 중 누구도 회사를 그만두면 안 되고, 목돈이 들어갈 정도로 집안에 큰일이 생겨서도 안 된다.

15년 동안 3억 원을 모았다고 가정해 보자. 내가 사고 싶은 집이 15년 후에도 여전히 3억 원일까? 열심히 모으고 저축해도 이미 가격이 올라 그 집을 살 수가 없다. 부동산은 절대 나를 기다려주지 않는다.

A와 B는 비슷한 시기에 비슷한 금액으로 아파트를 샀다. 2015년 A와 B는 종잣돈 2억 5천만 원이 있었다. A는 대출받는 것이 부담스러워 순수 자기자본으로 서울에 25년 된 20평대 아파트를 2억 5천만 원에 샀다. 반면 B는 2억 5천만 원을 대출받아 서울 역세권의 5년 된 30평대 아파트를 5억 원에 샀다. 2년 후 어떻게 됐을까?

	A	B
아파트 시세(2015년 3월)	250,000,000원	500,000,000원
실투자금	250,000,000원	250,000,000원
대출금액	0	250,000,000원(시세의 50%)
대출이자	0	540,000원/월 6,500,000원/년(금리 2.6%)
현재 시세(2018년 9월)	400,000,000원	800,000,000원
차익	150,000,000원	300,000,000원
투자금 대비 수익률	60%	120%

대출 없이 아파트를 산 A는 1억 5천만 원, B는 3억 원의 시세차익을 얻었다. B는 2억 5천만 원을 대출받아 A보다 입지와 상태가 좋은 신축 아파트를 샀다. 이 아파트는 탄탄한 수요를 기반으로 시세 상승을 이끌었다. 시세차익보다 더 중요한 것은 같은 기간 내에 B의 자산이 A보다 더 커진 것이다. 3년 전에는 자산 금액이 같았지만 현재의 자산을 보면 A는 4억 원, B는 5억 5천만 원으로 B가 훨씬 크다. 다음 이사를 계획할 때, B는 A보다 선택의 폭이 더 넓다. 자금이 많을수록 선택지가 다양하기 때문이다. (감당할 수 있는 내에서) 대출을 받아 투자하는 것이 순수 자기자본만으로 투자하는 것보다 훨씬 더 빨리, 더 크게 자산을 불릴 수 있다.

금리 인상에 따른 아파트 시장의 영향

최근 미국발 금리 인상에 따른 영향과 정부의 대출 규제 등으로 내 집 마련을 위한 주택담보대출의 어려움이 있다. 2015년 후반부터 시작된 미국의 금리 인상이 올해 점차 속도를 내고 있고, 2018년 세 번째 금리를 0.25퍼센트 올렸다. 그리고 또 한 차례 추가 인상을 할 예정이다. 금리 인상을 앞두고 있는 요즘 과연 대출을 받으면서 까지 집을 마련해야 하는가, 금리 인상이 집값에 얼마나 영향을 미칠지를 점검해 볼 필요가 있다.

주택과 같은 부동산 자산은 주식처럼 환금성이 좋지 않기 때문에 금리 인상에 따른 이자 부담을 신경 쓸 수밖에 없다. 주식이나 채권처럼 쉽게 매도할 수 없는 것이 부동산이기 때문이다.

하지만 금리 인상 자체는 부동산 가격에 절대적인 영향을 미치지 않는다. 단순하게 '금리가 오르면 집값이 떨어지고 금리가 떨어지면 집값이 상승하는 것'이 아니라 정부 정책이나 세계 경제와 맞물려 영향을 미친다. 정부도 전체 가계 대출의 40퍼센트를 차지하는 주택담보대출의 상환 부담이 가중되는 것에 따른 가계 부실을 막기 위해 2018년부터 DTI(총부채상환비율)와 DSR(총부채원리금상환비율)을 통제하고 있다.

경제 상황에 대해 부정적인 기사들이 쏟아지고 있지만 위기를 위기로만 생각하고 아무것도 하지 않는다면 어떤 발전도 이룰 수 없다. 위기는 곧 기회라는 역발상의 유연함이 필요하다. 2011년 첫 집을 장만했을 때 주택금융공사에서 디딤돌대출로 받은 금리가 4.85퍼센트였다. 지금보다 2배 가까이 높은 이자였고, 1억 7천만 원을 대출받으니 이자가 월 70만 원에 달했다. 하지만 이전까지만 해도 이자가 6~7퍼센트 였기 때문에 상대적으로 낮다고 생각했다. 더구나 맞벌이를 하니 월 70만 원은 충분히 상환할 수 있다고 판단했다.

투자는 절대적인 것이 아니라 상대적인 것이다. 그 시기에 맞춰 투자하는 것이지 과거의 금리나 대출 한도에 얽매여서는 안 된다. 아파트 매수를 포기할 정도로 금리의 영향이 크지는 않다. 금리 인상으로 투자를 하지 않을 것이 아니라 이것에 대비하는 투자를 해야 한다. 미국의 점진적인 금리 인상을 시그널로 받아들이고 어떤 상품에 어떻게 투자할지 방향을 정해야 한다.

금리 인상 시기에는 무리하지 않고 충분히 감당할 수 있는 수준에서 대출을 받아야 한다. 하우스푸어는 집값 하락과 금리 인상 가능성을 생각하지 않고 무턱대고 과도한 대출을 받았기 때문이다. 이제는 금리 인상을 염두에 두고 투자해야 한다. 금리 인상 시그널이 있는데도 '금리는 오르지 않을 거야'라고 생각하면 큰 오산이다. 직장인의 월급으로는 안정적인 이자 흐름에 신경 써야 한다.

투자는 항상 현재 상황에 맞춰 하는 것이다. 대비하는 자세는 좋지만 지나친 예측으로 투자를 무조건 멈춘다면 절대 자산을 늘릴 수 없다. 우리는 자본주의 시대에 살고 있고, 물가는 꾸준히 인상될 것이며, 세상의 돈은 계속 돌아가기 때문이다.

〈주택 구입 시 지역별 LTV·DTI 비율〉

주택가격	구분		투기과열지구 및 투기지역		조정대상지역		조정대상지역 외 수도권		기타	
			LTV	DTI	LTV	DTI	LTV	DTI	LTV	DTI
고가주택 기준 이하 주택 구입시	서민실수요자		50%	50%	70%	60%	70%	60%	70%	없음
	무주택 세대		40%	40%	60%	50%	70%	60%	70%	없음
	1주택 보유 세대	원칙	0%	–	0%	–	60%	50%	60%	없음
		예외	40%	40%	60%	50%	60%	50%	60%	없음
	2주택 이상 보유 세대		0%	–	0%	–	60%	50%	60%	없음
고가주택 구입시	원칙		0%	–	0%	–	고가주택기준 이하 주택구입 시 기준과 동일			
	예외		40%	40%	60%	50%				

LTV(Loan To Value Ratio) : 주택을 담보로 돈을 빌릴 때 인정되는 자산 가치의 비율을 말한다. 은행에서 주택을 담보로 빌릴 수 있는 주택담보인정비율로, '집을 담보로 얼마까지 돈을 빌릴 수 있는지'를 말한다. 집이 3억 원이고 LTV가 40퍼센트라고 하면 1억 2천만 원을 빌릴 수 있다(3억 원 × 40퍼센트 = 1억 2천만 원). 지역별로 LTV 한도를 조정함으로써 투기과열지구 및 투기지역은 LTV 한도를 낮춰 과열 양상을 줄인다.

DTI(Debt To Income) : 금융부채 상환 능력을 소득으로 따져서 대출 한도를 정하는 계산 비율이다. 총부채상환비율이라고도 하는데, '나의 총소득에서 매년 갚아야 하는 원금과 이자가 차지하는 비율'을 말한다. 대출 상환액이 소득의 일정 비율을 넘지 않도록 제한하기 위해 실시하고, 담보대출을 받을 경우 채무자의 소득으로 얼마나 상환할 수 있는지 판단하여 대출 한도를 정한다. DTI 수치가 낮을수록 빚을 갚을 능력이 높다.

DSR(Debt Service Ratio) : 대출을 받으려는 사람의 소득 대비 총부채원리금상환비율을 말하며, 연간 총부채 원리금 상환액을 연간 소득으로 나눠 산출한다. 연간 총소득에서 전체 '대출금의 원금+이자'가 차지하는 비율이다. 주택담보대출뿐 아니라 신용대출과 신용카드 결제액, 자동차 할부금 같은 모든 대출금이 해당된다. LTV와 DTI가 주탬담보대출을 기반으로 한다면 DSR은 보다 폭넓은 대출 규제라고 할 수 있다.

초보일수록
시세차익형을 선택하라

사업에 성공하기 위해서는 단 한 번만 옳으면 된다.
– 마크 큐벤

월세수익? 시세차익?

부동산으로 자산을 늘리고 싶은 사람들은 실거주 1채로 만족하는 것이 아니라 꾸준히 매수와 매도를 반복한다. 그 과정에서 종잣돈 마련 방법이나 대출을 활용하는 방법, 수시로 변하는 세금 및 금융 정책을 경험하고 자신만의 투자 원칙과 기준을 설정한다.

부동산 1채보다는 여러 채를 소유하는 것이 부자로 갈 수 있는 지름길이다. 보유한 부동산으로 시세차익을 조금이라도 얻으면 한없이 느리게 가던 자산 증식 속도가 어느 순간 급속도로 빨라지는 것을 체감할 수 있다.

하지만 부동산 투자를 시작하기 전에 나는 오피스텔로 월세 수입을 받는 것이 먼저인지, 시세차익을 위한 투자가 먼저인지 고민했다. 경매나 전세금을 이용해 수십 채를 보유하는 전세 레버리지 투자, 월세를 받는 상가 투자, 빌딩 투자 등 투자의 종류는 생각보다 훨씬 많다.

'과연 나는 어떤 방법으로 부동산 투자를 해야 할까', '어떻게 해야 부동산 부자가 될 수 있을까.'

8·2부동산대책 이후에는 '똑똑한 1채'라는 말이 나오고, 관련 책을 읽어보면 수십 채를 보유한 사람들이 절대적으로 많다. 똑똑한 1채로 갈지, 여러 채를 보유할지 많은 고민을 했다. 하지만 지금은 더 이상 고민하지 않는다. 경험을 통해 나만의 투자 방법을 찾았기 때문이다.

초보일수록 빨리 자산을 늘릴 수 있는 시세차익형 투자를 추천한다. 자산을 가능한 빨리 늘리고 자산 가치를 높일 수 있기 때문이다. 자산을 키운 다음에는 어떤 것이든 본인이 하고 싶은 투자를 할 수 있다. 최대한 빨리 불려서 부자가 되는 시간을 단축해 보자.

나는 외형 자산을 크고 빠르게 늘릴 수 있는 시세차익에 중점을 두고, 똑똑한 아파트를 매수한 후 2~4년마다 매도해 시세차익을 얻고, 시세차익에서 얻은 자금으로 더욱 상승 가치가 높은 곳에 재투자했다. 그래서 8~10년 보유해야 하는 준공공임대사업자가 아닌 일시적 1가구 2주택 양도세 비과세를 선택했다. 추가로 분양권도 1~2개 추가했다. 2주택+분양권 1~2개로 자산을 구성한 것이다. 현재는 전매제한도 있고 이미 금액이 너무 많이 올라 조정지역에서 분양권을 구입하기가 쉽지 않지만 몇 년 전만 해도 가능했다.

때로는 일반과세로 매도할 때도 있었지만 보통 양도세 비과세를 받을 수 있는 일시적 1가구 2주택을 이용해 매도했기 때문에 어떤 정부 정책이 나와도 흔들리지 않고 투자할 수 있었다. 양도세 중과제 때문에 팔지 못할 주택이 없었다. 그리고 2년마다 조금씩 투자처를 갈아타며 자산을 불려나갔다. 다행히 시기도 잘 맞아떨어졌다. 똘똘한 한두 채로 수십 채를 보유한 것 못지않은 수익을 얻었다면 가성비 좋은 투자처이다.

신축 아파트 한두 채로 투자한다면 상대해야 하는 임차인도 적고 수리를 해야 할 일도 크게 없기 때문에 회사를 다니는 직장인으로서 안성맞춤이다. 그리고 2년마다 매도해서 더 큰 자금으로 더 큰 다가구 건물이나 단독을 사면서 똘똘한 1주택과 수익형 부동산 건물을 가질 수 있었다. 현재는 임대주택사업자도 되었고 소형 빌라와 오피스텔, 아파트 등 수익형 물건에 투자해 볼 여유가 생겼다.

보통 아파트를 갈아타면 매도할 때의 양도세와 매수할 때의 취득세로 최소 몇천만 원의 비용을 납부해야 한다. 처음 부동산 투자를 했을 때는 양도세와 취득세를 납부하는 것이 내 자산을 갉아먹는 요소라고 여겨 쉽게 결정하지 못했다. 몇천만 원의 세금을 내느니 차라리 팔지 않고 놔두겠다는 생각이었다. 그러나 몇 번의 부동산 거래를 해보고 몇천만 원의 세금보다 미래 가치가 더 큰 것을 매수하면 나에게 훨씬 이득이라는 것을 깨달았다. 세금 때문에 아파트를 갈아타지 않는다는 것은 소탐대실이라고 생각한다. 작은 것을 탐하다 큰 것을 잃지 말자.

시세차익형	월세수익형
2년마다 매도, 단기 보유	8~10년 이상 장기 보유
공격적인 투자	전세금 상승으로 투자금 회수 가능
자산 형성 빠름	공실, 시설에 대한 리스크 관리
세금 발생	전세가가 꾸준히 오르고 장기적으로 오를 곳 보유
안정적인 투자	소액으로 꾸준히 1채씩 늘려가기
주택임대사업자 등록 불필요	주택임대사업자 등록

'나는 무조건 시세차익형'이라고 단정하고 2~4년이 지나면 바로 매도하는 것보다 본인의 투자 기준이나 현재의 부동산 상황에 맞춰 결정해야 한다.

판단의 기준

예상한 목표수익률에 도달했는가

법적으로 정해진 임대차 계약 기간은 2년이다. 그래서 어떤 부동산을 계약하면 2년 뒤에 얼마에 매도할지 계산해 봐야 한다. 매도할 시점의 부동산 가격은 주변 시세를 알아보면 쉽게 추정할 수 있다. 이 시세에 도달했다면 매도해도 되고, 아직 도달하지 못했다면 한 번 더 계약을 연장해도 된다. 상승세 여부는 자신이 공부한 결과에 따라 판단하겠지만, 갈아탈 투자 상품의 가치가 더 높다면 목표수익률에 도달하지 못했다 해도 과감하게 정리할 필요가 있다.

매도 후 갈아탈 다른 투자 상품이 있는가

투자에서 가장 중요한 부분이다. 양도세 비과세를 받기 위해, 목표수익률에 도달해서, 이미 많이 올라 상승 가능성이 없다고 판단되어 매도했다고 가정해 보자. 하지만 정작 다른 투자처가 없어 매도 잔금을 받고 난 후에 투자할 곳을 알아봐도 될까?

부동산 상승기에는 굉장히 큰 리스크다. 하루가 다르게 시세가 올라가고 투자처를 결정하지 못한 상황에서 지역이나 입지, 투자금 등을 알아보려면 너무 많은 시간을 소비하게 된다. 그사이 시세가 올라서 예상했던 금액보다 더 오른 금액에 살 수밖에 없다. 매도와 매수를 동시에 진행하면 같은 금액으로 더 좋은 물건을 살 가능성이 높다. 투자금은 한정되어 있고, 상승기에는 아파트 시세가 순식간에 오른다. 항상 지역을 염두에 두고 공부해야 하는 이유다.

보합하락기의 부동산은 그나마 여유가 좀 있다. 가능하다면 현금 보유 후 많은 물건을 비교하면 로열동 로열층을 비교적 쉽게 고를 수 있다. 하지만 이미 매도하기 전에 매수하고자 하는 지역에 대한 사전 조사가 끝나야 하고 가격 동향도 꿰고 있어야 한다. 그래야 부동산중개사무소를 통해 급매로 나온 것이 있는지, 그 금액이 적정한지, 가격 협상 여지가 있는지 파악할 수 있기 때문이다. 매수 우위 시장의 장점이다.

2년 연장 후 인근 지역의 입주 물량 확인

2년 계약 만료 후 2년 더 보유한다고 가정하자. 인근 지역의 공급 물량이 많다면 전세가를 한 번 확인해 봐야 한다. 부동산에서 가장 강력한 규제는 공급이기 때문이다.

2017년도 고덕래미안힐스테이트의 입주 시기를 보면 알 수 있다. 3600세대의 물량이 한꺼번에 풀리자 30평대의 전세가가 4억 5천만 원까지 떨어졌다. 이처럼 아파트의 초기 입주 시기에는 세대 수가 많아 전세가가 낮아질 수 있고 대단지일수록 그 영향이 크다. 하지만 첫 입주 때 전세가가 낮을 수는 있어도 보통 2년 후 재계약 기간이 돌아오면 전세 시세는 회복된다. 하지만 다시 2년 후 전세 재계약 기간이 돌아왔을 때 대규모 물량의 입주 시기와 맞물린다면 회복이 힘들 수 있다. 반대로 물량이 없는 지역은 전세가가 올라간다.

지방의 경우 수요가 폭발하는 서울과는 달리 입주 물량이 적정 물량보다 많으면 수급 불균형으로 전세가와 매매가가 하락하는 경우가 종종 있다. 공급 과잉에 따른 역전세난이 우려되고 공급 물량이 많아질수록 임대인은 새로운 세입자를 구하기 어렵다. 전세금이 오르면 오른 금액으로 다른 투자를 할 수도 있지만 역전세가 일어날 경우 여윳돈이 없으면 기존 세입자의 보증금을 돌려주지 못할 수도 있다.

하지만 입지가 좋은 서울의 경우 가격 보합이나 상승 여지는 아직 남아 있을 것으로 보인다. 전세가가 떨어진다고 해도 잠깐의 조정은 있을지언정 매매가가 급락할 일은 없다. 규제가 아무리 강력해도 부동산의 기본 공식인 수요와 공급이 맞지 않으면 언젠가는 상승할 여지가 남아 있다.

세금 확인

양도세를 고려하여 매도 시점을 판단할 필요가 있다. 매도를 확정하기 전에 반드시 국세청이나 세무사를 통해 양도세 금액이 얼마일지 확인한다. 복잡한 세금 정책으로 인해 개개인마다 다른 기준이 적용되기 때문에 미리 확인하지 않으면 세금 폭탄을 맞을 수 있다. 항상 이야기하지만 매수보다 어려운 것이 매도다. 양도세까지 납부해야 나의 투자수익률이 정확하게 나온다.

2019년 이후의 시장은 보수적으로 접근할 필요가 있다. 서울이나 교통이 좋은 수도권은 국제 금융위기와 같은 큰 위기가 오지 않는 한 급격한 하락은 없을 것으로 예상된다. 하지만 각종 부동산 규제책으로 투자를 하기 쉽지 않다. 이럴 때일수록 무리한 대출은 삼가고 안전한 투자를 위해 노력해야 한다. 시세의 60퍼센트의 전세금을 갖고 있는 무주택자는 주택을 마련하고, 1주택자는 수요가 탄탄한 곳에 갈아탈 아파트를 적극적으로 찾아볼 필요가 있다. 3주택 이상의 다주택자는 준공공임대사업자 등록을 한 후 중소형 아파트를 1채씩 늘려가는 것이 좋다.

자신만의 매도 기준을 정하고 그 기준에 따라 판단한다면 예상치 못했던 시장 상황에도 당황하지 않고 유연하게 대처할 수 있는 힘이 길러진다. 물은 계속해서 흘러야 깨끗하고 눈덩이는 굴릴수록 커진다. 시간이 지날수록 정체되어 있다면 물은 썩고 눈은 녹고야 만다. 안전하고 더 큰 눈덩이를 만들 방법에 대해 각자 생각해 보는 시간이 되길 바란다.

〈과세표준액에 따른 양도소득세율표(2018년)〉

과세표준액	세율	누진공제액	양도세 비고
1,200만 원 이하	6%	−	① 조정지역 부동산 양도시 2주택자는 +10% 가산 3주택자는 +20% 가산 ② 다주택자 장기보유 특별공제배제 ③ 1주택자 비과세 요건 강화 (2년 이상 실거주)
4,600만 원 이하	15%	108만 원	
8,800만 원 이하	24%	522만 원	
1억 5,000만 원 이하	35%	1,490만 원	
3억 원 이하	38%	1,940만 원	
5억 원 이하	40%	2,540만 원	
5억 원 초과	42%	3,540만 원	

한 살이라도 젊을 때
투자자산을 늘려라

가장 들어가기 무서운 동굴에 가장 귀한 보물이 있다.
– 브라이언 트레이시

복리는 시간에 비례한다

"1천 개의 연꽃잎으로 가득 덮이는 호수에 연꽃잎이 하나 있고, 매일 2배로 늘어난다고 가정해 보자. 연꽃잎이 호수를 가득 덮는 데까지는 며칠이 걸릴까? 불과 9일밖에 걸리지 않는다. 중요한 것은 호수의 반을 덮는 데까지 걸린 시간은 8일이고, 나머지 반을 덮는 데 걸리는 시간은 단 하루이다."《부동산 투자의 정석》, 김사부·김원철) 복리를 연꽃잎에 비유해서 설명한 것이다.

세계 1위의 부호 워런 버핏은 21세에 자산이 2만 달러에 불과했다. 하지만 30세가 되자 자산이 1백만 달러에 달했고, 39세에 2500만 달러, 10년 후에는 수억 달러로 늘어났다. 버핏의 현재 자산은 대부분 50세 생일 이후에 만들어졌다. 52세 때는 6억 2천만 달러이던 자산이 66세가 되자 170억 달러까지 폭발했다. 이후로 자산은 높은 곳에서 눈덩이가 굴러 내려오듯 점점 불어났다. 실제로 83번째 생일과 87번째 생일 사이에는 66년 동안 벌어들인 것만큼 자산이 증가했다.

투자를 위한 종잣돈을 만드는 것이 얼마나 중요한지, 복리의 힘이 얼마나 큰지를 보여주는 사례들이다. 지속적인 성장을 하려면 미래를 위해 투자하는 방법밖에 없다. 투자하지 않는 것은 미래를 포기하는 것과 다름없다.

한정된 시간, 그냥 흘려보낼 것인가?

직장인으로서 돈을 버는 시기는 한정되어 있다. 가정을 이루고 아이를 키우다 보면 어느새 45세, 50세가 되어 퇴직을 앞둔 자신을 발견한다. 자녀 교육비나 전세금을 올려주다 보면 부를 축적할 기회가 많지 않다. 심지어 양가 부모님께 생활비까지 드려야 한다고 생각해 보자.

성공을 꿈꾸는 직장인이라면 부동산 재테크에 관심을 가져야 종잣돈을 굴릴 기회가 생긴다. 종잣돈으로 투자해 두면 시간이 흐를수록 눈덩이가 불어나듯 주머니가 두둑해지는 경험을 해볼 수 있다. 돈이 돈을 벌어다 주는 시스템이 마련되는 것이다. 돈이 삶의 목표나 기준은 아니지만 자산이 많을수록 여유가 생기며 행복지수가 높아지는 것은 부정할 수 없다.

'같은 연봉, 다른 미래'는 입사 동기를 두고 하는 말이다. 처음에는 모두 같은 연봉으로 시작한다. 입사했을 때는 소득과 자산이 엇비슷하지만 미래는 저마다 다르다. 승진 속도나 결혼도 차이가 있겠지만, 조금이라도 더 빨리 부자가 되는 방법을 터득한 사람들이 있다. 나는 20대 대학생, 이제 막 취업한 신입사원, 신혼부부에게 하루라도 빨리 시작하라고 이야기하고 싶다.

결혼할 때부터 아파트 1채를 가진 사람은 많지 않다. 하지만 내 소유의 부동산 1채 없이 월급만으로 자산을 늘리기에는 무리가 있다. 근로소득은 자본소득을 따라가지 못하기 때문이다.

가능한 빠른 시기에 내 집 마련을 해야 한다. 대학교 입학하자마자 청약통장을 가입해서 청약도 시도하고, 적금을 들고 종잣돈을 불려가면서 부지런히 아파트 평수도 늘려나가고 입지 좋은 중심으로 조금씩 들어와야 한다.

20~30대는 40~50대보다 더 공격적인 투자가 가능하다. 안정적인 직장과 안정적인 월급이 있기 때문이다. 더구나 부양가족과 교육비가 들어가는 자녀도 없다. 10년 후라고 하면 아주 멀게 느껴지지만 생각보다 가까이 있다. 아무것도 준비하지 않으면 10년 뒤 아쉬움만 남게 된다.

나도 첫 내 집 마련을 하고 대출금을 상환하며 저축도 하고 종잣돈을 모아갔다. 그사이 결혼 4년 차에 둘째가 태어났다. 16년 된 24평 아파트에서 이사하고 싶었다. 맞벌이기 때문에 주중에는 아이의 양육을 맡아주시는 어머님과 같이 지내야 했는데 어른 3명과 아이 2명이 생활하기에는 너무 좁았다. 몇 년 동안 상상 속에서 모의 투자를 해본 것이 한두 번이 아니었다. 넓은 평수로 이사해야 할지, 아니면 새 아파트에 투자해야 할지 고민했다. 거주할 집으로 이사할 경우 적금으로 마련한 1억 원으로 가능한 지역은 살고 있는 동네의 30평대밖에 없었다. 애오개역의 역세권 아파트 마포래미안푸르지오가 한참 뜨는 시기였는데, 항상 마음속에 품고 있는 아파트였지만 엄두도 내지 못하는 금액이었다.

그 당시 나는 어떻게든 투자금을 만들어 아파트 보유 수를 늘려 외형 자산을 키우고 싶었다. 고심 끝에 회사와 가까운 30평대 아파트로 이사하기로 결정했다. 자가나 전세도 아닌 월세로 말이다. 거주하고 있던 신혼집도 월세로 임차인을 구했다. 그렇

146

게 거주하는 곳의 보증금을 최소화하고 나머지 금액은 투자금으로 전환했다. 투자할 방법이 없을 것 같아 막막했지만 목표를 위해 끊임없이 생각하니 원하는 결과가 나왔다.

우리 소유의 집은 보증금 1억 원에 월세 80만 원을 받고, 우리가 이사할 집은 보증금 1억 원에 월세 110만 원을 내기로 했다. 30만 원 정도 보태 월세를 내는 것은 큰 부담이 아니었다. 그러고는 24평 아파트의 월세 보증금과 대출을 제외하니 투자금 1억 4천만 원 정도 마련할 수 있었다.

그 자금으로 14평 재건축 아파트를 매수했다. 이주비와 추가 이주비까지 대출받으니 1억 5천만 원이 넘지 않는 금액으로 매수할 수 있었다. 재건축 아파트가 일반 분양을 거쳐 입주 시기가 되면 살고 있는 동네의 구축 30평대 아파트를 사는 것보다 더 많은 시세차익을 얻을 수 있었다. 이렇게 나는 아파트 2채를 보유하게 되었다. 1년 후 세입자를 들인 신혼집이 5천만 원, 재건축 아파트도 1억 원 가까이 올랐다. 그 당시에는 무작정 1채보다 2채가 좋다고 생각했을 뿐이다. 하지만 1년이 지나자 2채에서 1억 5천만 원의 자산이 생겼다.

기존의 구축 아파트 1채만 있었다면 5천만 원밖에 불어나지 못했을 것이다. 2채를 마련하니 자산도 2배 이상 늘어났다.

과감하고 빠르게, 지금 시작하라

투자는 절대적인 미래 가치다. 과감하게 월세로 이사해 종잣돈을 마련하지 않았다면 지금 이 글을 쓰고 있을까. 지금 당장 시작하지 않으면 다른 미래는 펼쳐지지 않는다. 시간이 지나면 자연히 알아서 자산이 늘어나는 것이 아니다. 언제나 쳇바퀴 돌듯 똑같아 보이지만 점점 더 나빠질 수 있다. 지금이라도 종잣돈을 만들어 투자한다면 미래는 얼마든지 달라질 수 있다.

월세로 집을 옮길 때 당연히 편하지만은 않았다. 내 집에 계속 살면 당연히 훨씬 더 편하다. '얼마나 큰 부귀영화를 누리려고 집주인 눈치 보며 넉넉지 않은 자금으로 집을 구하러 돌아다니나' 하는 생각을 한 적이 한두 번이 아니었다. 월세를 내면서까지 꼭 이사해야겠냐고 탐탁지 않게 말하는 남편도 설득해야 했다. '월세는 길에 버리는 돈이나 마찬가지야. 차라리 전세로 가라'는 주위 사람들의 걱정이나 우려는 충분히 감내할 수 있었다.

어렵게 모은 투자금을 발판으로 더 큰 자산을 만들겠다는 궁극적인 목표만을 생각하며 달리다 보니 주변의 시선은 개의치 않았다. 이러한 긍정적인 생각이 긍정적인 결과를 낳았다고 생각한다.

거주지나 투자처를 고를 때 모든 것을 만족하는 곳은 많지 않다. 기회비용이라는 것이 있지 않은가. 당연히 몇 가지를 희생해야 한다. 하지만 견딜 만한 수준의 장소를 찾을 수 있었고, 무엇보다 소중한 종잣돈을 마련할 수 있었다.

이렇게 1채, 2채 마련하다 보면 투자자산이 스스로 종잣돈을 만들어준다. 자산 규모를 늘리면 그것이 또 종잣돈을 만들어내고, 그 돈으로 또다시 투자를 하는 선순환 구조가 만들어져 막강한 힘을 발휘한다. 1채에 3천만 원씩 오른다고 가정했을 때 3채가 있으면 9천만 원을 벌 수 있다.

출발점이 똑같아도 공부를 한 사람과 그렇지 않은 사람, 계속 투자해 나간 사람과 그렇지 않은 사람은 분명 도착 지점이 다르다.

대부분의 사람들은 빚지는 것을 부담스러워한다. 말 그대로 우선순위로 꼭 갚아야 하기 때문이다. 어떤 사람들은 아파트 청약에 당첨되면 집값의 60퍼센트는 중도금 대출(무이자, 후불제 유이자)을 받을 수 있는데 대출이자를 내지 않으려고 꼬박꼬박 본인이 가진 돈으로 입금한다. '잘하는 투자'는 적은 금액으로 많은 수익을 내는 것이다. 중도금 대출이나 잔금 대출은 단체로 받을 수 있는 집단대출이므로 금리도 저렴하고 조건도 일반대출보다 유리하다. 중도금 대출을 상환할 자금으로 다른 곳에 투자하면 더 좋은 수익률을 낼 수 있다.

평범한 일반인이 대출을 부담스러워한다면 부자들은 어떻게 생각할까? 최근 발표한 《2017 부자 보고서》(KB경영연구소)에 따르면 10억 원 이상 자산가 중 절반 정도는 대출을 보유하고 있다. 경기가 어렵다더니 부자들마저 텅 빈 지갑이 되어가고 있는 것일까? 부자들의 부채는 서민들의 부채와 성격이 전혀 다르다. 그들이 대출을 받는 가장 큰 이유는 '거주 목적 외 부동산 마련'이 32.6퍼센트로 가장 많았다. 일반 가정의 대출 목적이 생계라면 부자의 대출 목적은 투자라는 것이다.

우리도 투자 또는 거주를 위한 대출을 적극 이용해야 한다. 은행이율이 아무리 높은 적금이라 해도 5퍼센트가 넘지 않는다. 하지만 4퍼센트 내의 금리로 대출을 받아 미래 가치가 높은 곳에 투자해 10퍼센트 이상 수익만 나도 안정적인 이익을 취할 수 있다. 따라서 적금보다 레버리지를 이용할 수 있는 똑똑한 대출을 권한다. 부의 상승이 훨씬 빠르기 때문이다.

주택금융공사 적극 이용하기

주택금융공사는 시중은행과 달리 서민의 주거 복지 향상으로 삶의 질을 개선하기 위한 기관으로, 장기적·안정적인 공급을 위한 서민의 금융 파트너 역할을 하고 있다. 사회에서 기반을 잡은 지 얼마 되지 않은 사람에게 최적화된 기관이다. 다주택자의 투기 세력을 억제하기 위한 8·2부동산대책(2017년)으로 주택담보대출에 필요한 총부채상환비율(DTI), 주택담보인정비율(LTV)을 60퍼센트(6·19부동산종합대책 이전에는 70퍼센트)에서 40퍼센트로 축소했지만 저소득층을 위한 주택금융공사의 대출은 아직 유효한 상품이 있다.

8·2부동산대책의 핵심은 크게 대출 한도 축소와 세금 강화 2가지로 나뉜다. 70퍼센트까지 승인해 주던 LTV와 DTI를 과한 대출이 늘어나는 것을 방지하기 위해 담보대출을 40퍼센트 이하로 낮췄다. 또 1세대당 1주택만 담보대출을 받을 수 있도록 했다. 대출 조건이 까다로워진 것이다.

1억 원짜리 집을 산다고 하면 예전에는 내 돈 3천만 원에 대출 7천만 원으로 투자할 수 있었다. 하지만 지금은 대출이 4천만 원밖에 되지 않아 실투자금이 6천만 원 필요하다. 결과적으로 주택을 구매할 때 초기 자본금이 늘어날 수밖에 없는데, 다주택자는 물론 집 1채를 간절히 원하는 무주택자에게도 큰 타격을 안겨준 규제책이다.

하지만 주택을 마련해야 하는 신혼부부나 거주 목적의 실수요자들은 주택금융공사에서 운용하는 대출을 이용한다면 조금이나마 수월하게 주택을 소유할 수 있다. 크게 보금자리론, 디딤돌대출, 적격대출로 나뉘는데 각각의 특징과 대출 가능 금액, 금리가 모두 다르니 각자의 상황에 따라 선택해 보자.

1. 디딤돌대출

저소득자와 신혼부부를 위한 상품이다.

1) 신청 대상 : 본인과 배우자의 합산 연소득이 연간 6천만 원 이하 무주택 세대주(생애 최초 주택 구입자, 신혼, 2자녀 이상은 연간 7천만 원)

2) 대상 주택

① 주택 가격 5억 원 이하, 주거 전용면적 85㎡(수도권을 제외한 도시 지역이 아닌 읍·면 지역은 100㎡) 이하, 만 30세 이상의 미혼 단독 세대주인 경우 : 주택 가격 3억 원 이하, 주거 전용면적 60㎡(수도권을 제외한 도시 지역이 아닌 읍·면 지역은 70㎡) 이하

② 신규 분양 아파트로서 아직 등기부등본이 발급되지 않은 경우라도 아래 요건을 만족할 경우 후취 담보로 신청 가능(단, 재개발·재건축 아파트는 신청 불가능)

　　ⅰ 분양계약서 또는 입주자모집공고문상 300세대 이상

　　ⅱ 대출신청일 또는 대출승인일이 (임시)사용승인일로부터 6개월 이내일 것

3) 대출 한도

① 최대 LTV 70퍼센트(최대 2억 원, 단, 신혼 가구 2.2억 원, 2자녀 이상 2.4억 원, 만 30세 이상의 미혼 단독 세대주인 경우 1억 5천만 원)

(DTI, 대출구조, 소득추정에 의한 소득산정 등에 따라 LTV가 달라질 수 있음)

4) 대출 기간 : 10년, 15년, 20년, 30년

5) 상환 방식

① 원리금균등 분할상환 : 대출 원금과 이자를 매월 똑같은 금액으로 갚아나가는 방식

② 원금균등 분할상환 : 대출 원금만 매월 똑같은 금액으로 갚아나가는 방식

③ 체증식 분할상환 : 만 40세 미만의 근로소득자인 경우 초기에 상환하는 원금과 이자가 적고 회차가 지날수록 원금과 이자가 늘어가는 방식

*거치 기간(이자만 납부하는 기간) : 최대 1년 설정

6) 금리(2018년 10월 기준)

(연 %)

소득수준 (부부합산)	만기별 금리(%)			
	10년	15년	20년	30년
2천만원 이하	2.00	2.10	2.20	2.30
2천만원 초과~4천만원이하	2.45	2.55	2.65	2.75
4천만원 초과~6천만원이하 (단, 생애최초의 경우 7천만원까지)	2.85	2.95	3.05	3.15

◦ 다자녀가구 0.5%p, 연소득6천만원 이하 한부모 가구 0.5%p, 2자녀가구 0.3%p, 1자녀가구 0.2%p, 다문화가구 ·
  장애인가구 · 생애최초 주택구입자 · 신혼가구(결혼예정자 포함)각각 0.2%p 금리우대 가능
  (우대금리 중 택1, 중복적용 불가하나 다자녀가구 0.5%p, 2자녀가구 0.3%p, 1자녀가구 0.2%p는 상기 타 우대금리와
  중복적용 가능)
  - 대출기간 중 다자녀, 2자녀, 1자녀가구(2018.9.28. 신규접수분부터 자녀수별 우대금리 적용, 2018.9.27. 이전 취급건에
    대해서는 2018.9.28. 이후 자녀수가 증가할 경우 우대금리 적용. 단, 자녀수가 3명 이상인 경우 자녀수 증가와 관계없이
    다자녀 우대금리 적용), 다문화가구, 장애인가구에 해당하게 된 경우에는 우대금리 적용 가능
  - 우대금리 적용 결과 최종 대출금리가 1.5% 미만인 경우에는 1.5% 적용

(출처 : 주택금융공사)

◦ 생애최초로 주택을 구입하는 신혼가구인 경우에는 아래 표의 금리 적용

소득수준	만기별 금리(%)			
	10년	15년	20년	30년
연소득 2천만원 이하	1.70	1.80	1.90	2.00
2~4천만원 이하	2.10	2.20	2.30	2.40
4~7천만원 이하	2.45	2.55	2.65	2.75

※ 생애최초 신혼가구인 경우에는 우대금리 적용 후 금리가 연 1.2% 이하인 경우 연 1.2% 적용
※ 청약저축 우대금리와 부동산 전자계약 우대금리, 다자녀, 2자녀, 1자녀가구(2018.9.28. 신규접수분부터 자녀수별 우대금리
적용, 2018.9.27. 이전 취급건에 대해서는 2018.9.28. 이후 자녀수가 증가할 경우 우대금리 적용. 단, 자녀수가 3명 이상인
경우 자녀수 증가와 관계없이 다자녀 우대금리 적용)를 제외한 우대금리는 중복 적용 불가

◦ 본인 또는 배우자 명의의 청약저축 가입중인 경우 0.1~0.2%p금리우대
  - 가입기간이 1년 이상(3년 이상)이고 12회차(36회차) 이상 납입한 경우 0.1%p(0.2%p)
  - 민영주택 청약지역별 최소 예치금액 납입 후 1년(3년) 이상 0.1%p(0.2%p)
  - 청약저축 금리우대는 대출기간 중 금리우대요건이 충족 또는 변경되거나 상실하더라도 변경 적용하지 않음

(출처 : 주택금융공사)

2. 보금자리론

만기까지 고정금리가 적용된다는 것이 장점이다. 향후 금리 변동 위험을 피하고자 하는 고객을 위한 상품이다.

1) 신청 대상

① 무주택자 또는 1주택자(일시적 2주택 허용, 단, 기존 주택은 대출받은 날로부터 2년 이내 처분 조건), 연소득 7천만 원 이하(미혼이면 본인만, 기혼이면 부부 합산)

② 신혼 가구 : 맞벌이는 최대 8500만 원 이하(외벌이는 연소득 7천만 원 이하, 무주택자만 신청 가능, *혼인관계증명서상 혼인신고일이 신청일로부터 5년 이내이거나 결혼 예정자)

③ 다자녀 가구 : 미성년 자녀가 3명 이상인 경우 부부 합산 연소득 최대 1억 원 이하(미성년 자녀 1명 : 부부 합산 연소득 최대 8천만 원, 미성년 자녀 2명 : 부부 합산 연소득 최대 9천만 원 이하)

2) 대상 주택 : 6억 원 이하 주택

3) 대출 한도 : 최대 3억 원(미성년 자녀가 3명인 가구는 4억 원/LTV 최대 70퍼센트)

4) 조정대상지역 등 지역별 유의 사항(주택이 조정지역(투기지역 및 투기과열지구)에 있으면 LTV, DTI 조정)

◦ 주택이 조정지역(투기지역 및 투기과열지구를 포함)에 있으면 LTV · DTI가 아래와 같이 조정
◦ 보금자리론 LTV · DTI 조정

지역	더나은 보금자리론		실수요자(완화)		기본	
	LTV	DTI	LTV	DTI	LTV	DTI
조정지역 (투기 · 투기과열지역 포함)	70%	60%	70%	60%	60%	50%
기타 일반지역	80%	70%	실수요자 불문 LTV 70% · DTI 60%			

※ 아파트가 아니고 단독, 다세대, 연립주택이면 LTV 5% 차감

(출처 : 주택금융공사)

5) 대출 기간 : 10년, 15년, 20년, 30년(원리금균등 분할상환, 원금균등 분할상환, 거치 기간 없음)

6) 금리(2018년 10월 기준)

● 더나은 보금자리론 출시(2018년 5월 31일)

본인 또는 배우자가 2017년 12월 31일 이전에 제2금융권에서 받은 주택담보대출로서 현재 변동금리를 적용받고 있거나 일시 상환 대출인 경우 보금자리론으로 바꿀 수 있다.

3. 적격대출

내 집 마련과 가계 부채 구조 개선을 위해 만든 장기 고정금리 대출이다.

1) 신청 대상 : 대출 가능한 신용등급을 가진 성인

2) 대상 주택 : 주택 가격 9억 원 이하

3) 대출 한도 : 최대 5억 원 이하

4) 대출 기간 : 10년 이상 30년 이하

5) 상환 방식 : 원리금균등 분할상환, 원금균등 분할상환, 만기 일부 상환 불가, 거치 기간 1년 또는 없음

6) 대출 금리 : 은행마다 상이, 3.5~4.3퍼센트(2018년 10월 기준)

핵심은
'1주택 투자법'이다

사람은 살아 있는 자석이다.
– 브라이언 트레이시

1세대 1주택, 양도세 비과세를 적극적으로 이용하라.

현재의 주택시장은 정부의 규제로 '다주택자 vs 무주택자'로 나뉜다. 9·13대책 이후 세법 후속 시행령 개정안이라는 추가대책이 나오며 '다주택자'의 대출규제, 보유세의 부담, 양도세 중과 및 강화를 비롯해 주택보유의 강력한 요건이 추가되었다.

무수히 많은 규제책으로 복잡하고 머리가 아플 듯하지만 이것은 모두 다주택자를 위한 규제일 뿐이다. 그렇기 때문에 사실 1주택자는 크게 신경 쓸 것이 없다. 무주택자가 1주택자로 된다고 해도 걱정할 것이 없다는 얘기다. 2017년에 발표된 '8·2대책'에 의해 조정지역 내의 주택을 매수했을 경우 보유의 요건이 추가됐을 뿐, '2년 이상보유+거주'를 한다면 9억 원까지 1세대 1주택 양도세 비과세가 보장된다. 비조정지역, 8·2대책 이전에 매입한 주택은 2년 보유만 해도 양도세 비과세를 받을 수 있다.

나의 투자 스타일은 아주 간단하다. 역세권이고, 신축, 새로운 환경으로 변할 곳(저평가지역, 다중호재)이면 좋다. 또 투자 지역을 분산(갑자기 공급물량이 많아지거나 정책의 규제를 받을 경우, 지역을 분산 투자한다면 안정적인 자금흐름을 만들 수 있음), 양도세 비과세, 공동명의를 적극 활용한다. 그리고 신경을 많이 쓰지 않아도 될 투자처를 선호한다.

기존 투자 책을 보면, 단 수백만 원으로 가능한 소액투자부터 지방투자, 갭투자, 경매 등으로 수십 채를 투자한 성공담 등 다양했다. 나는 지금껏 투자할 때 철저하게 '내가 거주할 수도 있는 아파트'라는 기준으로 접근했다. 내 투자법이 기존의 투자 책에서 보는 투자법과 생각의 출발점이 조금 다를 수 있다. 나는 처음부터 거주할 지역이 서울이었기 때문에, 투자금은 수백만 원이 아닌 수천만 원이었다. 그리고 수십 채가 아닌 한두 채를, 월세보증금을 이용한 투자보다는 전세를 이용한 투자였다. 이미 인프라가 갖춰져 있고 앞으로 더 좋아질 서울 수도권만큼 안전한 곳은 없다(고 생각했다).

수십 채 주택을 보유하진 않았지만, 그것 못지않게 많은 수익을 만들었고, 투자가치가 높은 곳에 집중하며 더 많은 시세차익을 남길 수 있었다. 그리고 그 수익을 빠르게 재투자하며 시간을 절약했고, 결국엔 작은 건물 한 채까지 투자할 수 있게 되었다. 거주할 수도 있다는 생각으로 투자를 시작한다면 그 지역의 가장 가치 있는 곳을 파악할 수 있고 장기적인 관점으로 고를 수 있다. 그렇게 되면 더욱 안정적인 투자를 하게 될 것이다.

3년이 지난 지금은 시세차익보다 월세수익에 집중하고, 현재의 주택시장을 단기보단 장기투자로 생각하고 있다. 개인마다, 투자성향에 따라, 제일 중요한 시장 상황에 따라 계속 투자 스타일은 변할 수밖에 없고, 그렇게 해야만 한다. 그래야 끝까지 성공적으로 살아남을 수 있다.

전세 보증금을 이용한 투자 vs 월세보증금을 이용한 투자

아파트에 투자하는 방법에는 두 가지가 있다. 첫 번째는 전세보증금을 이용한 투자방법, 두 번째는 주택담보대출을 받아 월세 보증금을 이용하는 투자방법이다. 아무래도 전세보증금을 안고 투자하면 자금이 적게 들어 자금이 없는 사람에게 유리하다. 2년의 계약기간 동안 월세수입은 없지만, 추가적인 비용은 들지 않는다. 시세상승이 예상되는 곳으로 선정해야 하고, 향후 공급물량을 잘 확인해야 한다. 월세를 받기 위해 투자하는 경우, 전세보증금을 이용해 투자할 때보다 더 많은 자금이 들지만 꾸준한 월세 수익이 생긴다. 하지만 임차인이 바뀔 때마다 도배, 장판, 부동산 수수료 등 지출도 많아진다. 월세가 잘 들어오는지에 대해 신경을 쓰는 것은 필수이다.

지금에서야 다주택자가 되어 자의반 타의반 장기보유를 해야 하고 양도세 비과세를 받을 수 없지만, 얼마 전까지만 해도 일시적 1가구 1주택 양도세 비과세 혜택을 보며 부동산 투자 수익률에 가장 중요한 것은 양도세라는 것을 알게 되었다. 아무리 시세차익이 많이 남는다 해도 양도세로 수억 원을 내고 나면 남는 것은 생각보다 적을 수 있다. 그래서 계속해 주택을 늘리기보다 1가구 1주택의 양도세 비과세를 적극적으로 이용해야 한다.

- 1가구1주택 양도세 비과세 : 2017년 8·2대책 이전에 소유한 주택은 2년 보유만 해도 1가구 1주택 양도세 비과세 가능하다(9억 원까지). 8·2 대책 전에 계약금이 입금된 경우도 대책 발표 전 취득한 주택으로 간주하여 보유만 해도 비과세 대상. 하지만 8·2 대책 이후 취득한 주택은 반드시 2년 실거주해야 양도세 비과세 혜택을 받을 수 있다.
- 일시적 1가구 2주택 양도세 비과세 : 이사를 위해 일시적 2주택자가 되는 경우,

2주택인 상태에서 기존 주택을 팔아도 양도세 비과세 혜택이 있다. 첫 번째 주택 취득 1년 후 신규주택을 취득했을 경우, 2년 이내에 첫 번째 주택을 매도해야 한다(조정지역대상 내).

- 장기보유 특별공제 제한 : 9억 원이 넘는 고가주택의 경우, 9억 원까지는 비과세가 되고, 9억 원 초과분의 경우도 장기보유특별공제를 통해 10년 이상 보유하였던 소유주들은 80% 공제를 받을 수 있어 거의 양도소득세 부담이 없었다. 하지만 2018년에 발표된 9·13대책으로 무조건 2년 이상 실거주를 해야만 10년 이상인 경우 80% 혜택을 받게 된다(2020년 1월 1일 이후부터 양도하는 모든 주택에 적용).

PART 4

가격 방어가 가능한
중소형 아파트

왜
중소형 아파트일까?

실패자들은 자신이 성공에 얼마나 근접했는지 알지 못한 채 포기하고 만다.
— 토머스 에디슨

서울 아파트의 역사

대한민국의 수도 서울은 1970년대 국가 주도하의 경제발전을 위한 개발 속에서 현대적인 도시화가 진행되었다. 인구가 폭발적으로 증가하면서 도로나 지하철, 주택, 학교 등의 기반시설을 확장했으며, 강남과 수도권 지역으로 점점 퍼져나갔다. 그때부터 부동산 투자는 절대 실패하지 않는다는 '부동산 불패'라는 인식이 생겨났다. 적어도 IMF나 2008년 국제 금융위기 전까지는 말이다.

IMF와 국제 금융위기를 지나는 몇 년 동안 '이젠 아파트 투자는 끝났다'는 이야기가 심심치 않게 들렸다. 심리적인 부담을 이기지 못해 목숨을 끊는 '하우스푸어'(집은 보유하고 있지만 무리한 대출로 인한 이자 부담 때문에 빈곤하게 사는 사람들을 가리키는 말. 일을 해도 소득이 충분하지 않아 빈곤에 허덕이는 사람들을 뜻하는 워킹푸어에서 파생된 말)에 대한 뉴스를 접하기도 했다.

하지만 이후로 부동산 규제 완화 정책과 금리 인하, 통화량 증가로 최근 몇 년간은 부동산 가격이 상승했다. 부동산 흐름을 경험한 많은 사람들이 아파트 가격은 조금씩 조정되어도 가치는 지속적으로 우상향하고 있음을 알게 되었다.

부동산이 자산을 늘리는 가장 빠른 수단이라고 생각하는 사람들이 많았다. 한때 초등학생들의 장래 희망 1위로 연예인을 제치고 건물주가 뽑히기도 했다. 그만큼 대한민국 사회에서 부동산 부자는 선망과 동경 또는 질투의 대상이다.

중소형 아파트가 인기 있는 이유

보통 59제곱미터(㎡) 이하를 소형, 84제곱미터를 중형, 84제곱미터 이상을 대형이라고 한다. 2008년 국제 금융위기 이후 경기가 급속히 침체되면서 한국의 주택시장에 큰 변화가 일어났다. 아파트 투자를 주도했던 대형 아파트의 거래가 거의 이루어지지 않았고, 수요도 줄어들었으며 가격 하락 폭도 컸다. 이전까지만 해도 대형 아파트는 부의 상징으로 가격이 절대 떨어지지 않아 안전한 노후를 보장했다. 하지만 지금은 분위기가 달라졌다.

1인 가구의 증가와 함께 일명 혼밥(혼자 밥을 먹는 것) 혼술(혼자 술을 먹는 것)이 늘어나면서 편의점 매출 1위 품목이 도시락이 되었다. 주택도 마찬가지로 1~3인이 주거하는 소형 가구의 증가로 이들의 수요가 크게 늘고 있다. 아파트 분양 평형도 대다수 중소형으로 구성되어 있다. 보통 4~5인 가족에게 적합한 30평대 중형의 실수요가 가장 많고, 투자 수요는 20평대 소형이 많다. 이러한 이유로 몇 년 사이 30~40대의 실수요자가 부동산 시장에 들어오기 시작한 것이다. 중소형 주택의 투자 가치는 점점 높아지고 있지만 40평 이상 대형의 수요는 한계가 있다.

몇 년간 중소형의 시세가 가파르게 상승해 대형 평형과 가격 차이가 얼마 나지 않자 대형이 저평가되어 있다고 생각할 수도 있다. 하지만 실거주 아파트로 중소형을 찾는 수요가 많다는 것은 주변만 살펴봐도 쉽게 알 수 있다.

실제로 주변에서 혼자 사는 싱글 남녀뿐만 아니라 육아와 경제적 부담으로 인해 딩크족(결혼 후 자녀 계획이 없는 부부)을 선언하는 부부, 혼자 사는 노년층을 많이 보게 된다. 내가 처음 구입했던 염창동 아파트를 세놓을 때도 신혼부부들이 가장 많이 찾아왔다. 그다음으로 많이 찾아온 사람이 50대 이상의 노년층이었다. 나는 어르신들의 수요가 많은 것에 깜짝 놀랐다. 1~2인 소형 가구 증가 현상으로 소형 아파트의 미래가치를 유추해 볼 수 있다.

인구 감소로 아파트 가격이 떨어지지 않겠냐고 하는 사람도 있다. 하지만 서울과 다른 지역을 구분해서 접근해야 한다. 서울은 인구수보다 가구 수가 더 중요하다. 꾸준히 유입되는 외국인 가구, 한 가구에서 경제활동을 할 수 있는 가구원이 파생되는 숫자를 생각해 봐야 한다. 경제활동을 하는 사람들, 소득이 증가하는 사람들이 늘어나면서 아파트 수요는 꾸준하게 마련이다. 가구 수는 늘어나지만 재개발, 재건축으로 인해 멸실되는 주택이 많아지면서 사람들이 살고 싶은 집은 늘 부족한 곳이 서울이다.

인구가 줄었다고 해서 자타공인 대한민국 최고의 대학교 'SKY'(서울대학교, 고려대학교, 연세대학교)에 들어가기 쉬워진 것은 아니지 않은가. 부모님 세대에도 SKY는 최고의 대학이었고, 그보다 인구가 줄어든 지금은 오히려 경쟁률이 더 높다. 서울의 아파트는 SKY와 비슷하다. 수요가 많아 들어가기 힘들다.

인구 감소로 서울의 아파트 가격이 하락될까 걱정하기보다는 사람들이 원하는 아파트를 얼마나 빨리 선점할 것인가를 생각해야 한다. 일찍 선점할수록 자산을 빨리 불려나갈 수 있다. 한 살이라도 어릴 때 재테크를 시작해야 하는 이유다.

아파트 투자의 기본 공식

어떤 종류의 투자든 기본 원리는 하나다. 공급은 부족하고 수요가 많으면 가치가 올라간다. 1~2인 가구가 늘어나면서 다른 주거 형태보다 소형 아파트를 찾는 실수요자가 많아지고 있다. 특히 아파트 가격이 지나치게 오르면서 신축 빌라나 아파텔(주거형 오피스텔), 소형 아파트를 찾는 사람들이 많아졌다. 그중 생활의 편의성과 안전성 면에서는 아파트가 으뜸이다. 소형 아파트의 가치가 높아지고 있는 것은 분명하다. 땅이 더 넓어지지 않는 한 아파트를 계속 공급할 수는 없기 때문이다.

촘촘한 부동산 규제책이 연일 발표되고 가격은 이미 많이 올라 투자하기가 쉽지 않은 것이 사실이다. 하지만 기본 공식만 염두에 둔다면 성공적인 부동산 투자가 가능하다. 작은 성공을 몇 번 반복하다 보면 자신도 모르는 사이 자신감이 생기고 투자금도 더 크게 불릴 수 있다. 비로소 투자다운 투자가 가능한 시기가 오는 것이다.

부동산 투자를 할 때는 반드시 다음 4가지를 살펴보아야 한다. 다음 4가지 조건을 두루 갖춘 곳에 투자한다면 성공할 가능성이 훨씬 크다.

1. 직주근접(교통일자리)
2. 역세권
3. 학군
4. 신축대단지(편의성)

직주근접(양질의 일자리에 대한 접근성과 교통)

최근 직장인들 사이에서 일과 삶의 균형을 추구하는 '워라밸'(work and Life Balance) 열풍이 불고 있다. 개인적인 삶이 사라진 현대사회에서 워라밸은 직장이나 직업을 선택할 때 고려하는 중요한 요소 중 하나로 떠오르고 있다. 따라서 대중교통이나 도로 한가운데서 보내는 출퇴근 시간을 기회비용으로 여겨 그 시간을 줄이고자 하는 사람들이 늘어나고 있다. 회사에서 가까운 지역에 살면 좋겠지만 현실적으로는 쉽지 않다. 이런 지역은 항상 내가 가진 자산보다 비싸기 때문이다. 그래서 회사로 출퇴근하기 쉬운 지하철 주변을 선호하는 것이다.

특히 직장인들이 거주지를 알아볼 때 가장 먼저 고려하는 것이 직장과의 거리다. 출퇴근하기 편하고 길에서 보내는 시간이 적은 곳으로 알아본다. 부모님 세대와는 달리 요즘 젊은 직장인들은 늦게까지 회사에 얽매이고 싶어 하지 않는다. 가족과 여가 생활을 즐기고 삶의 질을 높이고자 한다. 그러기 위해서는 출퇴근 시간을 최대한 줄여야 하고, 회사와 가까울수록 집값이 오를 수밖에 없다. 30~40대 직장인이 아파트 수요층으로 떠오르면서 교통 좋고 편의시설이 많은 지역의 인기가 점점 더 높아지고 있다.

서울의 대표적인 곳이 강남, 종로시청, 여의도다. 양질의 일자리가 많은 강남 접근성에 따라 아파트 가격이 결정된다. 강남을 통과하는 지하철 노선 주변 지역의 선호도가 높은데, 대표적으로 2호선3호선7호선9호선신분당선을 황금노선으로 꼽을 수 있다. 특히 이런 노선들이 지나가는 환승역은 더욱더 눈여겨볼 필요가 있다.

황금노선(강남 접근성, 일자리 노선)

2호선: 서울 지하철의 핵심. 중구, 송파구, 강남구를 지나가는 서울의 순환선.

3호선: 일산시부터 강남구까지 이어지는 노선. 종로구와 중구, 강남구를 지나간다.

7호선: 인천 부평구와 경기도 부천시에서 도봉구까지 이어지는 지하철. 강남구를 지나간다.

9호선: 강서구부터 강동구까지 서울의 동서를 가르는 철도망. 마곡과 여의도, 강남구를 지나며 급행역이 있다.

신분당선: 경기도 수원의 광교신도시부터 강남구를 잇는 노선. 판교를 지나 강남까지 이어진다.

지난 3월 영등포구 당산동에 공급된 당산센트럴아이파크의 전체 평균 경쟁률은 79.9:1이었다. 많은 이유가 있겠지만 2호선과 9호선 더블 역세권이라는 것이 큰 부분을 차지한 것으로 보인다.

강북에서도 지난 2년간 최고가를 경신하고 있는 직주근접의 대장주는 '경희궁자이'였다. 마포구 공덕과 아현뉴타운, 북아현뉴타운이 그 뒤를 바짝 추격하고 있는데, 이 지역은 광화문과 서울시청, 종로 부근으로 출퇴근하기 편리하기 때문에 30~40대의 수요가 굉장히 많은 곳이다. 실제로 용산이나 시청, 여의도에 직장이 있는 사람들은 이곳을 선호한다. 이처럼 접근성이 부동산의 가치이며 프리미엄이다.

〈황금노선 1 : 지하철 2호선〉

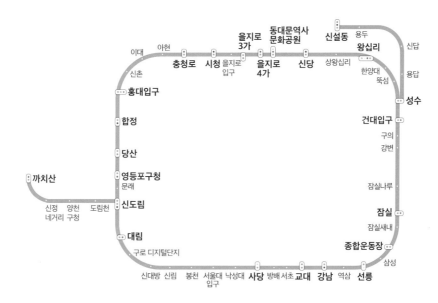

〈황금노선 2 : 지하철 3호선〉

〈황금노선 3 : 지하철 7호선〉

〈황금노선 4 : 지하철 9호선〉

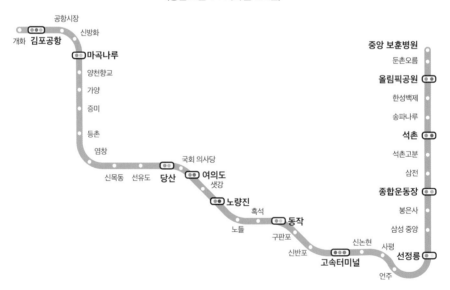

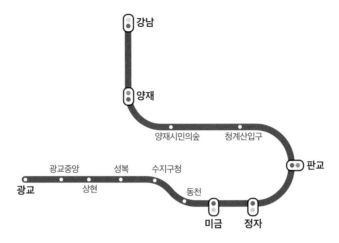

〈황금노선 5 : 신분당선〉

역세권

　모든 부동산이 그렇듯 아파트의 투자 조건 중 가장 중요한 것이 입지다. 나도 실거주나 투자를 위해 아파트를 매수할 때 가장 중요하게 생각하는 것이 역세권이다.

　워킹맘으로 회사에 다니려면 출퇴근 시간을 줄이는 것이 관건이다. 나는 보통 7시 전후에 집을 나선다. 늦게 퇴근해서 아이의 숙제를 도와주고 남은 집안일을 하면 12시가 넘는다. 출근하기 위해 7시에 나오려면 오전 6시부터 일어나 준비해야 한다. 어떻게든 출퇴근 시간을 줄이기 위해 꼭 역세권을 찾는다. 가끔 한 번씩 아이들을 데리고 지하철을 탈 때가 있다. 혼자 걸어가면 5분밖에 걸리지 않을 거리도 아이들과 함께 걸어가면 20분이 넘게 걸린다. 그래서 나는 역세권이 아닌 아파트는 과감히 배제한다.

　많은 사람들이 같은 생각을 할 것이다. 아무리 좋은 신축 아파트라고 해도 지하철역까지 거리가 10분 이상 떨어지면 부동산의 가치 중 '편리함'이라는 조건에 부합하지 않는다.

우리는 투자 가치가 높은 곳을 찾는다. 가격이 하락할 때도 방어할 수 있는 곳을 말이다. 살기 편한 곳, 많은 사람들이 찾는 곳일수록 투자 가치가 높다. 지금은 이미 가격이 많이 올라 조정기를 대비해야 하는데, 가장 방어하기 좋은 조건이 역세권이다. 수요층이 많기 때문에 역세권 아파트 단지들은 주변 단지에 비해 경쟁력이 높고 시세를 이끄는 힘이 있다.

2017년 12월 동탄2신도시에서 분양한 롯데캐슬트리니티 청약 결과를 보면 알 수 있다. 롯데캐슬트리니티는 SRT 동탄역 바로 앞에 위치한 초역세권 주상복합단지다. 이곳은 1순위에서 평균 경쟁률 77:1을 기록했다. 반면 같은 동탄2신도시의 남쪽에 위치한 아파트 단지는 이제야 분양가를 회복한 상태다. 특히 동탄은 워낙 지역이 넓어서 역세권과 비역세권의 차이가 크다.

이미 많이 올라 부동산 시장의 불확실성이 커지면서 이제는 시세 상승보다는 하락에 방어할 때다. 계속 오르는 시장도 없고 계속 하락하는 시장도 없다. 혼란의 장에서도 역세권 부동산은 시장 등락의 영향을 크게 받지 않는 우량 상품이다. 하락장이 형성된다고 해도 꾸준한 수요로 인해 최소한의 가격을 지킬 수 있고, 또다시 도래할 상승기에도 가격 상승을 이룰 수 있다.

현재 역세권 아파트는 이미 시세가 많이 반영되어 있다. 앞으로 투자한다면 향후 개통될 역세권을 맨 먼저 확인해야 한다.

실수요자라면 앞서 이야기한 5개 황금노선 중 핵심 지역의 역세권에 준공된 지 5년 이내의 아파트를 매매한다면 효자 노릇을 톡톡히 할 것이다.

학군

맹자의 어머니가 맹자의 교육을 위해 세 번 이사했다는 데서 유래한 '맹모삼천지

교(孟母三遷之敎)'는 부동산 시장에도 큰 영향을 미친다. 나도 결혼 전이나 아이가 없을 때는 학군에 전혀 관심을 두지 않았다. 오로지 회사에 출퇴근하기 쉬운 역세권만 염두에 두었다.

하지만 아이가 학교에 입학할 시기가 되고 보니 미디어로만 접하던 학군의 중요성을 몸소 느끼게 되었다. 아이들을 안정적인 환경, 면학 분위기가 조성된 곳에서 키우고 싶지 않은 부모가 어디 있겠는가. 학군으로 유명한 강남구 대치동, 양천구 목동, 노원구 중계동은 경제적으로 여유 있는 평균 이상의 가구가 모이면서 자연스럽게 학원가가 형성되었다. 대치동, 목동, 중계동이 서울의 학군 탑3라고 한다면 대구는 수성구, 광주는 봉선동이다. 서울 못지않은 급등세를 보이고 있는데 대구의 대치동, 광주의 대치동으로 불리며 고소득층 주민들이 찾기 때문이다. 침체를 겪고 있는 다른 도시와는 정반대를 보이는 이유가 학군임은 부정할 수 없다.

학군이 좋은 곳은 항상 수요가 넘쳐난다. 이런 수요층으로 인해 가격이 탄탄하게 형성되고, 집값이 다른 지역보다 월등히 높다. 수요가 많으니 가격이 상승할 여지는 크고, 하락 위험은 적다.

하지만 비록 맞벌이라 하더라도 평범한 직장인들은 꿈도 꿀 수 없는 곳이다. 월 500~800만 원이 들어와도 대출금 상환하고 아이들 학원 보내고 생활비를 쓰다 보면 적금을 넣기조차 어렵다. 그렇다고 손 놓고 보고만 있을 수만은 없다. 강남을 못 가면 서초구, 서초구를 못 가면 송파구, 송파구를 못 가면 동작구, 강동구 등 이렇게 조금씩 눈을 낮춰 내 '투자금에 맞는 곳+상승 가능성이 큰 곳'을 찾는다. 학군에도 똑같이 적용해서 앞으로 집값이 오를 지역을 추려봐야 한다.

직주근접이 가능한 단지, 새롭게 바뀔 뉴타운 지역, 초·중·고등학교가 있는 아파트 단지, 새로운 역이 들어설 지역을 중심으로 투자처를 알아봐야 한다. 기본적으로 직주근접이 가능하다는 것은 일자리 접근성이 좋다는 뜻이다. 따라서 2·3·7·9호선과 신분당선이 지나가면서 노후된 주택 단지가 새로운 주거 딘지로 변화될 지역을 찾아야 하는데, 마곡, 마포, 북아현, 강동, 흑석, 광장동을 꼽을 수 있다. 월 소득이 높은 세대가 많이 사는 곳(교육열이 높음), 일자리와 가까운 곳, 빌라와 임대아파트보다 중형 이상으로 구성된 아파트 단지를 찾아보자.

내가 아파트를 매수할 때 가장 고려하는 점은 직주근접과 역세권, 단 2가지다. 가장 잘 아는 지역에서 투자할 기회가 생겼을 때 2가지 조건에서 확신이 생기면 바로 매수한다. 아이가 커가니 학군도 많은 부분을 차지한다. 아이가 7세 이전이라면 학군을 제외하더라도 큰 호재가 있는 교통망을 중심으로 공격적인 투자를 할 필요가 있다. 아이가 초등학생 이상이면 직주근접, 역세권, 학군(단지 내에 초등학교가 있는 아파트만 해도 괜찮다)을 모두 갖춘 아파트를 찾는 것이 관건이다. 준공된 지 5년 이내의 아파트가 투자하기에 가장 좋다.

모든 아파트 투자에 똑같이 적용되는 공식은 없다. 하지만 나만의 기준을 확실하게 세워야 어떤 경우에도 흔들리지 않고 투자할 수 있다. 확신 없는 사람은 부동산 시장에 미풍만 불어도 갈대처럼 흔들리게 마련이다. 그럴 때일수록 살고 있는 지역부터 시작해 조금씩 넓혀가며 공부하고 지식을 쌓아 투자 시기를 기다려야 한다.

미래 가치가 높은 아파트는
어디에 있을까?

선택은 2가지다.
못하게 된 한 가지를 곱씹든가 남은 9천 가지에 집중하든가.
– W.미첼

하늘 높은 줄 모르고 치솟는 아파트 가격을 보며 심장이 쿵쿵 뛰던 시기가 있었다. 2018년 9월 이후 상승세는 잠시 주춤했고, 2~3년 동안 쉼 없이 올라 잠깐 쉬어가는 것인지, 조정장의 시작인지 아직도 의견이 분분하다.

'발끝에서 사서 머리에서 팔고 싶은 것'이 사람들의 한결같은 마음이다. 하지만 '무릎에 사서 어깨에 팔라'는 것이 더 현실적이다. 너무 큰 수익을 보려고 욕심을 내다보면 시기를 놓쳐 아무것도 살 수 없다.

아파트 가격의 저점과 고점은 전문가도 시간이 지나봐야 알 수 있다. 하지만 최소한 하락 시기를 예상하고 방어할 수 있는 곳에 투자하면 다음 상승 시기에 가격의 안정을 보장받을 것이다.

투자 가치가 높은 곳의 조건은 간단하다. 1. 직주근접 2. 역세권 3. 학군. 4. 1천

세대 이상 신축 단지 5. 숲세권 6. 몰세권이다.

이제는 다음 상승 시기에 대비해 미래 가치가 상승할 저평가된 부동산을 중심으로 전략을 세워야 한다. 과거에는 아파트 투자를 위해 입지, 호재, 교통과 같은 현재 가치만 봐왔지만, 앞으로는 4~5년 후를 예측해 봐야 한다. 앞서 얘기한 조건을 중심으로 미래 가치가 올라갈 만한 곳을 찾아보자.

신설 역세권

기존 역세권이 아닌 신설 역세권을 주목해야 한다. 특히 사람들이 매일 출퇴근하는 일자리와 학교(학원가), 병원이나 문화생활 등의 기반시설이 탄탄하게 갖춰진 대표적인 일자리는 모두 알다시피 강남이다. 따라서 강남까지 거리 여부에 따라 부동산 가치는 천지 차이다.

기존 역세권은 그 가치가 아파트 가격에 이미 반영되어 있지만 인구, 소득, 일자리, 인프라가 늘어날 신설 역세권은 앞으로 상승할 여지가 아직도 남아 있다.

언제나 부동산 시장에 가장 큰 영향을 주는 것은 철도와 도로의 개통이다. 교통이 부동산 가치를 평가하는 기준으로 자리 잡고 있는데, 실제로 교통이 좋아진 지역은 수요가 늘어나고 인구 유입이 증가해 가격이 오른다. 교통이 불편한 지역은 부동산 가치가 높아지지 않는다.

지하철이나 철도, 도로가 신설되는 곳은 당연히 지역이 확장된다. 일자리 접근성이 좋아지면서 인구가 유입된다면 주거 환경은 당연히 좋아지고 부동산 공급이 늘어나면서 거래가 활발해진다.

보통 아파트는 개발 계획이 발표될 시점에 한 번, 착공될 시점에 한 번, 개통될 시점에 한 번, 총 세 번의 상승 국면이 있다. 과거 신설 역세권의 패턴을 살펴보면 지하철이 생길 때 집값의 20퍼센트가 상승했고, 개통 2~3년 전부터 조금씩 올랐다.

신설 역세권 주요 수혜 지역

구 분		내 용	주요 수혜 지역
GTX	A노선	동탄–삼성–서울역–대곡–킨텍스–운정	파주 운정, 연신내, 대곡, 일산 킨텍스, 삼성동, 수서, 판교, 용인, 동탄
	B노선	송도–서울역–청량리–마석	송도, 부평, 여의도, 서울역, 청량리
	C노선	양주–의정부–청량리–삼성–금정–수원	의정부, 창동, 광운대역, 장위뉴타운, 과천, 금정, 산본신도시, 안양시 동안구
신안산선		(안산)한양대역/시흥시청역–광명–영등포–여의도–서울역	시흥시청역, 원시역, 안산, 광명, 금천구, 영등포, 초지역, 목감신도시
월곶–판교선		월곶–광명–안양–판교	시흥시청역, 광명, 안양, 의왕, 인덕원, 평촌, 판교
인덕원–수원선		인덕원–광교–동탄	인덕원, 안양, 광교, 동탄
신분당선 연장		강남역–신사역 신사역–용산역–서울역–시청역–삼송	용산, 이촌동, 은평구, 삼송
9호선 연장		3단계 : 종합운동장–보훈병원(2018년 개통) 4단계 : 보훈병원–고덕역–샘터공원역	삼전동, 석촌동, 둔촌동, 고덕동
8호선 연장 (별내선)		암사역–별내역	암사동, 명일동, 구리시, 별내, 다산신도시 진건지구
7호선 연장		1. 남쪽 : 청라신도시까지 연장 2. 북쪽 : 양주신도시까지 연결	의정부 민락지구, 부평, 인천 청라, 가정지구
5호선 연장		1단계 : 상일동–풍산역 구간	
		2단계 : 덕풍역, 하남시청역, 검단산역	강일지구, 하남 미사지구, 풍산지구

3도심, 7광역 중심, 12지역 중심을 바탕으로 지도를 본다면 미래 가치가 있는 곳을 알 수 있다.

〈2030서울도시기본계획〉

GTX, 수도권광역철도

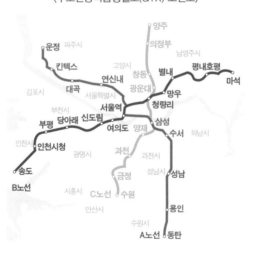
〈수도권광역급행철도(GTX) 노선도〉

· A노선 : 파주-동탄

· B노선 : 송도-마석

· C노선 : 양주-수원

　수도권광역급행철도 GTX는 수도권 외곽에서 서울 중심지를 통과하는 급행철도다. 수도권의 극심한 교통난을 해소하기 위해 계획한 GTX는 A노선(파주-동탄), B노선(송도-마석), C노선(양주-수원)으로 연결된다. 그 중심에는 삼성역, 서울역, 청량리역이 있고, 어떤 노선이든 환승을 통해 서울 전역을 30분 내에 도착할 수 있는 혁신적인 노선으로 기대하고 있다.

　기존에 살던 서울의 전세 가격이 너무 올라 어쩔 수 없이 경기도에서 내 집 마련을 하는 사람들이 많다. 강서구에 사는 사람은 김포, 강동구나 송파구에 사는 사람은 별내신도시나 미사신도시로 옮겨 간다.

　오른 집값 때문에 수도권으로 옮겨 갔지만 회사원들은 여전히 서울 생활권일 수밖에 없다. 내 집 마련은 했지만 대부분의 직장이 서울에 있기 때문에 출퇴근 시간의 혼잡도는 이루 말할 수 없다.

　최근 정부에서는 치솟는 주택 가격을 잡기 위해 서울과 1기 신도시 사이에 위치한 부지에 3기 신도시를 선정한다고 발표했다. 2기 신도시 주민들이 교통 불편을 호소하면서 광역교통망이 부각되고 있다. 신도시 정책은 수요 분산에만 집중하다 보니 단순히 잠만 자는 베드타운 기능만 있기 때문이다. 직장에서도 멀고 일자리도 부족했다. 더구나 광역교통망이 제대로 갖춰지지 않아 만족도를 떨어뜨리기도 했다.

　그래서 서울 외곽에 신도시와 택지지구가 조성되고, 교통 환경이 갈수록 심각해지면서 수도권의 교통난을 해소하기 위해 GTX를 추진하게 된 것이다.

GTX는 지하철보다 더 깊이 건설되기 때문에 지하철보다 3배 빠르다. GTX를 타면 신도시나 택지지구에서 서울 도심까지 30분 내에 도착할 수 있다.

의정부역에서 삼성역까지 현재의 대중교통으로 출근한다면 1호선을 타고 도봉산역에서 7호선을 갈아탄다. 또 건대입구역에서 2호선으로 환승하고도 15분 정도 더 가야 겨우 1시간 20분 만에 도착할 수 있다. 출근하기 바쁜 아침에 사람들로 빽빽한 지하철을 세 번이나 환승하며 1시간 넘게 지하철에서 보낸다고 생각해 보자. 상상만으로도 얼마나 힘들고 지치겠는가?

GTX가 개통되면 확연히 다르다. GTX C노선을 보면 의정부역에서 삼성역까지 4정거장(의정부-창동-광운대-청량리-삼성)으로 20분 만에 도착할 수 있다.

하지만 아직 GTX B노선은 예비 타당성 조사 결과가 발표되기 전이다. 예비 타당성 조사 결과 사업성이 있다고 판단되면 사업자 선정 등의 절차를 거쳐 진행된다. 예비 타당성 조사 결과가 나오기 전이기 때문에 성급히 투자하지는 않더라도 계속적으로 추이를 지켜볼 필요가 있다.

그에 비해 GTX A노선은 진행이 빠른 편이다. 이미 동탄역-삼성역 구간은 2017년부터 공사가 시작됐고, 파주 운정역-삼성역은 착공 예정이다. 개통된다면 파주에서 서울역이나 삼성역까지, 동탄역에서 삼성역까지 1시간이나 단축되어 20분 만에 주파할 수 있다. 특히 파주 운정역-킨텍스역-대곡역-연신내역-서울역-삼성역-수서역-성남역-용인역-동탄역 등 10개 정류장 중 교통 여건이 좋지 않았던 파주 운정, 킨텍스, 연신내, 용인 역세권 주변으로 집값 상승이 가팔랐다.

일산 킨텍스역 주상복합 킨텍스원시티 분양권은 30평대 프리미엄만 3억 원 정도로 현재 7억 5천만 원이 넘는다. 킨텍스꿈에그린 분양권 가격 또한 비슷하게 형성되어 있다. 성남역(판교)이나 용인역(분당선의 구성역과 환승 가능)도 꾸준히 상승세다. 성남역은 신분당선의 판교역과 분당선 이매역 사이에 인접해 있고, 경강선(판교-여주)과 환승할 수 있어 GTX가 개통된다면 4개 철도 노선이 생기는 것이다. GTX와 분당 리모델링 아파트의 영향으로 큰 상승이 있었고 당분간 조정기를 갖겠지만 언제든 다시 상승할 수 있는 지역으로 보인다.

용인역은 분당선의 구성역과 환승이 가능하다. 주변에 신축 아파트는 없지만 판교신도시의 5배가 넘는 272만 제곱미터(㎡)에 경제신도시 조성을 추진하기로 했다. 따라서 판교테크노밸리를 잇는 4차 산업단지 건설로 상업과 업무 시설의 설립을 기대하며 인구 유입과 수요가 늘어나 탄력을 받게 된다면 현재 가치 이상으로 높아질 것으로 판단된다.

동탄역은 이미 청약을 통해 광역 교통의 영향이나 기대감을 잘 보여주고 있다. SRT(2016년 12월 개통된 수서발고속철도)의 정차역이기도 한데, 서울 강남구 수서역까지 15분이면 도착하고, GTX 노선이 연결될 경우 삼성역까지 20분 내로 다닐 수 있어 파급력이 SRT보다 클 것으로 전망된다. 이러한 조건이 반영되어서인지 청약시장에서도 굉장히 뜨거운 분위기였다.

2017년 12월에 분양한 롯데캐슬트리니티의 경쟁률이 77 : 1이었고, 금성백조예미지의 경쟁률이 107 : 1에 육박했다. 특히 동탄2신도시는 동탄역을 도보로 이용할 수 있는지에 따라 수요가 크게 달라지고, GTX에 가까울수록 그 격차가 더 벌어질 가능성이 크다.

이처럼 GTX 개통이 빨라지면서 강남 프리미엄을 고스란히 누릴 수 있다. 서울까지의 교통 시간이 단축될수록 수요가 계속 늘어날 수밖에 없고, GTX A노선은 현 정부의 100대 국정 과제에도 포함된 사업인 만큼 완공될 때까지 안정적으로 꾸준히 가치가 상승할 것으로 보인다.

신분당선

경기도의 집값 상승을 주도한 것이 판교신도시와 광교신도시다. 판교신도시는 경기도에 위치하고 있지만 서울로 봐도 무방할 만큼 강남의 닮은꼴이라 불린다. 인기를 증명하듯이 경기도 내 매매가 상위권에 오른 아파트들이 많다.

1990년대 1기 신도시는 일산, 분당, 평촌, 산본, 중동이고, 2000년대는 판교, 화성, 청라, 김포 등 2기 신도시가 들어섰다. 수도권에 조성된 많은 신도시 중 가장 뜨거웠던 지역은 1기 신도시에서 분당, 2기 신도시에서 판교였다. 그 이유는 무엇일까? 신도시란 서울에 집중된 인구를 분산하기 위해 대도시 근교에 계획적으로 개발한 주택지인데, 1기 신도시(일자리 없는 베드타운)와는 달리 신도시 내 일자리를 창출하며 제2, 제3의 테크노밸리를 추진하여 자족 기능을 추가했기 때문이다.

초기의 판교는 새 아파트 단지지만 기반시설이 부족한 것이 단점이었다. 편의시설은 물론 교통이 가장 필요했는데, 역시 판교가 급성장하게 된 일등공신은 신분당선이었다. 신분당선을 타면 판교에서 강남까지 15분밖에 걸리지 않는다. 신분당선은 대중교통이 전무했던 판교신도시에서 강남 접근성을 획기적으로 개선하며 분당, 판교, 광교의 집값을 이끌었다.

신분당선은 광교신도시에서 강남역(2호선)-양재역(3호선)-양재시민의숲역-청계산입구역-판교역(경강선)-정자역(분당선)-미금역(분당선)-동천역-수지구청역-성복역-상현역-광교중앙역-광교역까지 운행 중이고, 이를 더 연장할 신사역-강남역 구간의 공사는 진행 중이다. 2022년 신논현역(9호선)-논현역(7호선)-신사역(3호선)으로 이어지는 연장선이 개통되는데, 황금노선으로 불리는 3·7·9호선과 환승이 가능해 시너지는 더 커질 것으로 예상된다.

사실 신분당선의 미래 가치가 더 높아지는 원인은 신사역-용산역 구간이 예정되어 있기 때문이다. 현재 용산은 대중교통을 이용한 강남 접근성이 그리 좋은 편이 아니다. 1호선 용산역과 4호선 신용산역이 있지만 2개 노선은 강남을 통과하지 않기 때문에 차를 이용하지 않고서는 강남으로 이동하기가 굉장히 번거롭다.

뜨거웠던 부동산 시장의 광역 중심인 용산을 지나는 것은 물론 강남역까지 20분이면 도착하고, 판교역, 광교역 등 경기 남부권 업무 밀집 지역까지 원활하게 갈 수 있다. 용산 미군기지를 통과하는 신분당선의 한강 북측 구간이 개통되어 사업이 완료된다면 남측으로는 강남-광교가 직결되고, 북측으로는 용산역-신논현역까지 이용할 수 있다.

또 신분당선 서북부 연장선이 2018년 6월 예비 타당성 조사가 결정되었다. 삼송역-은평뉴타운역-독바위역(6호선)-세검정 상명대역-시청역(12호선)-서울역(14호선, 경의선, 공항철도)-용산역을 잇는 구간이다. 현재까지는 서울 도심인 광화문이나 시청역 쪽에서 강남까지 넘어가는 지역은 상습 정체 구역이었다. 상대적으로 강남 접근성이 떨어져 신분당선의 연장에 대한 필요성이 절실했는데, 서북부 연장의 예비 타당성 조사가 확실하므로 교통에 대한 갈증이 해소될 것으로 보인다. 하지만 이제 겨우 예비 타당성 조사가 결정된 시점이기 때문에 투자를 하기에는 이르다. 꾸준히 상황을 체크할 필요가 있다.

앞으로는 용산이 서울의 중심으로 강남과 더불어 교통의 허브 기능을 담당할 것으로 보인다. 신분당선은 주요 지역만 거치면서 지하철 9호선을 능가하는 슈퍼 최강 라인으로 등극할 것으로 조심스럽게 예측해 본다.

〈신분당선 현재 운영 구간〉

신안산선

영등포구, 금천구, 시흥시, 안산시 등 서남권은 많은 일자리가 있는데도 동남권에 비해 교통 발달이 유난히 더딘 곳이었다. 현재 서울에 있는 5개 시외버스터미널이 모두 동남부(서초구 3곳, 광진구 1곳, 중랑구 1곳)에 몰려 있는 것만 봐도 지금까지 대한민국의 교통은 경부 축을 중심으로 발전해 왔다는 것을 알 수 있다. 하지만 3대 도심 중한 곳인 여의도가 있고 고급 인력이 입주할 마곡신도시, 주거지로서 확실하게 변신한 신길뉴타운, 지식산업센터와 기업체의 기반 지역으로 유동 인구나 일자리가 많은 가산디지털단지, 강남과 견줄 만한 학군으로 자리 잡은 양천구 등 많은 서남부 지역이 개발의 핵심지로 떠오르고 있다.

신안산선은 수도권 서부 지역 개발에 박차를 가할 비강남권 노선 중 가장 강력한 노선으로 보인다. 서울역-여의도역-광명역-안산을 잇는 수도권 서남부와 동북부를 연결하는 핵심 라인으로 생각하면 이해하기 쉽다.

부동산은 교통의 발달과 함께 가치가 올라가고 가격 상승과 연결된다. 신안산선 또한 비교적 개발이 낙후되어 있던 곳에 새로운 교통망이 생기면서 서울의 일자리와 교통의 중심지인 여의도 및 서울역을 잇는 혁신적인 노선이다.

이런 지역들은 큰 변화가 일어날 것이다. 특히 경기도 서남부 권역 도시인 안산이나 이제 아파트 분양을 막 시작한 시흥시청 인근 지역들을 눈여겨볼 필요가 있다. 신안산선과 함께 공부해야 할 것은 소사-원시-대곡의 복선전철이다. 이 복선전철과 함께 교통이 발달한다면 서해안의 교통편 증진은 물론 새로운 개발 축을 형성하는 데 기여할 것이다.

신안산선 라인을 따라가 보면 환승역이 있다. 서울역(1호선,4호선, 경의중앙선, GTX B노선, 공항철도)과 공덕역(5호선, 6호선, 공항철도, 경의중앙선), 여의도역(5호선, 9호선급행역), 영등포역(1호선), 신풍역(7호선), 구로디지털단지역(2호선), 석수역(1호선), 광명역(KTX), 시흥시청역(소사-원시선, 월곶-판교선), 중앙역(4호선, 수인선) 등 핵심 일자리로 이동 가능하다.

이곳은 워낙 도심 접근성이 좋지 않아 저평가된 지역이었기 때문에 전철이나 도로가 개통된다면 향후 큰 상승을 보일 것으로 전망된다. 2018년 6월에 개통된 소사원시선과 대곡-소사선을 연결해서 알아본다면 향후 서해안 및 수도권 서부 지역에서 탄력적으로 가치가 오를 만한 곳을 찾을 수 있다.

신안산선 인근 지역에 광명시흥테크노밸리 조성안이 조건부 통과되면서 광명시나 시흥은 경기 서남권의 자족 도시가 되리라는 기대감이 있다. 일반 산업단지뿐만 아니라 판교에 버금가는 첨단 R&D 단지, 유통단지 등 많은 일자리가 만들어질 것으로 예상하고 있다. 따라서 근교에 신도시나 주거지가 생긴다면 직주근접이 가능하

기 때문에 탄탄한 수요층이 받쳐줄 수 있다.

소사—원시선, 대곡—소사선

경기도 중서부에 위치한 시흥은 부천, 광명, 안산, 인천 등과 인접해 있다. 직선 거리로만 본다면 서울에서 멀지 않지만 교통편이나 도로망이 갖춰지지 않아 상대적으로 개발이 더딘 지역 중 하나였다. 그러나 2018년 6월 부천에서 안산까지(부천-시흥-안산) 사실상 첫 지하철인 소사-원시선 하나로 이어지며 각종 교통망이 구축되었다. 향후 몇 년간 이곳은 소사-원시선을 시작으로 개발 계획이 본격화되면서 훈풍이 불 것이다.

사실 시흥시의 배곧신도시나 목감신도시와 같은 택지지구는 서로 떨어져 개발되기도 했지만 유기적인 교통망이 없어 독자적인 생활권이었다. 수도권 서부 지역은 물리적인 거리를 줄일 수는 없어도 소사-원시선의 개통으로 실질적인 거리를 줄일 수 있으며, 각 지역을 거미줄처럼 촘촘히 잇는 역할을 하게 되었다.

현재 부천에서 안산까지 버스로 1시간 15분 정도 걸리지만 소사-원시선을 이용하면 33분 만에 도착할 수 있다. 또 시흥에서 KTX 광명역을 거쳐 서울 여의도까지 가는 신안산선, 시흥 월곶과 판교를 잇는 월곶-판교선도 2019년에 착공할 예정이어서 광역교통망이 갖춰진다면 서울 접근성이 크게 개선될 것으로 예상된다.

과거 서울로 출퇴근하기 불편했던 주민들에게는 만족도가 높고 삶의 질이 올라갈 것이다. 소사-원시선 구간은 향후 북측으로 대곡-소사선, 경의선과 직결되고, 남측으로는 장항선과 연계된다. 소사-원시선의 환승역은 소사역(1호선), 시흥시청역(월곶-판교선, 신안산선), 초지역(4호선, 수인선, 신안산선), 원시역(신안산선)이다.

대곡-소사선의 환승역은 대곡역(경의중앙선, 3호선), 능곡역(경의중앙선), 김포공항역(5·9호선, 공항철도, 김포도시철도), 부천종합운동장역(7호선), 소사역(지하철 1호선이 소사-원시선과 연결)인데, 원종역을 제외한 모든 정거장이 환승역 기능을 담당하게 될 것임을 주목해야 한다.

2021년 하반기에 소사역-김포공항역-대곡역 구간이 개통된다면 수도권 남북을 관통해 서해선이 완성되는데 사람의 이동도 편해지지만 철도 물류망도 크게 개선된다. 지금까지 이미 포화 상태인 경부선 라인의 물류량은 서해선으로 중심축이 움직이며, 그만큼 분산되고 선로를 따라 항구나 산업단지의 진입 노선도 들어설 계획이다.

2018년은 남북 정상이 만나 정책을 논하던 해다. 현 정부의 핵심 국정 과제로 꼽히는 '한반도 신경제 지도' 구상 중 하나가 동해, 서해, 군사 접경 지역에 3대 벨트를 조성해 한반도 신성장 동력을 확보하는 것이다. 그중 소사-원시선 구간을 비롯한 서해선은 산업, 물류, 교통 벨트의 한 축으로 꼽히며 새만금에서 평양까지 한 번에 이을 수 있다. 완공을 마칠 2028년에 기대를 거는 이유다.

〈소사-원시선, 대곡-소사선, 신안산선 노선도〉

9호선 연장선(3~4단계)

서울의 한강을 기준으로 남쪽 지역을 관통하는 황금노선 중 하나인 9호선은 일자리(여의도, 강남, 잠실) 지역을 지나가는 핵심 노선이다. 그만큼 오르지 않은 지역이 없을 정도로 최근 몇 년간 9호선 인근 지역의 부동산 상승을 이끌었다.

지하철 9호선은 김포공항, 여의도, 고속터미널, 강남역 일대의 신논현역, 삼성역 근처의 봉은사역 등 많은 일자리 구간을 통과하는 동시에 오전 출근 시간대에 가장 혼잡한 노선 중 하나다. 이것은 그만큼 이용자가 많다는 뜻이다.

강남4구에 속하는 강동구는 그동안 강남 접근성이 어려워 소외되었던 지역이다. 그러나 2018년 12월에 9호선 3단계 개통을 앞두고 잠실동-삼전동-석촌동-송파동-방이동-둔촌동을 경유하며, 종합운동장역-보훈병원역 구간 또한 교통이 불편하던 지역에 지하철 노선이 생김으로써 집값 상승에 큰 영향을 미쳤다. 9호선과 재건축의 호재로 둔촌주공아파트는 강동구 집값 상승을 이끌며 강동구 상승률 1위를 기록하기도 했다.

그리고 2018년 9호선 4단계 연장 사업에 대한 예비 타당성 조사가 결정되었다. 둔촌동 보훈병원역에서 강동구 강일동 샘터공원역까지 3.8킬로미터 구간에 4개 역을 건설하는 사업인데, 고덕동과 상일동의 강남 접근성이 확연히 좋아지며 강남까지 30분 내에 도착할 수 있도록 교통망이 크게 개선될 것으로 보인다.

상일동역 일대는 고덕주공 재건축에 들어간 곳으로 2·3·4·5·6·7단지의 분양을

〈9호선 3~4단계 노선도〉

성공적으로 마쳤고 프리미엄도 많이 올랐다. 미니 신도시급의 주거지로 완성된다면 강동 지역이 한층 업그레이드될 것으로 예상된다. 또한 자연환경과 우수한 학군으로 가치가 높아질 것으로 기대된다.

8호선 연장선(별내선)

별내선은 서울시 강동구 암사역에서 남양주 별내역을 연결하는 도시철도다. 수도권 동북부의 부족한 광역교통망을 개선하기 위해 연장되는 것이며, 현재 운행되는 노선의 종점역인 암사역부터 시작해 구리시를 지나 다산신도시를 거쳐 남양주 별내신도시까지 연결된다.

기존의 8호선은 암사역에서 출발해 천호역과 강동구청을 지나 잠실역(2호선)-석촌역-가락시장역-복정역-성남단대오거리역-신흥역-수진역-모란역까지 성남 구시가지를 연결하고 있는데, 서울 지하철 노선 중 정차역이 가장 적고 운행 구간도 굉장히 짧다.

〈8호선 연장 노선도〉

별내선은 구리시와 남양주시 별내동을 서울시 강동구 암사동과 바로 연결한다. 이제 입주가 시작된 다산신도시도 대중교통 문제로 출퇴근에 어려움이 있는데, 별내선이 개통된다면 서울로 출퇴근이 한결 수월하다.

특히 8호선을 타면 잠실역까지 약 20분 안에 도착할 수 있기 때문에 강남이나 잠실 쪽으로 출퇴근하는 수도권 동북부 주민들의 대중교통 편의를 크게 증진하는 노선이 완성된다.

별내신도시는 위례신도시와 같은 서울 동남북 수도권을 이용할 수 있는 노선이다. 8호선이 연결되는 송파구나 강동구, 구리시, 남양주시 모든 곳에 큰 영향력을 끼칠 수 있는 노선이지만 아무래도 가장 큰 수혜 지역은 대중교통이 전혀 없던 다산신도시일 것이다.

7호선 연장선

1호선과 7호선 환승역인 가산디지털단지역은 하차하는 사람과 환승하는 사람이 모두 섞여 굉장히 혼잡하다. 대림역에서 2호선으로 환승 가능하기 때문에 교대역, 강남역, 삼성역 등 강남 업무지구로 갈 수 있고, 환승하지 않고 7호선을 쭉 타고 가면 고속터미널역(9호선)이나 강남구청역(분당선) 등 청담동과 논현동까지 강남을 관통하는 황금노선이다.

지금은 경기 북부의 의정부 장암역부터 경기 부천을 거쳐 부평구청역까지만 연결되었지만, 현재 인천도시철도 2호선과 환승할 수 있도록 인천 서구 석남역까지 연장 공사를 하고 있고, 경기 동북부의 도봉산역에서 양주시까지 연장할 예정이다.

지난 12월에는 석남역부터 청라국제신도시까지 7호선 연장이 확정되었다. 청라국제신도시까지 7호선이 연장된다면 공항철도를 이용해 김포공항까지 와서 9호선

〈7호선 연장 노선도—청라〉

급행열차를 타면 여의도까지 35분이면 도착하고, 강남 신논현역까지는 1시간이 채 걸리지 않는다. 강남 접근성이 획기적으로 개선된다는 점에서 높이 평가할 만하다.

이뿐만 아니라 향후 청라를 통해 영종도 접근성도 좋아지는데 공항철도까지 연계된다면 청라신도시뿐 아니라 영종도, 인천 부평구(부평구청역), 인천 2호선과 더블 역세권이 될 석남역 등 모든 지역에 영향을 줄 것으로 예상된다.

또 경기 동북부 지역의 핵심인 의정부는 서울과 가까운 지역으로 출퇴근하는 직장인이 많아도 몇 년 전까지는 미분양 지역으로 많은 주목을 받지 못했다. 하지만 최근 서울로 다닐 수 있는 교통망이 확충됨에 따라 다시 한 번 빛을 발하고 있다. 2017년 6월 구리-포천 고속도로가 개통됨에 따라 서울 접근성이 좋아졌다. 또 7호선 연장 사업의 기본 계획이 승인되면서 도봉산역에서 양주시까지 연결될 예정이다. 개통된다면 기존보다 강남으로 갈 수 있는 7호선의 영향력은 더욱 커질 것으로 기대된다.

190

5호선 연장선

현재 5호선의 종점은 강동구 상일동역이다. 이 5호선은 이제 상일동역에서 출발해 강일지구-하남시 미사지구-덕풍동-창우동을 지나가게 된다.

서울 강동구와 맞닿은 미사강변도시는 한강 조망권과 서울 접근성, 자연환경 등의 유리한 조건을 갖춰 성황리에 분양을 마치고 이미 수억 원의 웃돈이 붙었다. 하지만 단 한 가지 아쉬운 점이 있다면 단연 교통이다. 자동차로는 강남까지 30분이면 도착하는 만큼 서울 접근성은 광교나 판교신도시보다 훨씬 좋지만 대중교통을 이용하면 1시간 정도 걸린다. 2019년 7월 이후에는 5호선 연장선이 개통될 것이다. 미사강변도시와 구시가지의 덕풍동, 신장동 일대에서 5호선을 타면 강동이나 광화문 등 도심으로 이동하기 수월하고, 천호역에서 8호선으로 환승하면 잠실 접근성은 한결 좋아진다. 대중교통이 좋지 않았던 하남시는 5호선 연장선 개통으로 주거 가치가 한층 더 상승할 가능성이 높다.

김포도시철도

2014년까지 김포한강신도시는 미분양의 무덤이었다. 수도권 서부에 있는 택지개발지구 2기 신도시였지만 2000년대 금융위기와 주택의 대량 공급으로 고전을 면치 못했는데 가장 큰 이유는 대중교통의 단절이었다.

오랜 기간 마음고생을 했던 김포한강신도시는 지난 3~4년 동안 실수요자 유입과 마곡 개발이 이루어지기 시작하면서 거래가 활발해졌다. 그리고 집값 상승 시너지와 함께 김포한강신도시의 미분양이 모두 소진되었을 뿐만 아니라 아파트 분양권도 꽤 높은 프리미엄을 형성하고 있다.

2018년 김포도시철도의 걸포역 역세권에 분양된 한강메트로자이는 1년이 지난

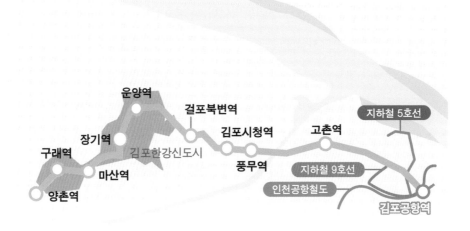

〈김포도시철도 노선도〉

지금 프리미엄이 7천만 원에 육박한다. 이전에는 서울 접근성이 좋지 않은 지역이었지만 곧 개통할 철도의 영향으로 고촌이나 풍무동의 아파트는 완판 행진을 이어갔다.

　김포한강신도시부터 김포공항역까지 총 10개의 역사가 조성되는데, 그중 절반 정도가 한강신도시를 관통한다(양촌역-구래역-마산역-장기역-운양역-걸포북변역-김포시청역-풍무역-고촌역-김포공항역). 양촌역에서 김포공항역까지 28분이 소요될 예정이며, 김포공항역에서는 5호선, 9호선과 공항철도로 환승이 가능해 강남이나 여의도, 인천공항, 홍대, 상암동 디지털미디어시티역의 접근성도 크게 개선될 전망이다.

월곶—판교선

　경기도 시흥시 월곶과 성남시 판교를 잇는 복선전철 사업이 기본 계획을 고시하며 닻을 올렸다. 인천 송도에서 시흥을 잇는 수인선, 성남에서 여주를 잇는 성남-여주선, 여주에서 강릉을 잇는 원주-강릉선을 연결해 인천부터 강릉까지 대중교통을

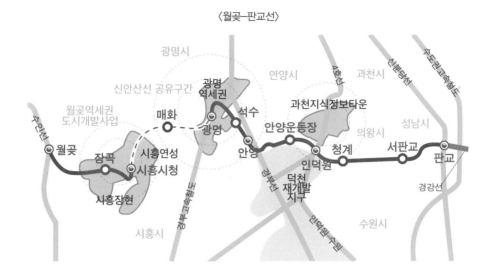

〈월곶–판교선〉

〈월곶–판교선, 성남·여주선, 원주–강릉선〉

이용할 수 있다. 10개 정거장 중 4개 역에서만 급행역(시흥시청역, 광명역, 인덕원역, 판교역)

이 생기고, 우리나라의 동서 축을 잇는 전철이다. 현재는 1호선밖에 이용할 수 없었

〈인덕원-동탄선〉

던 안양시 만안구나 4호선만 이용 가능했던 안양시 동안구는 왼쪽에 광명역, 오른쪽에 판교역을 끼고 있어 직주근접이 가능한 지역으로 변모한다. 이미 4개 역을 정차하는 안양시는 조정지역으로 지정됐을 정도로 큰 열풍을 불러일으켰다. 인덕원 인근의 아파트는 큰 시세 상승이 있었고, 의왕시 분양권도 큰 프리미엄이 생겼다. 강남이나 서울시청, 성남으로 갈 수 있는 버스가 많은 지하철 4호선 인덕원역은 월곶-판교선과 인덕원-동탄선의 호재로 트리플 역세권의 수혜 지역이 될 것으로 보인다.

인덕원-동탄선

경기도 안양시 인덕원에서 동탄2신도시를 잇는 인덕원-동탄선은 지난 3월에 기본 계획을 고시하며 사업 속도를 내고 있다. 인덕원은 과천과 맞닿아 있고 평촌과도 가까워 평촌 생활권을 동시에 누리는 지역인 동시에 과천의왕고속도로와 서울외곽순환도로, 그리고 안양성남고속도로가 개통되면서 판교신도시까지 접근성도 좋아져 교통의 요지로 자리 잡았다. 노선이 완성된다면 광교역에서 신분당선, 영통에서 분당선, 동탄역에서 SRT(수서발고속철도)와 GTX(수도권광역급행철도)를 이용할 수 있다.

역세권 개발

역세권 개발구역이란 철도역 및 주거, 교육, 보건, 복지, 관광, 문화, 상업, 체육 등의 단지 조성과 시설을 위해 시행하는 사업을 뜻한다. 철도로 가로막혔던 지역이 부지를 활용함에 따라 유기적으로 연결됨으로써 직주근접이나 주거 환경이 좋아지고, 그로 인해 부동산 가치는 더욱 올라가게 된다. 역세권 개발은 주거와 업무, 상업, 관광시설 등 고밀도 복합개발을 할 수 있기 때문에 서울시에서 추진하는 도심 재생 사업에 부합하고, '2030서울도시기본계획'과도 맞닿아 추진이 빨라질 것으로 예상된다.

수색 역세권 개발

1만 가구 이상의 신축 아파트가 들어설 예정인 수색·증산뉴타운의 중심에는 수색 역세권 개발 사업이 자리 잡고 있다. 서울시와 코레일이 서북권 업무·상업 거점 지역으로 수색 역세권 개발 사업을 본격적으로 추진하면서 기대감이 고조되어 수색·증산뉴타운 인근의 가재울뉴타운과 은평구까지 가격이 무서울 정도로 상승했다.

DMC역과 수색역 부지, 차량 기지 이전 부지가 사업 대상에 포함되어 개발 사업이 속도를 내는 중이다. 수색역과 상암DMC 사이 철도 부지에 타임스퀘어보다 약 1.2배 크고 강남구 삼성동 코엑스에 맞먹는 크기로 조성될 예정이다. 상암DMC와

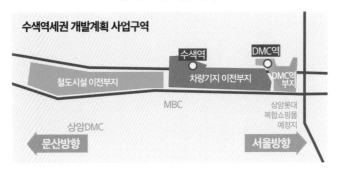

〈수색 역세권 개발 계획〉

수색역 사이를 가로막는 철도 부지가 연결되어 단일 생활권으로 통합되면서 역세권 개발이 완성된다면 상암동 일자리 접근성도 좋아질 뿐만 아니라 경의중앙선, 공항철도, 6호선의 트리플 역세권이 되면서 상암이나 마곡, 용산 등으로 직주근접이 가능한 지역으로 탈바꿈된다. 현재 저평가되어 있는 수색역 일대가 서울 서북권 중심지로서 주변의 수요를 끌어들일 수 있다고 기대한다. 인근 지역의 가재울뉴타운이나 마포구 상암동보다 더 가치가 높은 지역으로 변화될 것으로 전망된다.

기피 시설로 손꼽히는 수색변전소도 개발 예정이다. 2023년까지 수색변전소의 지중화(공중선로로 연결된 고압송전선을 지하에 매설하는 작업)를 완료할 계획이며, 2026년까지 이 부지에 업무 시설이나 주거 시설이 들어설 예정이다. 그렇게 되면 주민들을 위한 편의시설도 생길 뿐 아니라 상대적으로 소외되었던 서북권 발전에 기폭제 역할을 하게 될 것이다.

이런 기대감을 반영하듯이 수색·증산뉴타운의 조합원 물량은 프리미엄이 3억 원 이상 올랐다. 분양권도 서울 타 지역보다 저렴했기 때문에 청약으로 당첨된 분양자들은 가성비 좋은 내 집 마련을 할 수 있었다. 아직도 충분히 상승 가능성이 있고, 분양 예정인 구역이 있기 때문에 실수요자라면 꼭 눈여겨봐야 할 지역 중 하나다. 부동산은 무조건 미래 가치다. 몇 년 후 새롭게 바뀔 지역을 상상하며 투자 연습을 해야 한다.

창동 역세권 개발

서울 강남은 끊임없는 개발과 인프라가 구축되어 있다. 일자리도 가장 많은 지역으로 이곳을 중심으로 교통이 발달되었다고 해도 과언이 아니다. 하지만 창동이 있는 도봉구는 아직도 강남 접근성이 떨어지고 베드타운 이미지가 강하다. 이런 양극화 현상을 조금이라도 줄이기 위해 서울시에서는 창동 역세권 개발을 추진하려고 한다.

창동 역세권 개발은 서울시 노원구와 도봉구에 위치한 환승역인 노원역과 창동역 사이의 부지를 개발하는 사업이다. 이 사업으로 인해 창동과 상계동이 경기 북부와 강남을 연결하는 광역 거점 역할을 하게 되고, 일자리와 문화 중심지가 될 계획이다. 창동·상계(동북권) 개발은 2030서울기본도시계획에도 포함된 사업이다.

현재 이 지역은 환승 주차장, 농협하나로마트, 차량 기지, 도봉면허시험장, 문화체육시설 등으로 사용되고 있지만, 차량 기지는 남양주 진접으로 이전이 확정되었고, 면허시험장도 이전이 예정되어 있다.

창동 역세권은 앞으로 3단계로 나눠 개발될 예정이다. 1단계는 환승 주차장 부지 절반과 문화체육시설, 농협하나로마트를 글로벌라이프존으로 개발하여 창업 지원시설을 공급한다. 스타트업존으로 지상 50층 높이의 주상복합이 2021년에 완공 예정이고, 당연히 동북권의 랜드마크가 될 것으로 기대된다. 그리고 지금의 문화체육시설 부지에는 아레나문화공연시설을 건립할 예정이다.

2단계는 글로벌비즈니스존이다. 현재 차량 기지와 면허시험장 부지를 통해 일자리가 없던 강북 지역에 일자리를 창출함으로써 신경제 중심지가 될 것이다. 융합캠퍼스, 첨단산업시설, 컨벤션 개발을 한다.

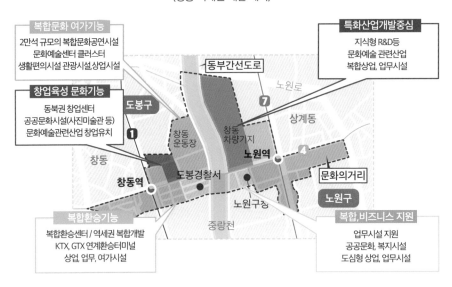

〈창동 역세권 개발 계획〉

복합문화 여가기능
2만석 규모의 복합문화공연시설
문화예술센터 클러스터
생활편의시설 관광시설,상업시설

특화산업개발중심
지식형 R&D등
문화예술 관련산업
복합상업, 업무시설

창업육성 문화기능
동북권 창업센터
공공문화시설(사진미술관 등)
문화예술관련산업 창업유치

동부간선도로

노원로

도봉구

상계동

❶

❼

창동

창동
운동장

창동
차량기지

노원역

도봉경찰서

창동역

문화의거리

노원구

노원구청

중랑천

복합환승기능
복합환승센터 / 역세권 복합개발
KTX, GTX 연계환승터미널
상업, 업무, 여가시설

복합,비즈니스 지원
업무시설 지원
공공문화, 복지시설
도심형 상업, 업무시설

〈조감도〉

3단계는 복합환승센터다. 이곳은 KTX와 삼성역까지 20분이면 도착할 수 있는 GTX C노선이 연결되어 강남 접근성을 높인다. 또 월계와 강남을 잇는 유일한 동부 간선도로를 지하화하고 중랑천 복원과 공원 조성으로 쾌적성을 높인다.

이렇게 된다면 창동 역세권 아파트와 노원역 인근 아파트는 호재가 아닐 수 없다. 강남, 목동 다음으로 학군이 좋은 지역으로 손꼽히는 노원구가 이 일대 재건축 아파트의 개발 시기와 맞물린다면 시너지 효과가 엄청날 것으로 예상된다.

광운대 역세권

8·2부동산대책 이후 1년 6개월이 지났다. 이미 서울 내에서는 많은 시세 상승이 있었고, 이제는 많은 투자자들이나 실수요자가 선뜻 진입하기 쉽지 않은 시장이 되어버렸다. 하지만 광운대 역세권은 아직도 상승 여지가 있을 것으로 보여진다. 역세

〈광운대 역세권 개발 계획〉

권인데도 서울 동북권의 낙후된 지역으로 알려진 이곳이 동북권의 최대 개발 사업처로 여겨지고 있기 때문이다.

강북 지역에서 대형 개발 사업이 진행되는 주변은 가격 강보합이 예상되지만, 정부 규제 속에서도 여전히 시중의 떠도는 자금은 개발 호재가 강력한 곳에 머무르게 된다는 점을 꼭 기억해야 한다. 아직도 오를 여지가 많은 곳 중 하나가 광운대 역세권이다.

시세 상승을 이끄는 가장 큰 원인은 역시 광운대 역세권 개발 사업이다. 이는 현대산업개발이 2017년 민자 사업자로 선정되었고, 큰 부지를 나눠 상업지역으로 지정된 곳을 준주거지역으로 변경했다. 그리하여 리스크를 줄였고 KTX와 수도권광역급행철도 GTX C노선이 예정되어 있어 복합환승센터가 생길 예정이다. 창동 역세권 개발보다는 속도가 빠른 편이다. 강남 접근성도 훨씬 좋아지고, 바로 옆에는 장위뉴타운이 자리 잡고 있다. 월계동의 동쪽과 서쪽 지역이 하나로 만날 수 있으며, 시멘트 회사와 철도 시설이 정비되고 동부간선도로의 지하화가 실현된다면 확실히 주거 여건이 개선될 것이다.

동북권의 호재가 있긴 하지만 현재는 지하철이 없어 많이 불편한 장위뉴타운의 래미안퍼스트하이나 장위포레카운티는 광운대역과 인접한 단지라는 이유만으로도 확실한 호재가 될 것으로 보인다.

대곡 역세권

지하철 3호선을 타고 연신내역과 구파발, 은평뉴타운을 지나 쭉 올라가다 보면 대곡역이 있다. 현재 이곳은 그린벨트(개발제한구역)로 묶여 비닐하우스만 군데군데 들어서 있다. 2011년 정부가 대곡 역세권 개발 사업을 추진했지만 주변의 삼송, 원흥 지구의 택지 개발로 공급 과잉이 우려되어 원활하게 진행되지 못했다. 그린벨트도 제때 해제되지 못하다가 2017년 드디어 GTX A노선(수도권광역급행철도)이 확정되면서 개발이 급물살을 타고 있다.

대곡 역세권 개발은 2023년까지 덕양구 대장동의 180만 제곱미터(㎡)를 개발하는 사업이다. 복합환승센터와 주거단지를 조성해 대곡역을 서북권의 교통과 물류 중심지로 개발할 계획이다. 복합환승센터는 대곡 역세권 개발의 핵심이라 할 수 있다. 주거·업무·숙박·컨벤션 시설·편의시설을 겸비한 환승 시설을 조성하는데 경기도가 환승 시설을, 고양시가 역세권 개발을 하게 된다.

강남 접근성을 높인 GTX A노선이 2023년까지 개통될 예정이다. 수도권 서남부에서는 광명 역세권이 광역 중심지가 된다면, 서북부에는 대곡 역세권이 있다. 현재 경의중앙선과 3호선의 더블 역세권이지만 GTX A노선과 대곡-소사선, 교외선이 개통된다면 5개의 노선이 지나가는 교통 요충지로서 역할을 톡톡히 하게 될 것이다.

아직은 논의 시작 단계지만 남북철도연결사업이 본격화될 때쯤 대곡역은 철도 물류의 중심지가 될 가능성이 있다. 대곡은 서울 도심까지 15킬로미터, 강남까지 25킬로미터, 김포공항까지 8킬로미터, 인천공항까지 40킬로미터 지점에 위치하고, 기존 철도 도로망을 경유한다면 사업 측면에서도 긍정적인 결과를 기대할 수 있다.

킨텍스, 일산테크노밸리와 함께 유기적으로 연계할 수 있는 입지를 갖추고 있기 때문에 장기적으로 좋은 투자처로 손색없을 듯하다.

재개발, 뉴타운

뉴타운, 도심정비구역, 재개발의 반란

도심 접근성의 강점을 보이며 강북의 가격 상승을 이끌던 강북 대장주 경희궁자이, 마포구와 마주 보는 서울의 달동네였던 아현동이 새로운 주거지로 탄생한 신촌이편한세상, 정돈되지 않은 곱창집이 즐비하던 골목에서 모두가 살고 싶어 하는 깨끗한 대규모 아파트 단지로 탈바꿈한 왕십리 텐즈힐과 센트라스, 중국인들이 많아 기피하던 동네에서 모든 분양단지의 완판 행진을 이끈 신길 래미안에스티움.

이들의 공통점은 무엇일까? 바로 뉴타운이다. 뉴타운이란 노후 불량 주택이 밀집되어 있거나 기존 시가지가 무질서하게 형성되어 도로와 공원 등 도시기반 시설이 취약한 도심 및 인근 지역을 복합적으로 개발하는 것이다. 누구도 거들떠보지 않았던 낙후된 동네는 전혀 다른 이미지의 뉴타운으로 탈바꿈하고 있다. 기피하던 지역이 살고 싶은 곳으로 위상이 점점 높아지면서 증가된 수요만큼 가격 상승을 이끌고 있다.

나는 1호선 영등포역 인근에 회사가 있는데, 퇴근 후 강남이나 건대 쪽에 약속이 생기면 7호선 신풍역을 이용한다. 10년 전만 해도 영등포역 뒤쪽부터 신풍역까지 걸어가면서 참 많은 생각을 했다. 자동차 한 대가 지나갈 수는 있을까? 택배 기사님은 어떻게 배달을 할까? 불이 나면 소방차는 들어올 수 있을까? 1채에 최소 5~7가구 이상씩 거주하는 다가구주택이 좁은 골목길에 다닥다닥 붙어 있었다.

그런데 언젠가부터 신풍역 주변이 조금씩 변화하기 시작했다. 이전의 지저분한 동네는 사라지고 래미안이라는 브랜드 아파트가 들어서면서 좁고 지저분한 도로가 넓고 깨끗하게 정비되었다. 새로운 인구가 유입되면서 낡은 시장이 깨끗한 상가로 바뀌었다. 바로 이곳은 2017년도 분양시장의 완판 행진을 주도했던 신길뉴타운이다. 입주 시에는 이미 프리미엄이 2~3억 원 정도 오른 가격에 시세가 형성됐고, 지금

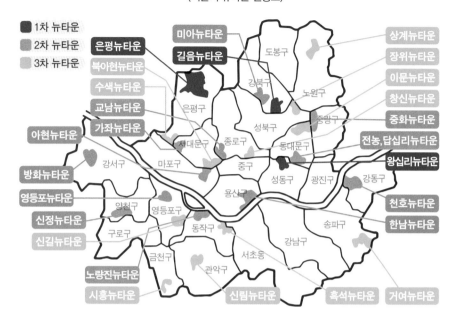

〈서울시 뉴타운 현황도〉

1차 뉴타운
2차 뉴타운
3차 뉴타운

미아뉴타운
길음뉴타운
상계뉴타운
장위뉴타운
이문뉴타운
창신뉴타운
중화뉴타운
전농, 답십리뉴타운
왕십리뉴타운
천호뉴타운
한남뉴타운

은평뉴타운
북아현뉴타운
수색뉴타운
교남뉴타운
가좌뉴타운
아현뉴타운
방화뉴타운
영등포뉴타운
신정뉴타운
신길뉴타운
노량진뉴타운
시흥뉴타운
신림뉴타운
흑석뉴타운
거여뉴타운

도봉구
강북구
노원구
은평구
성북구
중랑구
서대문구
종로구
동대문구
마포구
중구
성동구
광진구
강동구
강서구
용산구
양천구
영등포구
동작구
강남구
송파구
구로구
금천구
관악구
서초동

은 분양가보다 5억 가까이 오른 금액으로 거래되고 있다.

　결혼 전 성수동에서 살았던 나는 왕십리나 건대 입구를 자주 다니곤 했다. 그때만 해도 왕십리 곱창 골목은 새벽까지 항상 사람들로 붐볐고, 정돈되지 않은 작은 도소매상들이 즐비한 모습이었다. 하지만 낡은 건물들이 철거되고, 텐즈힐과 센트라스 등 새 아파트가 들어서면서 예전 모습은 온데간데없고 누구나 살고 싶어 하는 곳으로 바뀌었다. 이곳이 바로 왕십리뉴타운이다. 7년 전만 해도 왕십리의 시세를 이끌던 곳은 행당동이었지만, 현재 왕십리뉴타운의 입주가 완료되면서 이곳이 주도하고 있다.

　2014년에 우연히 영등포뉴타운의 아크로타워스퀘어 모델하우스를 방문한 적이 있다. 그 당시에는 미분양 물량이 남아 있어서 계약금 10퍼센트인 현금 6천만 원만 납부하면 30평대 아파트를 6억 8천만 원에 마련할 수 있었다. 10년이 다 되어가는 주변의 구축 아파트 문래자이나 문래힐스테이트, 당산역 래미안4차가 7억 원으로, 가격 경쟁력이 충분히 있었다. 게다가 5호선을 타면 여의도까지 2정거장, 자동차로는 10분이면 도착하는 거리고, 목동 학원가를 지하철로 이용할 수 있기 때문에 투자할 가치가 있었다. 하지만 나는 당시 6천만 원이라는 여유 자금이 없어 결국 구매하지 못했다. "영등포가 올라봤자 얼마나 오르겠어. 옆에 지저분한 시장을 좀 봐. 아무리 여의도랑 가까워도 영등포는 안 올라." 하지만 몇 년 뒤 입주 시점이 다가오자 보란 듯이 전용면적 84제곱미터(㎡)는 10억 원을 가뿐히 넘겼고 2018년 마지막 실거래가는 13억 원이었다.

서울의 재정비촉진지구인 뉴타운은 비좁은 골목길, 낡은 벽돌집, 전선이 어지럽게 섞인 낙후된 구도심 시가지의 주거 환경을 정비한 것이다. 기반시설을 갖춘 깨끗한 지역으로 도시를 바꾸는 사업이라는 점에 집중해야 한다.

1차 뉴타운 : 은평뉴타운, 길음뉴타운, 왕십리뉴타운

2차 뉴타운 : 돈의문(교남)뉴타운, 한남뉴타운, 전농·답십리뉴타운, 중화뉴타운, 미아뉴타운, 가재울뉴타운, 아현뉴타운, 신정뉴타운, 방화뉴타운, 영등포뉴타운, 노량진뉴타운, 천호뉴타운

3차 뉴타운 : 이문·휘경뉴타운, 장위뉴타운, 상계뉴타운, 수색·증산뉴타운, 북아현뉴타운, 시흥뉴타운, 신길뉴타운, 흑석뉴타운, 신림뉴타운, 거여·마천뉴타운, 창신·숭의뉴타운(해제)

현 정부의 부동산 규제 정책(재건축 아파트의 연한 연장, 양도세율 50퍼센트 적용, 다주택자 양도세 중과, 임대주택등록 강화)으로 인해 앞으로는 새 아파트 공급이 적어질 수밖에 없다. 서울

대부분의 지역이 구시가지의 난개발로 인해 단독주택이 즐비한 채 노후화가 진행되어 업무지구인 중구, 종로구, 강남, 여의도 일대의 배후지가 주거 기능을 해야 하는데도 그 역할을 크게 하지 못하고 있다.

도심에 가까운 구도심(마포구, 동대문구, 서대문구, 성동구, 성북구, 영등포구)을 재개발하여 새 지역으로 바꿔놓는다면 새로운 인구 유입이 이루어져 한층 높은 주거 환경을 형성하게 될 것이다. 성동구의 옥수파크힐스나 마포구의 마포래미안푸르지오, 돈의문뉴타운의 경희궁자이, 신길뉴타운의 래미안에스티움, 흑석뉴타운의 아크로리버하임 등을 보면 알 수 있다. 월수입이 높은 30~40대의 고소득층은 직주근접의 환경이 좋은 신축 아파트를 선호하기 때문이다.

이미 개발된 뉴타운을 공부하며 새로운 투자처를 찾기 위해 끊임없이 모의투자를 해봐야 한다. 서울은 다른 지역과는 별개로, 교통과 기반시설, 일자리가 모두 모여 있는 곳이다. 촘촘한 교통망으로 연결되어 있기 때문에 중심 업무지구와 점점 가까워질수록 큰 시너지를 낸다.

청약에 당첨되면 비교적 적은 금액으로 새 아파트를 마련할 수 있지만 조건이 까다로워 당첨이 쉽지 않은 것이 현실이다. 새 아파트를 마련하기 위해 일반 분양 물량이 아니라 조합원 분양을 받고자 하는 사람들이 늘어났다. 특히 무주택자나 1주택 수요자들은 대출 규제가 크지 않아 시도해 봐도 좋다. 주택의 감정평가액도 아파트만큼 높지 않아 보유세 부담도 없다. 앞으로 어떤 재개발 지역과 뉴타운이 투자 가치가 높은지 한번 확인해 보자.

동북권

전농 · 답십리뉴타운

2018년 이후 가장 뜨거운 지역을 꼽으라고 하면 단연 동대문구다. 그동안 집창촌과 시장으로 대표적인 낙후 지역으로 손꼽히며 시세 상승도 굉장히 더뎠는데 이제는 위상이 달라졌다.

GTX(수도권광역급행철도)는 A, B, C 3개 노선이 예정되어 있고 서울역, 삼성역, 청량리역에 환승역이 생긴다. GTX가 개통되면 서울은 이 3곳을 중심으로 움직인다고 해도 무방할 듯하다. 삼성역은 이미 복합환승센터가 설립 예정이고, 현대자동차 그룹의 105층짜리 타워 1개 동을 비롯해 전시, 컨벤션, 공연장 등 건물 3개를 더 짓는다. 삼성동처럼 복합환승센터가 생기고 초고층 빌딩이 지어질 곳이 바로 청량리역이다.

〈청량리/전농 · 답십리 재정비촉진지구〉

206

청량리역 주변으로 많은 재개발 구역이 있지만 65층의 초고층 빌딩 5개 동으로 지어질 청량리 4구역과 최고 59층으로 4개 동 주상복합이 지어질 동부청과시장에 위치한 한양수자인은 2019년에 분양 예정이다.

이런 청량리역의 수혜를 가장 많이 받는 곳이 전농·답십리뉴타운인데, 이미 준공된 지 5년이 지난 대단지 래미안크레시티(2013년, 약 2400세대)와 래미안위브(2014년, 약 2600세대)를 주축으로 2018년에 입주한 신축 아파트 동대문롯데캐슬노블레스(약 600세대), 답십리래미안미드카운티(약 1천 세대)와 함께 시세를 이끌고 있다. 이곳은 청량리역세권 개발의 영향을 받아 청량리역 접근성에 비례해 가격이 형성된다.

청량리역은 현재 지하철 1호선과 경의중앙선, 경춘선, KTX, ITX가 지나가고, 2018년 12월에는 분당선(왕십리역-청량리역) 연장선도 개통됐다. 예비 타당성 조사 중인 GTX B노선과 C노선이 확정되고, 청량리역에서 중랑구 신내동을 연결하는 면목선도 추진된다면 3개 노선이 추가되어 강북 교통의 핵심지로 거듭날 것이다. 역에 근접하고 신축일수록 비싸다. 초역세권인 신성미소지움(2005년, 385세대)은 13년이 지난 구축 아파트인데도 1년 동안 2억 원이 오르며 가파른 시세 상승을 보여주고 있다.

장위뉴타운

서울 강북의 대표적인 노후 불량 주택 밀집 지역인 성북구 장위동은 2005년 8월 낙후된 주거 환경을 개선하기 위한 장위뉴타운 사업을 발표했다. 2008년 글로벌 금융위기 이후 사업이 취소되거나 사업성이 없다고 판단한 주민들에 의해 해제된 구역(8, 9, 11, 12, 13, 15구역)이 생기기도 했지만, 반쪽 뉴타운이라는 오명에도 장위뉴타운의 아파트 시세는 오름세를 보이고 있다.

서울 최대 규모의 뉴타운 사업과 광운대 역세권 개발, 동북선 경전철의 호재와 맞

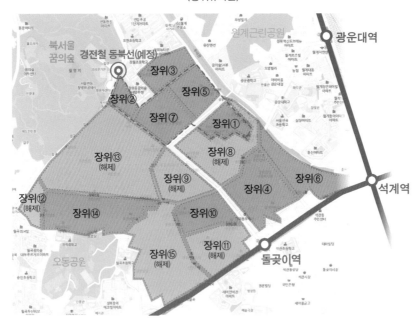

〈장위뉴타운〉

	구역	시공사	사업 단계	세대수
	1	삼성물산 (래미안 장위 포레카운티)	2019.6. 입주 예정	939세대
	2	꿈의숲 코오롱하늘채	2017.10. 입주	513세대
	5	삼성물산 (래미안 장위 퍼스트하이)	2019.9. 입주 예정	1,562세대
	7	현대산업개발 (꿈의숲 아이파크)	2020.12. 입주 예정	1,703세대
진 행 중	3	시공사 미정	조합설립 직전단계	1,078세대
	4	GS건설	2019 하반기 분양예정	2,840세대
	6	시공사 미정	사업시행인가	1,637세대
	10	대우건설	관리처분인가, 이주 중	1,968세대
	14	SK, 현대산업개발	건축심의 중	약 2,283세대
해 제	8, 9, 11, 12, 13, 15구역 ※13구역은 리모델링 활성화 구역으로 지정			

물리면서 이 지역 인근이 크게 변화될 것으로 기대된다. 광운대 역세권의 배후지가 바로 장위뉴타운이다. GTX C노선이 지나가는 광운대역을 중심으로 인근 지역의 상승세가 무섭다. 또 왕십리역-상계역을 잇는 동북선 경전철 사업이 본격적으로 추진되고 있기 때문에 꿈의숲코오롱하늘채(2017년, 513세대)나 장위7구역 꿈의숲아이파크(2020년, 약 1700세대)는 북서울꿈의숲을 도보로 다닐 수 있고, 동북선의 역세권 아파트로 쾌적한 환경을 누릴 수 있다.

4구역과 10구역은 관리처분인가가 완료돼 철거와 이주가 시작됐다. 그중 4구역의 속도가 가장 빠른데 2019년 GS건설에서 2840세대의 분양을 계획하고 있고, 6호선 돌곶이역이 가까워 좋은 입지로 생각된다. 10구역도 이주 중이며 대우건설 브랜드가 들어설 예정이다. 장위 6구역은 6호선 돌곶이역과 1호선 석계역 더블 역세권으로 가장 좋은 입지를 갖고 있는 만큼 눈여겨봐야 한다. 장위뉴타운은 성북구의 길음뉴타운, 미아뉴타운과 함께 동북권 정비 사업의 핵심이 될 것이다.

꿈의숲코오롱하늘채는 이미 입주가 완료되었고, 광운대역에서 가까운 래미안장위포레카운티(2019년, 939세대)와 래미안장위퍼스트하이(2019년, 1562세대)는 2019년 입주 예정이다. 2018년 분양한 장위7구역 꿈의숲아이파크는 평균 경쟁률 14.97 : 1을 기록하며 성황리에 분양을 마쳤다. 동북선 경전철이나 GTX C노선의 교통 호재가 있지만 예비 타당성 조사 결과를 기다려야 하므로 단기적인 투자는 지양한다. 하지만 분명 앞으로 더 비상할 장위뉴타운의 성장이 기대된다.

이문 · 휘경뉴타운

이문·휘경뉴타운도 1호선에 자리 잡고 있다. 이곳은 청량리 재정비촉진지구, 전농·답십리뉴타운과 함께 동대문구의 대표적인 재개발 사업으로 손꼽히는 지역이다.

〈이문 · 휘경뉴타운〉

이문.휘경 뉴타운 지역 내
재개발정비사업 추진 현황

이문③-2
이문①
이문③-1
이문④
경희대학교
한국외대
외대앞역
이문②
신이문역
이문동
삼거리
중랑천
휘경②
휘경③
회기역
휘경①

	구역	시공사	사업 단계	세대수
이문뉴타운	이문1	삼성물산	이주 중	2,904세대
	이문2	해제		
	이문3	GS건설, 현대산업개발	관리처분인가, 이주 중	4,031세대
	이문4	미정	사업시행인가 준비 중	3,504세대
휘경뉴타운	휘경1	한진해모로 (휘경해모로프레스티지)	2020.2. 입주 예정	298세대
	휘경2	SK건설 (휘경SK뷰)	2019.6. 입주 예정	900세대
	휘경3	GS건설	관리처분계획 수립	1,792세대

이문·휘경뉴타운은 1호선 청량리역-회기역-외대앞역으로 청량리역 접근이 좋고, 대규모 신축 아파트 단지로 변화될 예정이다. 외대앞역을 기준으로 위쪽인 이문1구역, 역과 붙어 있는 이문3구역(현대산업개발, GS건설, 약 4천 세대)은 이주 중이다. 아래쪽으

로 휘경2구역에서는 휘경SK뷰(2019년, 약 900세대)가 입주 예정이다. 따라서 3~4년 후인 2022년쯤 되면 이 뉴타운에서만 1만 7천 세대가 공급되는 큰 규모의 개발이다. 아마도 입주 시기가 다가온다면 환골탈태할 지역이 될 것이다. 주변에 한국외대, 경희대, 시립대, 한국예술종합학교 등 대학교가 많아 학생들의 임대 수요도 적지 않을 것으로 생각된다. 신길뉴타운이 그랬듯이 주변이 정리되면서 새 아파트의 가격이 계속 올라 새로운 시세를 형성할 가능성이 높다. 특히 3구역은 1구역보다 사업성이 조금 더 좋고 역과의 접근성도 좋다. 많은 사람들이 알지 못했던 뉴타운이지만 투자자라면 공부해야 할 곳이므로 충분한 지식이 필요하다.

서북권

수색 · 증산뉴타운

마포구 상암동에는 6호선, 공항철도, 경의중앙선 트리플 역세권인 디지털미디어

〈수색 · 증산뉴타운〉

	구역	시공사	사업 단계	세대수
수색 뉴타운	수색4	롯데건설 (수색DMC롯데캐슬퍼스트)	2020.6 입주 예정	1,192세대
	수색6	GS건설	관리처분인가. 이주 중.	1,223세대
	수색7	GS건설	관리처분인가. 이주 중.	649세대
	수색8	SK건설	사업시행인가	578세대
	수색9	SK건설 (DMC SK뷰)	2012.10. 입주 예정	753세대
	수색13	SK건설	이주 중	1,402세대
증산 뉴타운	증산2	GS건설	2019년 일반분양 예정	1,386세대
	증산5	롯데건설	사업시행인가	1,704세대

시티역을 이용하는 상암DMC 업무지구가 자리 잡고 있다. MBC를 비롯해 많은 기업들이 빌딩숲을 이루고 있는 상암DMC 업무지구와 달리 마주하고 있는 은평구의 수색·증산뉴타운은 노후 주택이 즐비한 상반된 모습이다. 현재는 이주와 철거 등 분양 사업 속도가 빠르게 진행되고 있다.

서울 동북권 개발의 꽃이 청량리라면 서북권 개발의 중심은 바로 수색·증산뉴타운이다. 마용성(마포, 용산, 성동)을 이을 지역이 바로 이 2곳이다.

2017년 수색·증산뉴타운 재개발의 시작을 알린 곳은 6월에 분양한 수색4구역 DMC롯데캐슬퍼스트(2020년, 약 1180가구)이다. 평균 청약 경쟁률이 38 : 1을 기록해 수요자의 기대를 실감할 수 있었다.

대형 변전소, 차량 기지, 낡은 다세대주택 등이 빽빽이 들어차 있어 낙후 지역이라는 이미지가 강했지만 2020년까지 수색변전소와 송전철탑 지중화 작업이 진행되면서 상암과 연계된 수색 역세권 개발이 대규모로 추진된다. 디지털미디어시티역 인근에 업무·상업시설의 대규모 복합단지가 계획되어 있으며, 수색과 상암을 단절시켰던 차량 기지는 지하화되고 그 위에 공원이 조성될 예정이다.

입지가 워낙 좋다 보니 상암DMC의 배후 수요인 수색역 일대의 개발 호재까지 더해지면서 오를 수밖에 없는 아파트의 조건을 모두 갖추게 되었다. 고급 일자리, 대규모 신규 아파트 단지와 역세권, 몰세권, 숲세권까지. 수색동 13곳과 증산동 3곳 등 16구역의 재개발이 2025년까지 완료되면 수색·증산뉴타운은 3만 세대에 가까운 미니 신도시급으로 바뀌고, 바로 옆의 가재울뉴타운까지 영향을 받아 더 큰 시너지를 낼 것이다. 2020년에는 월드컵대교가 개통되어 고급 일자리가 있는 마곡신도시 접근성도 좋아지며 마곡의 배후지로도 각광받게 될 것이다.

인기가 많은 뉴타운인 만큼 수색6·7·9구역과 증산2·5구역의 속도가 빠른 편인데 역세권으로 가장 주목받는 곳은 수색9구역(SK건설, 753가구)과 증산2구역(GS건설, 1386가구)이다. 수색6구역과 수색7구역도 속도를 내고 있는 상황이다.

바로 옆의 가재울뉴타운은 해제 구역 없이 추진되었지만 수색·증산뉴타운에서는 해제된 구역도 있다. 그런데도 워낙 입지가 좋아 투자자들의 문의가 끊이지 않는다.

수색·증산뉴타운 개발이 가시화되기 전에는 상암동 아파트 가격이 더 비쌌지만 지금은 이곳이 상암동의 가격을 앞섰다. 대규모 건설사의 신규 아파트와 수색역 일대 복합개발사업, 상암DMC 업무지구의 배후 지역, 디지털미디어시티 역세권(6호선, 경의중앙선, 공항철도)으로 변화된 모습과 더불어 가격 상승을 기대해 볼 만하다.

북아현뉴타운

서울 서대문구에 위치한 북아현뉴타운과 마포구에 위치한 아현뉴타운은 도로 하나를 사이에 두고 마주 보고 있다. 북아현뉴타운은 2005년에 3차 뉴타운으로, 아현뉴타운은 2003년에 2차 뉴타운으로 지정되었다. 과거에는 높은 언덕에 굉장히 낡고 오래된 단독주택과 다가구주택이 밀집해 있어 달동네라는 인식이 강했지만 뉴타운

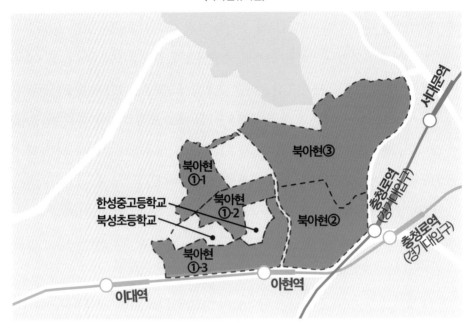

〈북아현뉴타운〉

구역	시공사	사업 단계	세대수
1-1	현대건설 (힐스테이트신촌)	2020.08. 입주 예정	1,226세대
1-2	대우건설 (아현역 푸르지오)	2015.11. 입주	940세대
1-3	대림건설 (이편한세상 신촌)	2017.03. 입주	1,910세대
2	삼성물산, 대림건설	특별건축구역으로 지정	2,316세대
3	롯데캐슬, GS건설	사업시행인가	4,642세대

으로 지정되면서 아현고가차도도 철거되고 교통 여건과 미관이 개선되면서 분위기
가 전환되었다.

입주 단지 중에서 랜드마크는 단연 마포래미안푸르지오다. 2014년에 준공된 이
후 이 인근에서는 가장 비싸고 기준으로 삼을 만한다. 대단지 새 아파트라는 것과 도
심 접근성이 좋아 역시 선호도가 가장 높다.

내가 신도림에 거주할 때 여의도나 시청, 광화문으로 출근하는 직장인들이 많았다. 목동이나 신도림에서 이사를 간다고 하면 회사에 대한 접근성이 좋고 교통이 발달된 공덕역 인근이나 새 아파트인 마포래미안푸르지오를 선택하는 경우가 많았다. 실제로 마포구의 지역 프리미엄이 크게 영향을 미쳤다. 광화문이나 여의도 등 사무실 밀집 지역에 대한 접근성이 우수하고 빠른 사업 속도로 강북에서 집값 상승세가 두드러졌다. 그래서 북아현뉴타운에 비해 연식이 조금 오래됐는데도 더 높은 가격에 거래되고 있다.

북아현뉴타운은 입주한 1-2구역(아현역푸르지오, 2015년 입주, 940세대), 1-3구역(이편한세상신촌, 2016입주, 1910세대)과 2018년에 분양한 1-1구역(힐스테이트신촌, 1226가구), 북아현2구역, 북아현3구역 등 5구역으로 나뉘어 있다. 북아현2구역과 3구역은 아직 사업시행인가 단계다. 1-3구역인 이편한세상신촌은 북아현뉴타운 중 역과 가장 가깝다. 2호선 초역세권으로 아현역과 이대역을 도보로 이용 가능하고 단지 내에 북성초등학교, 북성중학교, 한성고등학교를 품고 있는데 그 위쪽으로는 아현역푸르지오가 있다.

아직은 재개발이 진행되고 있어 아현뉴타운보다 시세가 1억 원 정도 낮지만, 재개발 사업이 마무리되고 뉴타운이 완성된다면 북아현뉴타운이 이 일대를 주도할 것으로 기대된다.

주목해야 할 곳은 북아현2구역인데, 삼성물산과 대림산업이 시공할 예정이고, 5호선과 2호선의 더블 역세권인 충정로역이 있다. 인지도 높은 시공사에 2천 세대가 넘고 일반 물량도 많아 사업성도 높을 것으로 판단된다. 하지만 2017년부터 무섭게 프리미엄이 오르기 시작해 매월 자료를 정리할 때마다 금액을 경신해야 했다.

북아현2구역과 3구역이 입주할 시점이면 마포구의 아현뉴타운 아파트들은 벌써 5년차 이상이다. 새 아파트를 선호하는 요즘의 트렌드를 염두에 둔다면 5년 후쯤 새 아파트가 입주할 북아현뉴타운이 시세를 이끌 것으로 판단된다.

서남권뉴타운

영등포뉴타운

아직도 영등포역 일대는 공장지대, 집창촌, 노후 주택가라는 인식이 형성되어 있다. 영등포역의 경인로부터 신도림역까지 버스로 두세 정거장을 지나다 보면 철강 공장이 도로 양옆으로 늘어서 있고 영등포시장역 주변은 소규모 공구상가와 노후 주

〈영등포뉴타운〉

구역	시공사	사업 단계	세대수
1-3	한화건설 (영등포뉴타운 꿈에그린)	2020. 10. 입주 예정	182세대
1-4	대림건설 (아크로타임스퀘어)	2017. 9. 입주	1,221세대
1-12		사업시행계획 수립 검토 중	413세대
1-13	두산건설, 대우건설	2019년 사업시행인가획득 가능	659세대

택가들이 복잡하게 얽혀 있다. 그래서인지 영등포 지역은 그동안 서울 내에서도 낙후된 이미지가 강해 주거 지역으로 선호하지 않았다. 하지만 2003년에는 영등포뉴타운, 2006년에는 신길뉴타운으로 지정되면서 신호탄을 쏘게 되었다. 이후 타임스퀘어가 들어서고 주상복합단지가 조금씩 들어오면서 지역 분위기가 많이 달라졌다. 최근 영등포뉴타운 내 영등포시장역 역세권에 아크로타워스퀘어가 입주하면서 신흥 주거 타운으로 거듭나고 있다. 2017년 영등포꿈에그린의 분양은 조기 완판되며 흥행의 시작을 알렸다.

영등포구 내에 있는 신길뉴타운과 마찬가지로 영등포뉴타운은 재개발을 통해 대단지 아파트가 들어서면서 낙후 지역의 이미지를 조금씩 줄여가고 있다. 영등포는 1·2·5·9호선이 지나가고 올림픽대로와 강변북로, 서부간선도로, 경인고속도로 등 교통 환경이 잘 갖춰져 있다. 더구나 타임스퀘어의 몰세권, 여의도 업무지구 접근성을 감안하면 앞으로 전망이 기대된다.

신안산선과 신림선의 개통과 더불어 타임스퀘어 옆에 위치한 대선제분 공장이 복합문화공간으로 탈바꿈해 낡은 지역의 이미지와 부족했던 문화 인프라를 확충하면 다시 한 번 주목받을 것으로 기대된다.

신정뉴타운

양천구는 목동과 신정동, 신월동으로 나뉜다. 1~14단지는 양천구의 전형적인 주거지인 목동에 위치하고 있으며, 양천구 전체 면적의 70퍼센트를 차지한다. 목동은 서남권의 학군을 담당하고 있기 때문에 굉장히 탄탄한 수요층을 확보하고 있다.

신정뉴타운은 2003년 2차 뉴타운으로 지정된 지역 중 하나다. 이미 1-1구역 약 3천 세대의 신정뉴타운아이파크위브(3045세대)가 2017년 분양되었고, 2018년 6월 2-1

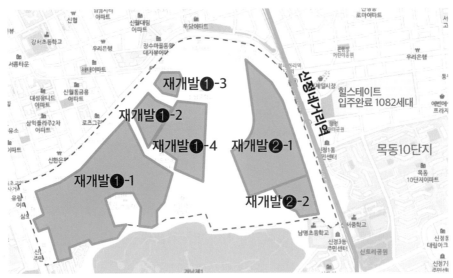
〈신정뉴타운〉

구역	시공사	사업 단계	세대수
1-1	현대산업개발,두산건설, (신정뉴타운아이파크위브)	2020. 3. 입주 예정	3,045세대
1-2	두산건설 (신정뉴타운 두산위브)	2012. 11. 입주	357세대
1-3	서해건설 (서해그랑블)	사업시행인가 진행 중	142세대
1-4	롯데건설, (신정뉴타운 롯데캐슬)	2014. 2. 입주	930세대
2-1	삼성물산 (래미안 목동아델리체)	2021. 1. 입주 예정	1,497세대
2-2	호반건설 (호반 베르디움)	철거 진행	약 400세대

구역에 래미안목동아델리체 또한 분양을 성황리에 마쳤다. 1-1구역은 지하철역에서 15~20분 걸어야 하지만 2-1구역은 2호선 지선인 신정네거리역과 5호선 신정역에 인접해 있고, 약 1500세대의 대단지, 1군 브랜드의 시공사로 구성되어 있다.

5호선으로 여의도나 마곡지구를 쉽게 이동할 수 있고 2호선 환승이 가능해 주요 업무지구 접근성이 좋은 편이다. 비행기 소음이 단점으로 꼽히기도 하지만 워낙 새 아파트 공급이 없었던 지역이라 공원에 인접한 역세권 대단지 신축 아파트라는 조건만으로도 단점을 상쇄한다. 2016년에 입주한 목동힐스테이트(1081세대)도 신정뉴타운이 재개발되어 깨끗한 지역으로 개선된다면 주거 환경이나 상가 이용이 쾌적해지므로 시너지 효과를 얻을 수 있다.

목동과 인접한 뉴타운이라 재건축도 지켜봐야 한다. 현 정부의 재건축 연한 연장으로 인해 진행이 쉽지는 않겠지만 재건축이 조금씩 진행될 경우 강남 못지않은 멋진 지역으로 탈바꿈될 지역으로 기대가 크다. 목동의 단지 내 재건축과 뉴타운이 서로 어떤 영향을 받으며 지역이 확대될 수 있을지 살펴보자.

흑석뉴타운

서울을 크게 강남과 비강남 지역으로 나누듯이 지금은 한강을 접한 곳과 아닌 곳으로 나뉘고 있다. 특히 흑석뉴타운은 동작구와 서초구의 경계에 자리 잡고, 한강을 건너면 바로 용산이 나오고 황금노선 9호선 흑석역이 있다.

자동차로 서초구 반포동까지 20분 이내로 다닐 수 있어 반포, 잠원과 생활권을 공

〈흑석뉴타운〉

구역	시공사	사업 단계	세대수
3	GS건설	철거 중. 일반 분양 예정	1,772세대
4	대우건설 (흑석한강 푸르지오)	2012. 7. 입주	863세대
5	동부건설 (흑석한강센트레빌 1차)	2011. 9. 입주	655세대
6	동부건설,(흑석한강센트레빌 2차)	2012. 12. 입주	963세대
7	대림건설 (아크로리버하임)	2018. 11. 입주	1,073세대
8	롯데건설 (롯데캐슬에듀포레)	2018. 11. 입주	545세대
9	롯데캐슬 (롯데시그니처캐슬)	시공사선정완료	1,560세대
11	호반건설 (호반 베르디움)	신탁방식의 정비사업 추진	1,292세대

유한다. 9호선을 타면 강남과 직접 연결되어 강남 접근성 또한 좋다. 금융업무지구인 여의도까지도 멀지 않다.

흑석뉴타운은 2005년 4차 뉴타운으로 지정되었고, 총 11개 구역 중 3곳(4~6구역, 흑석한강푸르지오, 흑석한강센트레빌1차, 흑석한강센트레빌2차)은 2011~2012년에 입주를 완료했다. 2곳(7~8구역)은 입주 예정이고, 1곳(10구역)은 해제되었는데, 바로 7구역이 아크로리버하임(1073세대), 8구역이 롯데캐슬에듀포레(545세대)이고, 두 단지 모두 2018년 11월 입주했다.

3구역은 흑석뉴타운 내에서 가장 규모가 크다. GS건설이 시공을 맡아 1772세대가 조성될 예정이며, 2019년 분양을 앞두고 있다.

현재 반포동의 아크로리버파크 30평대 가격은 28~29억 원에 형성되어 있지만 흑석뉴타운의 랜드마크인 아크로리버하임은 16~17억 원이다. 분양가보다 10억 오른 금액이지만 강남권보다 저렴하고 한강이 보이는 새 아파트를 마련하고 싶은 수요자의 기대가 가격에 반영되었다. 앞으로도 용산과 반포 아파트의 가격과 일정한 차이를 두고 따라갈 것이다.

노량진뉴타운

동작구에서 가장 뜨거웠던 흑석뉴타운의 열풍을 그대로 이어받을 지역이 바로 노량진뉴타운이다. 어쩌면 흑석뉴타운보다 더 큰 열풍을 일으킬 가능성이 큰 노량진뉴타운은 노량진역에서 장승배기역까지 이어지며 좁은 골목과 다가구주택이 즐비해 있다. 노량진뉴타운은 그야말로 가장 핫한 뉴타운 중 하나가 될 것이다.

〈노량진뉴타운〉

구역	시공사	사업 단계	세대수
1	.	조합설립인가	약2700세대
2	.	사업시행인가. 시공사 선정중	421세대
3	.	조합설립인가	약 1,300세대
4	.	사업시행인가	860세대
5	.	조합설립인가	746세대
6	GS건설 SK건설	시공사 선정 완료 2019년 중 관리처분인가 예정	1,499세대
7	SK건설	사업시행인가	551세대
8	대림건설	감정평가 진행예정 2019년 내 관리처분인가 계획 중	1,007세대

일자리가 많은 강남을 관통하는 황금노선 7호선 장승배기역이 있고, 1·9호선의 더블 역세권인 노량진역이 있다. 9호선 역시 황금노선으로 급행역을 타면 강남인 신논현역과 금융업무지구 여의도를 10분 만에, 1호선을 이용하면 시청까지 15분 내에 도착 가능하다. 서울의 3대 업무 중심지(도심권, 강남, 여의도)에 대한 접근성이 뛰어나다. 또 한강을 건너면 바로 용산이 나온다.

이미 2003년에 2차 뉴타운으로 지정되었으나 총 8개 구역 중 10년 넘게 착공한 곳이 없었다. 하지만 이제야 사업이 속속 진행되고 있다. 노후화된 현재의 동작구청을 장승배기 영도시장으로 이전하고, 구청과 구의회, 경찰서 등 행정타운을 만들고, 청년주택과 상업시설, 커뮤니티 시설을 복합적으로 개발한다는 계획도 확정되었다. 모든 사업이 마무리되면 낙후된 현재의 노량진뉴타운은 8천 가구가 들어오는 대단지를 형성할 것이다.

적은 투자금으로
높은 수익을 올려라

최악의 실패로 보였던 것의 한 걸음 밖에 최대의 성공이 있다.
— 브라이언 트레이시

절대로 잃으면 안 되는 나의 투자금

'하이 리스크, 하이 리턴', 즉 '수익이 클수록 리스크가 크다'는 말이 있다. 수익이 많은 곳에는 그만큼 높은 위험이 존재한다는 것이다. 경험이 많고 자금이 넉넉한 사람들은 투자에 대한 확신과 믿음으로 큰 리스크를 감당하면서 시도한다.

하지만 이제 막 투자를 시작한 대다수의 사람들은 확신이나 자금 없이 무조건 많이 벌고 싶은 마음만 앞서 수많은 환경에 휘둘린다. 다른 사람은 얼마를 벌었는데 자신만 많이 벌지 못했다며 아쉬워한다. 많은 돈을 투자해 많은 수익을 거둘 수 있다면 좋겠지만 자금이 넉넉지 않은 상황에서 큰 수익을 내기는 결코 쉽지 않다. 투자금이 적으면 원하는 만큼의 시세차익을 얻을 수 없다는 사실을 반드시 기억해야 한다.

나는 9천만 원으로 신혼 생활을 시작했고, 조금씩 모아둔 목돈을 양가 부모님께 드린 적도 종종 있었다. 말 그대로 팍팍한 신혼 생활이었다. 그래서 자산을 빨리 불리고 싶은 마음이 간절했는지도 모른다.

나는 조금이라도 자산을 늘리기 위해 적은 자산으로도 계속 투자를 했다. 투자를 하지 않으면 100만 원조차 벌 수 없지만, 투자를 하면 적어도 100만 원 이상 벌 수 있다고 생각했다. 아파트 투자를 반복하면서 나만의 원칙이 생겼다.

"무조건 투자하자. 절대 잃어서는 안 되는 투자."

투자의 귀재 워런 버핏은 투자에 성공하는 첫 번째 원칙은 돈을 잃지 않는 것이고, 두 번째는 첫 번째 원칙을 잊지 않는 것이라고 했다. 투자에서 리스크 관리와 원금을 지키는 것이 얼마나 중요한지를 이야기한 것이다. 자금이 많은 사람이나 적은 사람 모두에게 첫 번째 원칙은 투자금을 잃지 않는 것이다. 특히 자금이 적은 사람에게 투자금 손실은 치명적이다.

수익률이 높은 곳에 투자하고, 몇 번 갈아타기를 한다면 분명 적은 금액도 크게 늘어나는 날이 오게 마련이다. 투자금이 적을수록 꼭 염두에 두어야 할 것이 있다. 내가 가져갈 이익의 절댓값은 적지만 수익률은 높을 수 있다는 것이다.

가성비 좋은 투자에 집중하라

부동산 투자를 처음 시작했을 때보다 여유가 생긴 지금도 가장 먼저 생각하는 것이 '같은 투자금으로 어느 지역을 사야 더 높은 수익률을 올릴 수 있을까' 하는 것이다. 한마디로 '가성비 좋은 투자', '투자금 대비 수익률이 높은 지역'을 말한다.

누구나 좋은 아파트에 살고 싶어 한다. 하지만 누구나 그런 곳에 살 수 있는 것은 아니다. 자신의 상황과 자금 수준에 맞는 곳을 선택할 수밖에 없다. 처음에는 살고 싶은 곳과 멀리 떨어진 외곽에 집을 살 것이다. 종잣돈을 모으고 살고 있는 집값이 상승하면 조금씩 더 좋은 곳으로 옮겨 간다. 이렇게 외곽 지역에서 점점 중심지로 들어온다. 몇 번 옮기다 보면 중심지 중의 중심지, 랜드마크 아파트를 소유하는 날이 분명히 올 것이다. 투자금이 적은 사람들은 '저평가된 곳', '투자금은 적지만 상승률이 높은 곳'을 찾아야 한다.

2015년부터 서울 아파트 가격이 상승했고, 그중 단연 1등은 강남구였다. 2018년까지 매주 몇천만 원씩 실거래가를 경신했다. 이제 더 이상 오르지 않을 거라고 전망하던 2017년 3월, 강남구 대치동에 투자한 A와 동대문구 전농동에 투자한 B가 있었다.

A는 강남구 구축 아파트를 전세로 내놓아 투자금이 3억 원이었다. B는 입주가 1년 남은 새 아파트 분양권을 프리미엄을 포함해 1억 1천만 원을 주고 구입했다. 2018년 6월 A와 B의 아파트 가격은 크게 상승했고 자산도 늘어났다. A는 6억 원이 올랐고, B는 4억 원이 올랐다.

가격 상승 면에서만 본다면 6억 원을 번 A가 투자를 더 잘한 것으로 보인다. 3억 원을 투자해서 6억 원을 벌었으니 수익률이 200퍼센트다. 하지만 1억 1천만 원을 투자해서 4억 원을 번 B는 수익률이 400퍼센트다. A가 B보다 더 많이 벌기는 했지만 투자금이 B보다 2억 원이나 더 들었다. 자금 여유가 있다면 많은 돈을 벌 수 있었던 강남에 투자하는 것도 나쁘지 않다. 하지만 집값 상승이 꼭 수익률과 비례하지는 않는다. 적은 투자금으로도 얼마든지 높은 수익률을 거둘 수 있다.

적은 투자금이라면 저평가된 물건을!

저렴한 물건이 아닌 저평가된 물건을 찾아야 한다. 더 이상 가격이 떨어질 수 없는 낙후된 지역이지만 향후 호재가 많고 교통이 좋아질 수 있는 곳이다.

경제활동을 시작한 지 얼마 되시 않은 20·30대는 투자금이 적을 수밖에 없다. 하지만 많은 사람들은 이미 가격이 오를 대로 오른 강남4구를 제외해도 20평대 가격이 10억 원이 넘는 마포, 용산, 성동, 광진구를 지칭하는 '마용성광'에 투자하고 싶어 한다. 그 지역은 누가 봐도 매력적이다. 대기하는 예비 매수자도 아주 많다. 하지만 매수자가 많은 만큼 가격도 비싸 초기 투자금이 많이 든다.

그 틈을 비집고 자금 여력이 부족한 20~30대가 진입할 수 있는 투자처는 어디일까? 비조정지역 중 경기, 인천 등 수도권에서 재개발 사업을 통해 새 아파트가 공급될 지역을 찾아보는 것이 서울을 비롯한 조정지역에 투자하기보다 더 쉽다.

조정지역으로 묶인 곳은 분양권 전매 규제나 대출 규제(LTV, DTI 40퍼센트) 때문에 자금이 부족하면 내 집 마련이 어려울 수도 있다. 하지만 재개발은 주로 원도심 등 인프라가 잘 갖춰진 지역의 노후 주택을 정비하는 사업이다. 재개발 아파트 단지는 원도심에 위치하기 때문에 역세권인 경우가 많고, 생활 인프라가 잘 갖춰져 있어 실제 거주하는 사람들의 만족도가 높다. 그래서 해당 지역에서 공급되는 새 아파트는 수요가 많은 편인데, 현재 정부에서는 고분양가를 규제하는 추세여서 주변의 아파트 시세보다 저렴하게 새 아파트를 마련할 수 있다. 조정지역은 대출을 KB시세의 40퍼센트밖에 해주지 않는 데 반해, 비조정지역은 60~70퍼센트까지 가능하기 때문에 그 주변의 역세권 구축 아파트에 투자해도 좋다.

현재 가치 말고 미래 가치에 집중하라

많은 사람들이 새롭게 변화될 지역에 대한 미래 가치를 보지 못하고 현재 모습만 본다. 현재 모습만 보면 선뜻 투자하기 어렵다. 서울 최고의 지역만 보면서 '언젠가는 꼭 도전해야지'라며 목돈을 만들 때까지 투자를 미루다 결국 적기를 놓친다.

투자금이 많지 않으면 최소한의 금액으로 수익성이 큰 지역이나 상품을 계속 찾아야 한다. 발품을 팔고 노력할수록 좋은 상품을 내 것으로 만들 수 있다.

보통 사람들은 힘든 과정을 감내하거나 인기 지역이 아닌 곳에 투자하기를 꺼린다. 하지만 투자를 했다면 반드시 좋은 수익률을 얻어야 한다. 처음부터 100퍼센트 만족하는 지역에 투자해서 높은 수익률을 기대할 수는 없다.

부자가 된 사람들은 투자금과 투자 지역에 대해 치열하게 고민하고, 대출금 상환을 위해 힘든 과정을 거친다. 모든 어려움을 극복하며 끝까지 버티고, 자신의 판단에서 오류가 있었던 부분을 수정하며 끝없이 다듬어나가면서 자신에게 온 기회를 놓치지 않았다.

첫술에 배부를 수 없다. 강남에 아파트를 산 사람들의 돈 버는 방법이나 수익을 내는 방법을 궁금해하는 것이 아니라 강남 아파트 소유라는 결과만을 부러워하는 것은 아닌지 깊이 생각해 봐야 한다.

자금이 여유로운 투자자에 비하면 우리는 여전히 경쟁력이 약하고, 방어할 수 있는 기술도 부족하다. 하지만 포기하지 않는다면 가능하다. 이 틈에서 살아날 수 있는 방법은 있다. 오로지 내 의지에 달렸다. 욕심을 부리지 않고, 적은 투자금으로 꾸준히, 조금씩 수익률 높은 곳에 투자해 나간다면 머지않아 멋진 부동산 투자자로 거듭날 수 있다.

내 이름으로 된
등기부등본을 소유하라

해보지 않은 자는 불가능을 논할 자격이 없다.
- 중국 속담

언제부터 투자를 시작해야 할까

부동산 투자는 언제쯤 시작하는 것이 좋을까? 미혼 직장인은 삶을 즐기느라 소비에 치중하고, 신혼부부는 열심히 저축하며 목돈을 만드느라 투자할 생각을 미처 하지 못한다. SNS에 해외여행 다녀온 사진도 올려야 하고, 명품 백도 자랑해야 하고, 그럴듯한 맛집도 다녀야 한다. 이처럼 많은 사람들이 과시하기 위해 돈을 쓴다. 하지만 4~6년이 지나 전세금을 두세 번쯤 올려주고, 집을 사서 얼마를 벌었다는 얘기가 들려오기 시작하면 그때부터 정신이 번뜩 든다. 주위 사람들과 자신의 자산을 비교해 보는 것이다. 하지만 어디서부터 어떻게 시작해야 할지 몰라 우왕좌왕한다. 충분히 알아보지도 못하고 급히 서두르다 투자 가치가 적은 집을 덜컥 사버리는 오류를 범하기도 한다. 그럴 경우 처분할 때까지 적잖이 마음고생을 하게 된다.

투자하기 가장 좋은 시기는 두 사람이 만나 결혼한 때다. 각자 생활하던 남녀가 만나 공간과 시간을 공유해야 하기 때문이다. 결혼할 때 가장 많이 고민하는 것이 바로 집이다. 양가 부모님의 도움을 받거나 결혼 전에 모아둔 돈으로 내 집을 마련해서 신혼 생활을 시작한다면 큰 걱정은 덜은 것이다. 이후에 자산을 어떻게 늘려나갈지 행복한 고민만 하면 되니 말이다. 하지만 그렇지 않고 본인들이 처음부터 기반을 마련해야 한다면 전세나 월세보다 내 집 마련을 1차 목표로 삼는 것이 좋다.

나도 결혼 6개월 만에 집을 소유하면서 지금의 자산을 형성할 수 있었다. 모아둔 종잣돈이 없어 절대 살 수 없을 것만 같았는데 어렵게 대출을 받아 실거주할 집 1채를 겨우 마련했다. 돌이켜보면 그것이 효자 상품이었다.

그 당시 주위 사람들은 하나같이 고개를 저으며 이렇게 말했다. "사지 마. 재산세도 내야 되고, 대출금도 상환해야 되잖아. 집값은 더 떨어질 텐데 감당할 수 있겠어? 대출이 너무 많아. 이제 아파트로 돈 버는 시기는 지났어." 하지만 나는 이보다 더 떨어져도 감수할 것이고, 오르면 더할 나위 없이 좋을 것이라고 생각했다. 가장 큰 부담이었던 대출금 상환은 부부의 수입으로 충분히 감당할 수 있다고 자신했다. 평생 전세로 살 것 아니면 그냥 사자는 생각이었다.

우리는 매월 원리금 상환을 하고 연말에는 2천만 원씩 갚아나갔다. 5년이 지난 2016년에는 1억 원 넘게 상환했고, 아파트 시세가 1억이 올라 2억 원이라는 종잣돈을 마련할 수 있었다. 이 5년의 기간이 없었다면 지금의 자산도 없었을 것이다. 이런 것을 소위 강제 저축이라고 한다. 대출을 받아서 먼저 집을 사고 대출을 저축이라고 생각하고 갚아나갔던 것이 허투루 돈을 쓰지 않고 검소한 생활로 이어져 결국 집 1채가 남은 것이다.

내 집 마련의 가장 큰 장점은 누가 뭐래도 주거의 안정감과 강제 저축이다. 더불어 가치가 상승하면 더 좋은 투자가 될 것이다.

전세의 역설

전세를 고집하는 사람들은 대개 이렇게 말한다. "집값이 하락할지도 모르는데, 전세금은 보장되니 안정적이야. 재산세를 올린다고 해도 우리는 상관없어. 대출금 상환도 안 해도 되고. 즐기면서 여유 있게 사는 것이 좋아."

하지만 이것은 크게 잘못 계산한 것이다. 전세금은 절대 오르지 않는다. 2년마다 재계약을 해야 한다. 2년이란 시간은 한도가 있는 자유일 뿐이다. 게다가 재계약을 할 때 적게는 수천만 원, 많게는 몇억 원을 올려줘야 할 수도 있다. 올려줄 여력이 안 된다면 다른 아파트로 이사를 가야 한다. 2년마다 새로운 집을 보러 다니고 재계약을 하는 번거로움을 계속 반복할 것인가. 사실 이것보다 불안정한 삶은 없다.

내 집 마련은 투자 가치만 있는 것이 아니다. 주거의 가치도 굉장히 크다. 내 집 마련이 주는 심리적 안정감은 가족 구성원 모두 느낀다. 자녀가 초등학생인데 2~3년마다 이사를 해야 한다고 생각해 보자. 변화된 환경에 적응하려면 얼마나 힘들겠는가. 같은 지역에서 전세로 옮겨 다니면 된다고 말하는 사람도 있을 것이다. 하지만 집값과 전세금이 폭등한다면 어쩔 수 없이 변두리 지역으로 갈 수밖에 없다.

7억 원짜리 34평 아파트의 전세가 5억 원이라고 가정해 보자. 내가 갖고 있는 돈은 3억 원뿐이다. 당신은 어떤 결정을 할 것인가? 2억 원을 전세자금 대출받아 5억 원짜리 전세를 살 것인가? 아니면 담보 대출을 받아 집을 살 것인가? 월세로 거주하며 종잣돈을 투자할 생각은 없는가? 대부분의 사람들은 전세로 사는 쉬운 선택을 할 것이다.

34평이 비싸다면 조금 현실적인 방법으로 평수를 줄여서라도 집을 사는 것이 좋다. 전세대출을 받는 것보다 평수가 작아도 내 집을 마련하는 것이 먼저다. 부담스럽다면 3억 원의 자본금 중 2억 원은 투자금으로 두고 1억 원으로 월세는 사는 것도 방법이다.

내 자본금 3억 원으로 전세를 살면 자금은 절대 불어나지 않는다. 하지만 1억 원 미만으로 월세를 산다면 2억 원을 투자금으로 사용해 자산을 불릴 수 있다. 2억 원으로 1채를 사서 몇천만 원이라도 오른다면 최소 2~4년 후 나의 자산은 3억 원이 아닌 3억 원+α로 늘어난다.

집값 상승 속도는 임금 상승 속도보다 훨씬 빠르다. 기왕 마음먹었다면 조금이라도 빨리 집을 마련하자.

주거와 투자를 분리하라

내 집 마련을 할 때는 아이가 다닐 학교도 생각해야 한다. 많은 사람들이 자주 하는 질문이 있다.

"투자 가치도 있고, 아이를 키우기에도 좋은 곳은 어디일까요?" 사실 가장 대답하기 어려운 질문 중 하나다. 돈에 맞추자니 투자 가치는 높지만 주변 환경이 좋지 않고, 주변 환경이 좋으면 자금이 부족하다.

주거를 위해서는 주변 환경이 깨끗하고, 교통과 교육, 인프라가 두루 갖춰져야 한다. 자금 여유가 있다면 주거 환경과 투자 가치를 모두 충족하는 곳을 선택할 수 있다. 하지만 자금이 적을수록 그런 곳을 찾기가 쉽지 않다. 적은 금액에 맞춰 추천해주면 십중팔구 만족하지 않는다. 따라서 주거와 투자는 분리해야 한다.

서울에 거주하는 지인이 투자 가치가 높은 곳으로 이사하고 싶은데 어디가 좋을지 조언해 달라고 부탁했다. 당시 저평가되어 있고 사람들이 눈길을 주지 않았던 청량리 역세권 구축 아파트를 추천해 줬는데, 며칠 후 '노(NO)'리는 답변이 돌아왔다. 상승할 곳이라는 것은 알지만 예전의 나쁜 이미지가 너무 강해 막상 아이를 키우기는 어려울 것 같다는 이유였다. 8·2부동산대책 이후에 청량리, 전농동, 용두동은 저평가 지역으로 집값이 급등하면서 미디어에 쉼 없이 노출되었다.

이처럼 주거와 투자를 분리해서 생각하지 않는다면 2가지 조건을 모두 충족하는 곳을 찾다가 결국 좋은 타이밍을 놓치기 쉽다. 자금이 적을 때는 투자와 주거를 분리해야 훨씬 신속하게 결정할 수 있다.

월세를 살면서 투자하라

2015년 나는 둘째를 출산한 이후 신혼 때부터 살던 염창동 아파트를 매도하고 신도림 30평대 아파트로 이사했다. 매매나 전세가 아닌 반전세, 즉 1억 원에 110만 원의 월세였다. 왜 그랬을까? 공격적으로 투자할 자본금을 만들기 위해서였다.

신도림은 지하철 1·2호선이 있는 역세권인 데다 광역버스도 많이 다녀 교통망이 좋은 지역 중 하나다. 회사도 영등포역 부근이라 지하철로는 2정거장, 버스로는 3정거장이었다. 거주하기 좋은 조건이었지만 아파트 시세 상승률이 크지 않아 매수는 보류했고, 상승률이 큰 아파트로 이사하자니 돈이 부족했다. 그래서 고심 끝에 거주하는 집에는 최소한의 자금(월세)만 묶어놓고 매도한 아파트 자금으로 서울 도심에 있는 분양권과 작은 평형의 재건축 조합원 물건을 매수하기로 결정했다. 월세로 살고 있는 아파트의 매매 상승 가격보다 분양권이나 재건축 조합원 물건이 훨씬 더 많이 올랐다. 구축 아파트를 샀다면 이만큼의 수익을 볼 수 없었을 뿐만 아니라 뜨거웠던 서울의 투자 시장을 경험해 보지도 못했을 것이다.

　그때 월세로 사는 나를 안타까워하는 사람들이 많았다. 하지만 자본금이 없을수록 재투자를 끊임없이 해야만 자산을 빨리 늘려갈 수 있다. 재투자를 계속하는 동안에는 매수와 매도를 반복하는 번거로움이나 불필요한 지출을 줄여가면서 생활하는 것을 힘들어해서는 안 된다. 양도세를 아까워하거나 부담스럽게 생각해서도 안 된다. 물론 적응하기까지 처음에는 조금 힘들 수도 있다. 하지만 아무것도 투자하지 않고 편하게 사는 사람보다 그만큼 더 큰 여유를 일찍 경험할 수 있다.

　투자금을 3천만 원에서 5천만 원, 5천만 원에서 1억 원, 1억 원에서 3억 원, 5억 원으로 계속 늘려가야 한다. 자금이 부족한 초기에는 전세금을 레버리지로 이용하거나 시세 상승분으로 투자 흐름을 만들어주는 것이 가장 안전한 투자법이다. 그렇게 늘어난 투자금으로 신축 아파트, 새 아파트 분양권이나 재건축, 재개발 상품에 투자한다면 투자 가치가 높은 새 집도 얻고 투자 성과도 톡톡히 거둘 수 있다. 처음에 종잣돈을 만들기가 힘들지 불어난 종잣돈을 더 크게 늘리는 데는 오래 걸리지 않는다.

　9·13부동산대책 이전에는 주택을 2년만 보유해도 양도세 비과세 혜택을 받았다. 하지만 지금은 양도세 비과세 혜택을 받기 위해서는 보유+거주의 조건이 필수다. 주택 소유를 할 때 가장 좋은 방법은 실거주하는 것이고, 자금이나 다른 상황이 여의치 않을 때는 과감하게 투자와 주거를 분리해야 한다.

　적극적으로 투자하는 사람만이 결실을 맛볼 수 있다. 처음 농사를 시작할 때는 당연히 힘들다. 하지만 밭에 씨앗을 뿌리고 물을 주며 열심히 키우면 예쁘고 싱싱한 열매가 주렁주렁 매달린다.

　포기하지 않고, 미루지 않고, 하루라도 빨리 내 집 마련을 한다면 머지않은 미래에 큰 자산으로 돌아올 것임을 의심하지 말아야 한다.

주택을 거래하려면 등기부등본을 반드시 확인해야 한다. 전세나 월세 계약을 할 때 집주인이 집을 담보로 대출을 얼마나 받았는지 확인할 필요가 있기 때문이다. 담보대출을 받았다면 근저당이 설정되어 있고 채권최고액으로 표시된다. 채권최고액은 보통 대출받은 금액의 120퍼센트 정도로 설정된다. 예를 들어 대출금이 1억 원이면 채권최고액은 1억 2천만 원으로 명시된다.

전세나 월세를 위한 계약 말고도 내가 사고 싶은 아파트나 건물의 등기부등본을 떼어볼 수 있다. 전 주인이 얼마를 주고 샀는지, 대출금은 얼마인지, 일정 기간 시세가 얼마나 올랐는지를 확인할 수 있다. 등기부등본은 누구나 조회 가능하다(열람 700원, 발급 1천 원).

1. 대한민국 법원 인터넷 등기소 접속(http://www.iros.go.kr)

대한민국 법원 인터넷 등기소 홈페이지

2. 부동산 구분 : 아파트 → 집합건물

　　다가구·단독주택 → 토지+건물

3. 등기부등본 발급 후 [갑구]와 [을구] 확인

　　[갑구] 실제 소유자와 동일 인물인지 확인한다.

　　소유권과 관련된 사항, 소유권 이전일, 등기일, 권리자 및 권리자의 주소

　　[을구] 전세금, 대출금처럼 저당권, 전세권, 지역권, 지상권 등의 권리가 나와 있다.

　　처음 등기가 나온 후부터 현재까지 해당 주택의 구매 이력을 볼 수 있다.

근저당 : 앞으로 생길 채권의 담보로 저당권을 미리 설정하는 행위. 저당권은 채무자가 채무를 이행하지 못할 때를 대비해 미리 특정 부동산을 담보물로 저당 잡은 채권자가 다른 채권자보다 우선해서 그 담보에 대해 변제받을 수 있는 권리를 말한다.

채권최고액 : 근저당권으로 담보되는 채권은 현재 또는 장래에 발생할 채권으로, 일정한 금액의 한도를 설정하는 것을 채권최고액이라고 한다. 채권최고액은 실제 채권보다 20~30퍼센트 높게 설정되는데, 대출받은 자가 이자를 연체하거나 채무액을 변제하지 못할 때를 대비해 은행에서 높게 설정한 것이다.

살 때부터
팔 때를 생각하라

실패는 성공의 전제 조건이다. 빨리 성공하고 싶다면
실패율을 2배로 높여라.
― 브라이언 트레이시

부동산 투자의 시작은 매수, 끝은 매도

서울에서 부산까지 자동차를 몰고 간다고 생각해 보자. 길도 모르고 얼마나 걸릴지도 알 수 없다면 도착할 때까지 결코 마음이 편하지 않을 것이다. 그에 반해 내비게이션의 안내를 받는다면 부산까지 소요 시간, 도착 시간, 어떤 경로로 가야 하는지를 확인할 수 있다. 여정에 대한 어떤 가이드도 없이 무작정 출발하는 것보다 훨씬 빠르고 편안하며 안정적인 여행길이 될 수 있다.

지하철을 이용하기 전에 어느 역에서 환승해야 하는지, 몇 시에 도착하는지, 빠른 환승을 위한 출구를 알고 가는 것과 모르고 가는 것은 천지 차이다.

부동산 투자도 여행과 마찬가지다. 교통 호재나 신설 역세권 개통 시기, 재개발이나 재건축 이주 수요, 주변 공급 물량의 시기나 세대 수, 인구 유입 여부를 매수 전에 반드시 확인해야 한다. 수요가 많은 곳은 안정적인 상승이 있기 때문이다.

투자의 목적은 매수와 매도를 통해 시세차익을 최대치로 끌어 올리는 것이다. 즉, 저렴하게 사서 시세에 팔아야 한다. 보통 무릎에 사서 어깨에 팔라고 하는데, 무릎과 어깨가 어디인지 알 수만 있다면 투자에 성공할 수 있다. 부동산 투자를 전략적으로 생각하지 않는다면 생각보다 많은 이익을 남기지 못한다.

집을 사기는 너무나 쉽다. 마음에 드는 물건을 골라 잔금을 치르기만 하면 된다. 하지만 매도는 매수만큼 쉽지 않다. 가격이 상승할 때는 더 오를 것 같아서 팔지 못하고 가격이 떨어질 때는 과거의 시세에 집착한 나머지 매도하지 못한다. 집을 팔아야 투자금을 회수하고 수익금을 챙길 수 있다. 부동산에 매물로 내놓지만 나가지 않을 수도 있고, 자신이 예상했던 금액보다 시세가 낮아질 수도 있다. 철저한 계획이 없다면 터무니없이 많은 양도세가 발생하기도 한다.

부동산 투자의 시작은 매수이고 끝은 매도다. 매도를 통해 시세차익을 얻는 것, 아니면 적정한 시기에 매도하여 손실을 보지 않는 것이다. 매도를 끝으로 해당 매물에 대한 투자가 끝이 난다.

수익이 많이 났다 해도 매도를 끝내야 진짜 수익이 내 손에 들어온다. 수익이 났더라도 매도 시기를 놓치면 나의 소중한 투자금이 묶일 수도 있다. 매도를 통해 급한 자금을 마련해야 할 때 이런 곤란한 상황이 발생하게 마련이다. 매도 시점은 굉장히 중요하다. 무턱대고 보유 수를 늘리는 것은 진정한 투자가 아니다.

매수 전에 지역의 호재나 나의 자금 상황, 세금 문제를 정확히 파악해서 투자를 결정해야 한다. 소액으로 투자하더라도 매도 시점을 생각하고 최고의 수익률을 안겨줄 수 있는 것을 선택해야 한다. 특히 1주택자뿐 아니라 다주택자일수록 계산은 더욱 복잡하다.

매도가 잘되는 부동산을 파악하는 것만으로도 큰 고민을 덜 수 있다. 어떻게 알 수 있을까? 매도가 잘된다는 것은 꾸준한 매수 수요가 있다는 것이다. 부동산 시장 불황기에도 꾸준히 거래됐는지, 전세가가 올랐는지 확인해 봐야 한다. 이것은 국토교통부의 실거래가로 확인할 수 있다. 보통 전세가가 꾸준히 오르는 곳은 교통이 편리한 지하철 역세권이나 학군이 좋은 곳이다.

아파트의 실제 수요는 전세가를 보면 더 정확히 알 수 있다. 전세금이 불어난다는 이야기를 들어본 적이 있는가? 세입자는 전세금을 불리기 위해 투자하는 사람이 아니다. 절대적인 필요에 의해 유입되는 실수요자다. 이들은 실제 거주를 목적으로 편의시설이 많은 역세권을 선택한다. 하지만 이런 아파트는 대체로 전세 물량도 적고 전세금도 꾸준히 상승한다. 이런 것을 실거래가로 미리 확인한다면 사람들이 선호하는 곳임을 알 수 있다.

비로열동, 비로열층도 다시 보자

가장 바람직한 아파트 투자 방법은 로열동과 로열층이다. 이런 아파트는 같은 단지라고 해도 가격이 조금 더 비싸다. 대체로 '남향, 고층, 채광, 전망, 소음, 역과 가까운 동'이다. 이런 조건을 충족하는 물건은 수요자들이 많고 가격은 올라간다. 수요는 환금성과 비례하기 때문이다.

같은 단지라고 해도 로열동, 로열층의 가격이 조금 더 비싸다. 분양가 차이는 크지 않더라도 입주 뒤에는 생활의 편의성뿐 아니라 로열동 호수 여부에 따라 집값 차이가 생기게 마련이다. 당연히 자금 여유가 있는 사람은 조금 비싸더라도 수요가 많고 인기 있는 로열동, 로열층을 사는 것이 정답이다.

부동산 시장이 호황일 때는 엄청난 속도로 가격이 상승하기 때문에 로열동과 로열층뿐만 아니라 비로열동과 비로열층까지 매매가 잘된다. 그때는 없어서 못 산다는 표현이 맞을 듯하다. 하지만 문제는 불황일 경우다. 더 떨어질지도 모른다는 불안감에 매수자가 호황기에 비해 눈에 띄게 줄어드는 것이 사실이다. 매수자는 10명인데 매물이 100개라고 생각해 보자. 어떤 선택을 하겠는가? 조건을 따져보고 가장 좋은 상품을 고르지 않겠는가? 역시 부동산은 환금성이다. 매물이 넘쳐나고 선호하는 조건의 매물이 많이 나올 때 골라야 한다.

하지만 우리가 생각하지 못한 예외적인 상황은 늘 존재하게 마련이다. 어떤 것을 꼽을 수 있을까? 바로 1층이다. 1층은 밖에서 안이 들여다보이는 사생활 침해, 습기, 냄새, 겨울의 하수관 역류, 엘리베이터 소음이 단점이다.

하지만 호황기에는 많은 사람들이 1층 매수에 대해 묻곤 한다. 아파트 가격 상승에 대한 기대로 비로열층이든 로열층이든 매물은 하나도 없는데, 가격은 천정부지로 오르기 때문이다.

하지만 요즘 새 아파트는 거의 필로티 방식으로 1층이라고 해도 2층 높이거나 3층 높이만큼 올라가는 곳도 많다. 3.6~10미터 높이도 있다. 이런 경우 사생활 침해 걱정에서 벗어날 수 있다.

또 어떤 문제가 있을까? 채광이다. 대개 앞 동에 가려 일조권이 침해되지만, 단지 맨 앞에 배치된 전면 동의 1층은 햇빛을 많이 받을 수 있다. 요즘 아파트를 구매하는 사람들은 조경을 굉장히 중요시하는데 건설사는 그런 수요자의 니즈를 파악해 1층의 조경을 신경 쓴다.

앞이 막히지 않은 1층이나 조경이 잘되어 있는 아파트의 1층은 채광을 걱정하지 않아도 된다. 정원 뷰라고 해서 초록색 나무를 보면서 살고 싶은 수요층도 분명 있다. 아이를 키우는 집은 층간 소음으로 인해 1층이나 필로티가 있는 2층을 선호하는 추세다. 또는 엘리베이터가 고장 났을 경우를 염두에 두는 사람들은 저평가된 저층을 선호한다. 1층을 무조건 투자 후보에서 제외해서는 안 된다. 수요층이 예전보다 많아졌기 때문이다.

큰 시세차익을 얻으려는 욕심만 없다면 1층 아파트를 구입해 적은 금액으로 투자할 수 있다. 어르신 부부나 아이들을 키우는 집의 수요는 꾸준히 있기 때문에 전세가가 강할 수도 있다.

결국 매매가는 낮고 전세가는 높아 적은 자금으로 투자가 가능하다. 당분간 보합이나 관망세가 예상되는데, 가격이 크게 오르지는 않아도 전세금을 이용해 투자 금액을 회수하는 방법도 있다.

2015년 지인이 서울의 역세권 아파트 단지에 청약이 당첨되었다. 하지만 당사자는 기뻐하지 않았다. 1층이었기 때문이다. 채광이나 사생활 침해 등과 같은 이유로 고민하다가 결국 포기했다. 분명 상승장에서 새 아파트 분양권은 비로열동 비로열층이라도 훌륭한 전략이 될 수 있었는데 말이다. 단지 전체의 시세가 올라가는데 1~2층만 프리미엄이 생기지 않을 수는 없다. 포기한 그 아파트의 프리미엄은 이미 5억 원이 넘었다.

가격 상승기에는 어떤 매물을 부동산에 의뢰해도 모두 팔린다. 하지만 2019년부터는 서울 및 수도권 아파트 가격이 급상승하지 않고, 크게 하락하지도 않는 강보합이 될 것이다. 양도세 중과, 임대주택등록으로 많은 매물이 나오지도 않고 대출 규제로 쉽게 살 수도 없다. 큰 흐름으로 생각한다면 지금부터 구입하는 매물은 이왕이면 로열단지, 로열동, 로열층을 저렴하게 구입할 수 있는 기회로 생각하고 접근하는 것이 좋다.

경제적으로 여유로운 부부가 사이도 좋다

"백지장도 맞들면 낫다"는 속담이 있다. 아무리 쉬운 일도 서로 힘을 합하면 훨씬 더 쉽다는 뜻이다. 종이 한 장도 같이 들면 더 낫는데, 적게는 수천만 원 많게는 수억 원이 들어가는 부동산을 부부가 같이 의논한다면 얼마나 더 큰 시너지가 나겠는가.

결혼하면 부부가 함께 재테크를 하는 것이 가장 좋다. 두 사람 다 부동산 재테크에 관심이 많다면 빠른 시간 내에 경제적 자유를 누릴 수 있다. 하지만 처음부터 뜻이 맞는 부부는 많지 않다. 내 주위의 자산가들은 모든 가계 수입과 지출은 기본이고 자산 관리에 대한 모든 것을 부부가 공유하고, 부부 사이도 좋다.

우리 부부도 처음부터 뜻이 같았던 것은 아니었다. 남편은 내 집 1채와 안정적인 직장만 있으면 된다고 생각했던 사람이었다. 반면 나는 공격적인 투자 성향을 갖고 있었다. 그래서 무리하지 않는 선에서 적극적인 대출을 이용해 자산을 크게 늘리고 싶었다. 하지만 부동산 투자에 부정적인 남편에게 아쉬운 소리를 하지 않으려니 항상 투자금이 모자랐고, 투자 실패에 대한 부담이 컸다. 그래서 남편을 투자 동지로 만들기로 결심했다.

이런 경우 신뢰할 수 있는 배우자가 되기 위해 많은 노력이 필요하다. 매일 신문과 책을 보면서 경제를 논하고, 종잣돈 만들기에 집중하고, 투자할 지역에 대해 브리핑할 수 있는 수준으로 실력을 업그레이드하면 조금씩 믿어줄 것이다. 한 번씩 부동산중개사무소에 같이 방문해서 분위기도 살펴보고 공인중개사와 함께 상담하면 더욱 효과적이다. 그사이 자신도 충분히 공부하고 자금도 마련해 두었기 때문에 안정적인 투자도 가능하다. 가장 확실한 방법은 성공적인 투자 사례를 보여주는 것이다. 결과만큼 중요한 것이 없다.

나는 투자할 때마다 완벽한 브리핑으로 남편의 동의를 얻는다. 처음 투자한 곳에서 1년 만에 9천만 원을 벌었던 것이 터닝포인트가 되었다. 우리 부부에게 9천만 원이란 5년 동안 적금한 금액과 비슷했기 때문이다. 결국 5년의 시간을 번 것이었다. 역시 첫 단추를 잘 끼워야 한다.

'우리 순자산 00억이 되면 뭘 할까? 몇 년 후에 월수입이 이 정도는 되겠지? 이번 부동산 투자로 이만큼은 벌 것 같아'라고 한 번씩 이야기해 주는 것도 효과적이다. 피부에 와 닿는 이야기를 조금씩 풀어간다면 자연스럽게 관심도가 높아질 것이다. 지금 우리 부부는 협업 시스템을 갖췄다. 내가 투자처를 선정하면, 남편은 자연스럽게 자금 일정과 계약서 내용을 파악해 실수할 수 있는 부분을 철저히 줄여나간다.

아직도 대한민국은 남자가 가장이다. 보편적으로 아내보다 남편의 월급이 더 많고, 그만큼 더 많은 대출을 받을 수 있다. 전업주부라면 더욱더 전폭적인 남편의 지지가 필요하다. 매월 일정하게 들어오는 월급이 있기 때문에 부동산 투자도 할 수 있다.

요즘 맞벌이 부부는 각자 월급을 관리한다고 하는데, 부동산 투자든 적금이든 각자 재테크를 하는 것이 더 손해다. 부자가 되는 속도가 현저히 느려진다.

1+1=100

마트에 가면 항상 1+1에 눈길이 간다. 같은 가격으로 2개를 살 수 있으니 가성비가 높은 것이다. 재테크도 가성비를 높여야 한다. 부부가 같이 한다면 투자금 마련이 쉬울 뿐만 아니라 대안과 선택지도 다양하다. 1인당 3천만 원씩 모았다고 가정해 보자. 각자의 종잣돈은 3천만 원이지만 둘이 합하면 6천만 원이다. 3천만 원보다는 6천만 원으로 투자할 곳이 더 많다. 종잣돈이 클수록 투자처도 많아지고 수익은 더 커진다.

대출도 마찬가지다. 연봉 3천만 원인 아내 혼자 대출받아 투자하는 것보다 연봉 5천만 원인 남편도 같이 대출을 받아 종잣돈+대출금으로 투자를 시작해야 한다.

부동산 투자로 종잣돈을 마련하는 방법도 있다. 1억 원을 만들 때까지 시간이 많이 걸리기도 하고, 그 사이 아파트 가격이 오르면 아무 소용 없다. 3천만 원으로 5천만 원을 만들 수 있고, 6천만 원을 투자해서 1억 원을 만드는 방법도 있다. 부동산으로 투자 금액을 늘리는 것이다.

종잣돈이 2천만 원밖에 없다며 상담을 요청한 지인이 있다. 월급이 적어 투자할 여력도 없는데 월세를 살고 있어서 2년마다 재계약을 앞두고 스트레스가 심하다고 토로했다. 돈을 불리고 싶지만 방법이 없어 답답하다는 것이었다.

나는 내 집 마련부터 시작하라고 조언했다. 지금 살고 있는 지역에서 작은 평수라도 실제 거주할 집 1채를 마련한다면 월세를 올려줄 걱정을 하지 않아도 되고, 몇 년간 살다 보면 시세차익도 볼 수 있으니 조금 더 큰 평수로 옮겨 갈 수 있다고 말이다. 다행히 월세보증금 2천만 원과 적금 2천만 원을 보태 주택담보대출을 최대한 받아 성남시 역세권에 집 1채를 마련했다. 그리고 1년 후 그 집의 시세는 매수했을 때보다 2천만 원이나 올라 있었다. 2~4년에 한 번씩 '종잣돈+시세차익금+적금'으로 갈아탄다면 종잣돈이 눈에 띄게 커질 뿐 아니라 2017년에 분양한 산성포레스티아처럼 프리미엄이 상승할 성남의 신규 분양 아파트도 노려볼 만하다. 자금이 커질수록 투자처는 더욱 다양하다.

비슷한 시기에 전업주부인 지인이 또 상담을 요청했다. 현재 자산이 1억 8천만 원이고 외벌이로는 적금을 모으는 데도 한계가 있어 아파트로 재테크를 하고 싶다는 것이었다. 하지만 서울은 너무 많이 올라 고민이라고 했다. 서울이 아닌 수도권 신도시의 새 아파트와 서울의 오래된 초소형 아파트 중에 고민이 많았다고 했다. 하지만 막상 그 금액에 맞는 서울의 아파트를 가보니 재건축을 앞둔 17평이거나 서울의 끝이라서 선뜻 엄두가 나지 않는다고 했다. 다행히 그분의 남편은 부동산 투자에 적극적이었다.

나는 지금은 저평가되어 있지만 가치가 크게 상승할 장위뉴타운을 꼽았고, 시세보다 2천만 원 저렴하게 나온 물건을 추천해 주었다. 2개월 후 입주 예정으로 4억 6천만 원이 채 되지 않았다. 조금 부족한 돈은 남편 회사의 직원 대출과 신용대출을 받아 잔금까지 잘 치를 수 있었다. 1년이 지난 지금은 시세가 7억 원 가까이 형성되어 있다. 분양권 투자 중 가장 좋은 것이 뉴타운에서 첫 번째로 분양한 단지에 투자하는 것이다. 2018년 분양이 예정되어 있는 단지만 해도 2개 정도이고 입주를 앞둔 단지도 2개 있다. 앞으로 상승 여지가 더 큰 지역이다.

그분은 부동산 투자에 적극적인 남편 덕분에 대출도 쉽게 받을 수 있었고, 급매로 나온 좋은 물건을 바로 내 것으로 만들 수 있었다. 이 부부는 현재 부자가 되기 위한 목표를 시각화하며 주기적으로 자산을 체크하고 다음에 옮겨 갈 지역에 대해 열심히 공부하고 있다.

가장 중요한 것, 공감과 대화

가장 중요한 것은 부부간의 대화다. 종잣돈 마련과 대출 가능 금액, 투자 지역을 서로 머리를 맞대고 고심한다면 혼자 움직이는 것보다 훨씬 더 좋은 결과를 이끌어낼 수 있다. 부동산 투자를 하다 보면 자금 사정이 원활하지 않을 때가 있다. 이런 것을 동맥경화에 빗대어 '돈맥경화'라고 한다. 그럴 때도 부부가 서로 도움을 받으면 한결 수월하게 헤쳐나갈 수 있다.

혼자보다 부부가 같이 움직일 때 적은 종잣돈으로도 더 크게 불려나갈 수 있다. 부부는 부동산에 관해 모든 것을 공유하면서 함께 부채를 관리하고 자산을 늘려나가야 한다. 같은 목표를 향해 나아가는 부부야말로 인생 최고의 베스트 프렌드다.

부부가 함께 투자나 자산 관리를 하면서 전혀 문제가 없을 수는 없다. 목표는 같지만 서로가 추구하는 방법에서 견해 차이를 보이는 것이다. 신혼 때부터 대화하는 습관을 들이고, 둘 중 한 사람이 리더가 되어 이끌어나가고 다른 한 명은 보조를 맞춰준다면 최강의 파트너십을 보여줄 수 있다.

간절함과 실행력만 있다면 얼마든지 당신도 부자가 될 수 있다. 이 책을 읽고 있는 많은 부부들 중 꿈으로 가득 찬 많은 부자가 나오길 기대한다.

부록

부자에게는
특별한 것이 있다

부자가 될 수밖에 없는 이유 1
긍정의 힘

지금 있는 곳에서 자기가 가진 것으로 할 수 있는 일을 하라.
– 시어도어 루즈벨트

부자, 도대체 누구인가

부동산 투자를 하면서 가장 크게 의지했던 것은 독서였다. 부동산 투자를 할 때나 책을 쓸 때나 사람으로 인해 힘들 때, 일이 잘 풀리지 않을 때, 불안할 때 등 마음을 다스리기 위해 많은 노력을 했다. 사람의 마음이 생각처럼 된다면 얼마나 좋을까? 열정을 갖고 진행하다가도 힘들면 포기하고 싶고, 과연 잘해 낼 수 있을지 의심이 들기도 한다.

나는 부자들과 자수성가한 사람들의 책을 읽으며 그들을 따라 하곤 했다. 3년이 지난 지금 인생의 목표나 살아가야 할 방향에 대해 생각이 많이 바뀌었다. 욕심내지 말고 차근차근 천천히, 꾸준히, 행복한 삶을 살기 위해 나아가야 하는 것이라고 말이다. 이런 선한 마음과 꾸준함, 열정이 잘 어우러질 때 부자가 될 수 있는 길이 환하게 열린다.

'부자'의 사전적 의미는 '재물이 많아 살림이 넉넉한 사람'이다. 우리는 막연히 원하는 모든 것을 사고, 몸에 좋은 음식만 먹고, 하고 싶은 것은 무엇이든지 하는 부자가 되기를 원한다. 하지만 가슴 깊은 곳에는 부자에 대한 인식이 썩 좋지만은 않다. 부자와 돈을 금수저, 유산, 과시, 허세, 졸부와 같은 부정적인 단어와 연관 짓기 때문이다. 그러고는 이렇게 합리화한다. "돈이 없다고 부끄러워할 일이 아니야. 사랑과 행복만 있어도 충분해. 행복은 돈으로 살 수 없어. 그냥 편하게 살 정도만 있으면 돼."

어릴 때부터 무의식중에 부자나 돈을 부정적으로 인식했을 가능성이 크다. 평생 일했지만 일군 자산은 별로 없거나, 투자해도 손실만 보고, 빚도 있고, 돈을 많이 벌려고 애쓰지만 점점 더 돈과는 멀어지기만 하는 가족과 지인을 보면서 말이다.

드라마에 나오는 졸부들을 보면서 이런 인식이 형성되었을 수도 있다. 우리는 보고 싶은 것만 보고, 믿고 싶은 것만 믿는다. 하지만 잘못된 인식일 수 있다.

사람들은 돈을 많이 벌고자 하는 꿈을 꾸기보다 항상 돈 걱정에 시달린다. 하지만 부자라는 것은 어떤 과정의 결과일 뿐이다. 노력, 선택, 실행이 더해져 우리의 인생이 결정되는데, 부자도 그중 하나다. 우리는 막연하게 부자를 부러워하기만 할 뿐 그들이 부를 이루기 위해 어떤 노력을 했는지는 간과한다. 부자라서 당연히 돈을 잘 벌었을 것이고, 부자라서 당연히 성공했을 것이라고 생각한다. 부정적인 마음은 '내가 그렇게 할 수 없다'는 자존감의 결여와도 연관되기 때문에 돈에 대한 긍정적인 마인드를 가지는 연습을 해야 한다. 긍정적인 시각으로 보면 긍정적으로 보이고 부정적인 시각으로 보면 부정적으로 보인다.

돈을 벌고 싶은데 저축으로는 한계가 있다며 부동산 투자 방법에 대해 물어보는 사람들이 많다. 언뜻 의지가 가득한 것 같지만 몇 마디 이야기해 보면 부정적인 생각으로 가득 차 있다. '집값이 떨어지면 어떻게 하죠', '제가 어떻게 그렇게 하겠어요', '그때는 좋은 시기라서 돈을 벌 수 있었겠죠', '저희 집(친정 또는 시댁)에서는 도움을 주지 않아요' 하고 안 되는 이유만 늘어놓는다. 부정적으로 생각하고 있는데 긍정적인 결과가 나올 수 있을까? 기적은 기적을 믿을 때 비로소 이루어진다. 심지어 부동산 투자는 기적도 아니다. 본인만 노력한다면, 부지런히 움직이기만 한다면, 얼마든지 성공을 거둘 수 있다.

돈 때문에 고통을 받는다고 생각해 보자. 카드 대금을 납부하기 위해 주위 사람들에게 돈을 빌리고, 금쪽같은 아이들이 충분히 교육받지도 못하고, 노후에도 일을 해야 한다면 어떤가.

'부'에 대해 생각하지 않는다면 힘들고 고단한 현실이 생각보다 빨리 다가올 수 있다. 하지만 된다고 생각한다면 우리의 미래는 얼마든지 꽃길이 펼쳐질 수 있다. 자신감 없고 두려움이 앞서는 스스로를 매일 아침 다독여야 한다.

스스로 주문을 걸어라

'나는 누군가가 필요로 하는 위대한 가치를 갖고 있고 내 능력은 최고다', '나는 모든 것을 할 수 있다', '나는 모든 상황을 이긴다', '나는 부자가 될 충분한 자격이 있다', '돈은 항상 우리 곁에 있다', '돈은 원하면 언제든지 벌 수 있다', '모든 것은 마음먹기에 달렸다'.

의지력에는 아주 신비하고 강력한 힘이 있다. 우리는 자신이 믿는 대로 뭐든 할 수 있는 존재다. 부정적으로 생각하면 삶이 부정적으로 변하고, 긍정적으로 생각하면 삶이 긍정적으로 변한다. 우리의 뇌는 생각하는 것이 진짜인지 아닌지 구분하지 못한다. 그저 생각하는 대로 명령할 뿐이다. 내일 아파트를 계약하는 사람이 '이 아파트를 사는 것이 맞을까?'라고 걱정한다면 그 사람의 뇌는 온갖 정부 정책, 금리 인상 등 부동산이 하락하는 상황만 떠올린다. 그 순간 자신감이 떨어지고 걱정부터 앞선다. 하지만 반대로 '난 반드시 부동산으로 성공할 거야. 여유 있는 삶으로 행복 전도사가 될 거야'라고 생각하는 사람은 부동산 투자에 성공하는 상상을 하며 부족한 점을 채우기 위해 온갖 노력을 다할 것이다. 스스로 한계를 정하는 사람은 의지력에도 한계가 설정되어 더 이상 좋은 방향으로 생각할 수 없다. 아무도 나의 한계를 한정 짓는 사람은 없다.

부정적인 생각을 떨치고 긍정적인 마인드를 가지는 것이 중요하다. 자신이 뭐든지 할 수 있는 존재라고 믿어야 한다. 긍정적인 마인드는 비록 눈에 보이지 않지만 분명히 큰 힘을 발휘한다.

나는 다행히 초긍정주의자다. 어차피 잘될 일이라고 생각하면 생각이 더 유연해진다. 힘든 상황에서도 반드시 좋은 쪽으로 잘 해결될 것이라고 생각했고, 돈이 없을 때도 반드시 부자가 될 수 있을 거라고 생각했다. 불안감과 초조함, 두려움을 바로 다스리지 않으면 자신감을 잃고 다음 도전에서도 실패할 확률이 높다. 비록 실수를 하더라도 다음번에는 같은 실수를 하지 않으리라는 굳은 다짐과 함께 다시 도전할 때는 반드시 성과를 낼 수 있다는 자기암시가 굉장히 중요하다.

간절한 마음으로 생각했을 뿐인데, 매년 적어놓은 나의 목표를 절반 이상 달성한 것을 보면서 긍정적인 마인드가 얼마나 나 자신과 주위 사람들에게 좋은 영향을 끼치는지 깨달았다. 긍정적인 사람은 아무리 심각한 상황에서도 긍정의 힘을 발휘할 수 있다. 주위를 둘러보면 의외로 부정적인 시각을 가지고 살아가는 사람들이 많다. '육아가 너무 힘들어', '몸이 너무 아파', '돈만 많이 벌어오면 좋겠어', '직장 동료는 왜 그러는지 모르겠어'……. 항상 부족하고 항상 힘들다. 상황이 힘들어서가 아니다. 외부적인 이유보다 내부적인 이유가 클 것이다.

긍정적인 마인드는 긍정적인 결과를 가져온다

실패하는 사람들은 언제나 부정적인 생각만 하기 때문에 행복하고 아름다운 것을 만끽하지 못한다. 가족을 위해 일하는 남편에게 '부족해'라는 표현보다는 '정말 고마워'라는 한마디, 마음이 맞지 않는 동료에게 '고생해 준 덕분에 잘 처리됐어요'라는 격려의 말은 큰 힘과 용기를 북돋운다.

내가 이룬 모든 것은 긍정적 마인드에서 비롯되었다. 성공한 많은 사람들은 긍정적으로 생각한다. 돈이 많아서 행복한 것이 아니라 긍정적으로 생각할 수 있어서 진정한 즐거움을 누린다.

부정적인 생각은 더 크게 부풀려져서 나에게 부정적인 결과로 돌아온다. 하지만 긍정적인 생각은 더 큰 행복을 안겨줄 것이다. 아주 작은 생각과 행동은 유기적으로 연결되어 있어 좋은 결과를 만들고 변화를 가져올 것이다. 더 많은 부를 이루고 싶다면 긍정적인 마인드부터 습관화하자.

부자가 될 수밖에 없는 이유 2
목표 설정의 힘

내 입에서 나온 말이 다 인생을 결정하는 것은 아니다.
하지만 자기 자신에게 속삭인 말은 위력이 있다.
– 로버트 기요사키

꼭 이루고 싶은 꿈이, 당신에게 있습니까?

사람들에게 삶의 목표가 있느냐고 물어보면 대부분 '당연히 있다'고 대답한다. 하지만 목표가 무엇이냐고 물어보면 '건강하게 살면 좋겠어요', '예뻐지고 싶어요', '행복하게 살고 싶어요'라고 말한다. 목표는 정확한 시기와 구체적인 내용이 있어야 한다. 그렇지 않은 것은 목표가 아니다. 프랑스의 소설가 생텍쥐페리는 이렇게 말했다. "계획 없는 목표는 한낱 꿈에 불과하다." 계획이 없는 목표는 꿈이자 소망이다. 하지만 안타깝게도 많은 사람들이 소망을 자신들의 목표로 착각하며 살아간다.

내가 주인공으로 사는 나의 인생에서 반드시 이루고자 하는 목표를 설정해야 한다. 간절하게 소망하는 것을 생각하며 궁극적인 목표를 설정하는 것이 성공을 위한 첫 번째 단계다. 그래야 그 목표를 향해 한 발 내딛고 나갈 수 있다. 목표를 정했다면 수치화해야 한다. 어느 정도의 목표를 언제까지 이룰 것인지 구체적으로 정하는 것이다. 정해진 목표를 이루기 위해 해야 할 일을 조금씩 실행해 나가면 자연스럽게 습관이 되어 내가 원하는 미래의 모습을 그릴 수 있다.

구체적인 목표를 가진 사람은 그렇지 않은 사람보다 빨리 성공한다. 구체화된 목표를 정하는 것만으로도 이미 절반은 이룬 것이다.

나는 2년 전부터 '내가 하고 싶은 일', '꼭 이뤄야 하는 일', '해야 하는 일'의 목록을 종이에 적어보았다. 우연히 부동산 투자를 위한 컨설팅을 받았을 때였다. 목표가 무엇이냐는 질문에 나도 모르게 6년 후 순자산 30억 원을 만드는 것이라고 대답했다. 하지만 집으로 돌아오는 길에 얼마나 후회했는지 모른다. '아무도 확인하지는 않겠지만 지키지도 못할 약속을 뭐하러 했을까.' 다시 생각해 봐도 허무맹랑한 목표였다. 하지만 이왕 내뱉었으니 진짜 이루어지면 좋겠다는 생각으로 매일매일 상상했다. '순자산이 30억 원이면 어떤 삶을 살 수 있을까?' 그리고 '한번 해보자'는 마음으로 목표를 세부적으로 나누고, '3년 내 순자산 10억'이라는 말을 하루에 100번씩 써 내려갔다. 그런데 30일이 지나고 50일이 되니 점점 나의 간절함이 강해지는 것이었다. 이것이 끌어당김의 법칙이라는 것을 느꼈다. 목표를 이루는 데 필요한 마인드를 점점 끌어당기면 자연스럽게 목표 지점에 다다를 수 있는 것이다. 그 당시 3억 원 정도였던 나의 자산이 1년이 채 되지 않아 이미 10억 원으로 불어났다. 이후 세 차례 목표를 수정했고 그 모두를 달성했다.

잠재의식의 힘

나의 잠재의식은 잠을 잘 때도 24시간 쉬지 않고 목표를 향해 달려가고 있는 듯했다. 시간이 지날수록 목표를 향한 의지는 더욱 강해졌다. 순자산 10억 원 만들기를 위해 어떤 방법이 있을지, 어떤 부동산에 투자해야 할지, 더 오를 만한 지역이 어디일지, 같은 투자금으로 수익률이 높은 곳이 어디인지에 초점을 맞춰 끊임없이 자산을 불릴 방법을 생각했다.

자신이 생각했던 시기보다 더 늦어질 수도 있고 빨라질 수도 있다. 바로 달성하기 힘든 것은 목표를 세분화해서 기한을 정하고, 정해진 기한 내에 목표를 달성하지 못하면 기한을 조금 수정하면 된다.

하지만 중요한 것은 확실한 목표와 그것을 이루는 시점을 잊지 않는 것이다. 세계 최고의 동기부여 전문가 브라이언 트레이시는 "당신이 어디로 가고 있는지 모른 채 길을 따라간다면, 당신도 모르는 곳에 가 있을 것이다"라고 말했다. 자신이 현재 어느 위치에 있어야 하는지 수시로 점검한다면 빅 픽처를 조금씩 구체화할 수 있다. 목표가 명확하면 목표 지점으로 가는 길을 찾기가 쉽다. 목표 지점만 확실하다면 얼마든지 빠른 길을 찾을 수 있다. 구불구불한 국도보다 고속도로가 더 빠르지 않겠는가. 목표 의식이 뚜렷한 사람이 더 많이, 더 빨리 성취할 수 있다. 시간을 단축하면 더 큰 그림을 그릴 수 있다.

《빅 픽처를 그려라》의 저자 전옥표는 큰 그림, 빅 픽처 안에는 구체적으로 완성해야 하는 조각 픽처가 여러 개 포함되어 있다고 한다. 우선 목표가 분명하면 무엇을 해야 하는지 쉽게 정리할 수 있다. 확실한 방향을 향해 나아가면서 계속 빅 픽처를 바라봐야 비로소 이룰 수 있다는 것이다.

빅 픽처는 '내가 과연 달성할 수 있을까'라는 생각이 들 정도로 큰 목표로 정할 것을 추천한다. 내 삶에서 최고의 가치를 지니는 궁극적인 목표여야 한다. 큰 목표를 위해 계속해서 작은 목표를 조금씩 달성한다면 빅 픽처가 완성될 때까지, 최종 목표 지점까지 지치지 않고 달려갈 수 있다.

목표 지점을 생각하라

목표를 달성하기 위한 방법 중 하나는 도착 지점(시기, 금액)을 미리 정해 놓고 끝에서부터 시작해 보는 것이다. 나는 2016년에 3년 후(2019년) 10억 원을 버는 것을 목표로 삼았다. 그것을 위해 1년에 벌어야 할 돈, 한 달에 벌어야 할 돈을 나눠보았다. 1년에 2억 원을 벌어야 한다는 계산이 나왔다. 그러면 나의 잠재의식이 1년에 2억 원을 벌 수 있는 방법을 반드시 생각해 낸다. 불가능할 것 같아 보이지만 충분히 해낼 수 있다. 간절함만 있다면 얼마든지 가능하다.

종잣돈이 모이기 전까지, 자산이 크게 불어나기 전까지는 지출을 통제하면서 살아야 한다. 1천만 원을 모으고, 또 1천만 원을 모으면 2천만 원이 된다. 처음에는 내가 모은 만큼 자금이 불어난다. 하지만 투자를 시작하면 어느 순간 덧셈이 아니라 곱셈의 방식으로 자산이 늘어나는 것이 부동산이다. 그렇게 1억 원을 만들어놓으면 2억 원이 되고, 2억 원이 5억 원이 된다. 목표를 작게 세분화하여 한 번 두 번 성공하다 보면 자신감도 생기고 자기만의 성공 공식도 생긴다.

생각보다 어렵지 않다. 하지만 많은 사람들이 자신의 의지를 믿지 않고 뚜렷한 목표 없이 살아가고 있다. 자신을 믿지 않는 사람은 결코 목표로 가는 지름길은 발견하지 못한다. 우리는 천천히 부자로 사는 것을 원치 않는다. 빨리 부자가 되는 방법을 터득해야 한다. 70세가 되어 누릴 것인가, 35세에 누릴 것인가? 당연히 늙어서 부자로 사는 것보다 한 살이라도 젊어서 부자로 사는 인생을 선택해야 한다. 조금이라도 더 건강할 때 즐기는 것이 좋지 않겠는가.

어떤 목표든 달성할 수 있다는 자신감이 넘치는 사람에게만 성공의 길이 열린다. 목표를 이뤄나가는 사람은 성취감과 동시에 자존감도 높아진다. 남이 하지 못한 것을 이룬 나는 이미 성공한 사람이다. 빠른 성공도 중요하지만 목표를 위해 어제보다 조금이라도 나은 오늘을 살았을 때 성장할 수 있다. 남들과 비교해서 늦었다고 걱정할 필요도, 조바심을 낼 필요도 없다. 멈추지만 않으면 된다. 포기하지 말고 매일 노력하고 도전하면 반드시 승리할 날이 찾아온다.

매일 나의 간절한 꿈을 글로 적어서 목표를 시각화하자. 그 목표를 나에게로 끌어당기자. 조각 픽처가 달성될 때마다 성취감은 높아질 것이다.

부자가 될 수밖에 없는 이유 3
습관의 힘

함부로 소원하지 마라. 그것이 무엇이든 결국 이루어지리니.
– 율리우스 카이사르

사람은 다 똑같다, 배경이 다를 뿐이다

같은 출발선에서 같은 일을 해도 누구는 성공하고 누구는 실패한다. 같은 자금으로 투자해도 어떤 사람은 이익을 보고 어떤 사람은 손해를 본다. 왜 그럴까? 이 책을 읽는 당신도 남들보다 뒤처진다고 생각하는가? 그래서 의기소침한가? 어느 누구도 더 뛰어나거나 더 똑똑하게 태어나지는 않는다. 다만 그 분야에서 묵묵히 오랜 시간을 투자했을 뿐이다.

성공하는 사람에게는 성공하는 습관이 있고, 실패하는 사람에게는 실패하는 습관이 있다. 세계적인 주식 전문가이자 가치 투자자인 피터 린치는 자신의 성공 비결에 대해 '매일 아침 1시간 동안 주식 동향을 연구하고 분석하는 습관'이라고 말했다. 피터 린치뿐만 아니라 자수성가한 모든 부자들은 아주 작지만 좋은 습관이 인생의 성공을 가져올 수 있다고 이야기한다. 습관만큼 중요한 것은 없다.

나도 몇 년 전까지는 평범한 직장인이었다. 아침 일찍 일어나 회사에 출근하고, 저녁에는 퇴근해서 아이와 함께하는 보통 워킹맘이었다. 하지만 이왕에 사는 것, 한 번뿐인 인생, 성공한 삶을 살고 싶었다. 어제보다 성장한 삶, 더 나은 하루를 느끼고 싶었다. 성공한 사람들의 책을 읽고 그들처럼 따라 한 것 중에 하나가 아침형 인간이 되는 것과 독서를 하는 것, 매일 신문을 보는 것이었다.

성공을 위한 작은 습관을 내 것으로 만들기 위해서는 이미 길들여진 나쁜 습관부터 없애야 한다. 한번 길들여진 습관을 없애기는 생각보다 쉽지 않았다. 나쁜 습관을 없애는 데는 좋은 습관을 들이는 것보다 더 많은 에너지가 필요하다. 나는 오늘 해야 할 일들을 하루 일과 중 최우선 순위로 생각했다. 그리고 어떤 일이 있어도 아침에 일찍 일어나고 매일 빠짐없이 신문을 보기 위해 노력했다. 눈을 뜨기 힘들어도 새벽 3~5시에는 일어나 신문을 보고 책을 읽으면서 하루를 시작했다. 조금 더 자고 싶고, 피곤한 마음에 모든 것을 포기하고 싶을 때도 많았다. 하지만 일찍 일어나서 책을 읽는 날이 늘어날수록 삶을 대하는 태도가 조금씩 달라지기 시작했다. 동시에 부자의 마인드를 깨우치면서 삶의 변화를 원하기 시작했다. 나 자신이 그런 변화를 원했던 시점부터 좋은 습관을 들이기 위해 적극적으로 노력했다.

어떤 행동이든 하루도 빼놓지 않고 한 달 정도 반복하면 습관이 된다. 1년 동안 꾸준히 하면 그 습관을 평생 유지할 수 있다. 좋은 습관이 삼시 세끼를 먹는 것과 같이 자연스러운 일상이 된다면 좋은 기회가 생기고 자신감이 높아질 것이다.

아침에 일찍 일어나는 작은 습관 하나도 얼마나 큰 힘을 발휘하는지 모른다. 미라클 모닝(miracle morning)에 성공했을 때, 하루 일과 중 계획한 것을 모두 완료했을 때, 여유 있게 출근 준비를 할 때, 지각할까 봐 부리나케 나가는 모습은 온데간데없고 활

기찬 아침을 준비할 수 있다. 늦잠을 자서 택시를 타고 출근하는 것과는 천지 차이다. 그뿐이 아니다. 자식은 부모의 거울이라고 했다. 좋은 습관을 가진 부모를 보고 아이들도 따라 하게 마련이다. 아이들도 마찬가지로 일찍 자고 일찍 일어나 하루를 준비하고, 매일 같은 시간에 책을 보고, 규칙적인 생활이 몸에 밸 수 있다.

조금씩 나쁜 습관을 좋은 습관으로 고치면 작은 목표를 하나씩 달성해 볼 수 있다. 그런 경험이 많아질수록 어떤 것도 해낼 수 있다는 자신감이 생긴다. 그럴 때 공부와 투자를 해본다면 분명 눈에 띄는 성과를 낼 것이다.

성공한 사람과 실패한 사람의 유일한 차이가 바로 습관이다. 괄목할 만한 성과를 거두고 행복한 인생을 사는 사람은 자신의 모든 삶에서 더 나은 결과를 이끄는 습관을 가지고 있다. 반대로 실패하고 불행한 사람은 어떤 습관을 들여야 할지조차 모른다.

좋은 습관은 다 잃어도 다시 일어설 수 있는 힘이다

부자가 되기 위해 가장 중요한 포인트는 부자가 될 수밖에 없는 사람이 되는 것이다. 많은 사람들은 부자의 의미를 현금, 저축, 투자와 같은 물질적인 것만 생각한다. 오로지 돈만 좇는 사람들이 아니라 전혀 다른 마음가짐을 가져야 한다. 100억 원, 200억 원을 거머쥐기 위해서는 일반인들과는 전혀 다른 생각과 습관을 가져야 한다.

100억 원을 번 사람은 100억 원을 전부 잃어도 오래 걸리지 않아 그만큼의 돈을 다시 벌 수 있다. 100억 원을 번 시간과 노하우가 쌓여 있기 때문이다. 그들은 부자가 되는 습관을 익힌 것이다. 일단 부자의 자질을 갖춘 사람은 그것을 절대 잊지 않는다. 그들은 처음부터 다시 시작한다고 해도 보통 사람보다 훨씬 빠른 속도로 부를 이룰 수 있다.

먼저 어떤 것을 습관화할 것인지 생각하자. 이 습관이 자신의 삶과 미래 가치를 결정한다. 당신의 좋은 습관은 무엇인가? 반대로 나쁜 습관은 무엇인가? 지금 바로 종이에 적어보자. 나쁜 습관은 줄이고 좋은 습관은 늘리도록 노력해야 한다.

부자가 될 수밖에 없는 이유 4
인맥의 힘

우리 모두는 곤경으로 감쪽같이 위장한 기회들과 만난다.
– 찰스 스윈돌(《삶의 통찰》의 저자)

대한민국의 직장인

한국 사회에서 대다수의 직장인들은 '회식도 업무의 연장'이라고 생각한다. 잦은 회식으로 귀가 시간이 늦는 일이 빈번하다. 의무적으로 참석해야 하는 것은 아니지만, 참여율이 높을수록 외향적일 가능성이 높다. 이런 사람들이 직업에 대한 만족도가 높고 연봉이나 승진 기회도 높은 편이다.

사람을 상대하는 것은 삶에서 아주 중요한 부분을 차지한다. 사교적이거나 대인관계가 원만한 것도 능력이고 성공의 요소가 될 수 있다. 자신의 인맥을 쌓고 잘 유지할수록 성공할 확률도 높고 돈도 더 많이 벌 수 있다. 그 인맥을 통해 전혀 생각지도 않은 곳에서 기회가 만들어지기 때문이다. 인맥을 통해 많은 도움을 받을 수 있고 활동 영역을 넓혀나갈 수 있다. 하지만 중심을 잡지 못하고 무분별하게 사람들을 만나 시간을 소비하면 실속 있는 삶을 살 수 없다. 더 나은 삶, 성장하는 삶을 위해 자신을 중긴 짐김하고 무언가를 갈고닦을 시간이 없는 것이다.

2 : 8의 법칙

이탈리아 경제학자 빌프레도 파레토는 80 : 20의 법칙 또는 2 : 8의 법칙이라고 하는 '파레토의 법칙'을 발견했다. 이것은 전체 결과의 80퍼센트가 20퍼센트에 의해 일어나는 현상을 말한다. 상위 20퍼센트의 사람들이 전체 부(富)의 80퍼센트를 차지한다. 상위 20퍼센트의 고객이 매출의 80퍼센트를 창출하며, 회사가 출시한 20퍼센트의 제품이 80퍼센트의 이윤을 가져온다.

이 법칙대로 말하자면 내가 하는 일의 80퍼센트는 20퍼센트의 일에 의해 결정된다. 인맥과 개인의 삶에 파레토의 법칙을 적용해야 한다. 자신의 인맥 가운데 중요하지 않은 사람과 중요한 사람을 구분할 필요가 있다. 그리고 우리의 삶에 긍정적인 영향을 미칠 중요한 20퍼센트를 선정해 충분한 시간과 정성을 들여야 한다.

모든 사람의 시간은 한정적이고 유한하다. 누구에게나 하루 24시간, 1년 365일이 주어진다. 모든 사람들과 친분을 유지하기보다 주요 인물에 더 많은 시간을 들여야 적은 노력으로 최대의 효과를 볼 수 있다. 80퍼센트의 시간을 20퍼센트의 주요 인물에 쓰는 것이다.

어떤 사람들을 만나야 할까? 같은 목표, 같은 꿈을 가진 사람들로 구성된 모임에 들어간다면 더 열심히 일하게 되고, 선의의 경쟁을 하게 될 것이다. 당신이 어울리는 사람들 5명의 평균이 바로 당신 자신이라고 말하는 이유가 여기에 있다. 친해지고 싶은 모임에 들어가면 그 모임의 구성원으로 인정받고 싶고 소속되고 싶고 나를 어필하고 싶다. 그러면서 어느 순간부터 많은 시간을 보내는 사람들과 비슷하게 행동하게 된다.

나도 부동산 공부를 하기 전까지는 뚜렷한 목적 없이 시간 날 때마다 친구들을 만났다. 여느 사람과 다를 바 없이 아이 친구들의 엄마들과도 커뮤니티를 형성하고, 시댁이나 아이와 관련된 주제로 소소한 일상을 나눴다.

하지만 부동산 투자를 하고 자산을 늘려가면서 같은 목적을 가진 사람들을 만나 투자에 대한 이야기를 하며 더 많은 시간을 보냈다. 부동산과 경제 이야기로 꽃을 피웠고, 새벽까지 문자를 주고받으며 서로의 성공을 응원했다. 투자에 대한 전투력이 100퍼센트 충전된 결의에 찬 대화였다. 열정적이고 치열한 사람들이었다. 그들보다 잘하고 싶은 욕구가 끊임없이 생겼고 뒤처지지 않기 위해 노력했다. 그렇게 조금씩 활동 반경을 넓혀가다 보니 더 다양한 환경, 다양한 직업을 가진 많은 사람들을 만날 수 있었다.

주변인을 바꿔야 하는 이유

주위의 사람들이 바뀜으로써 얻게 되는 가장 큰 이득은 '내 삶에 동기부여가 된다는 것'이다. 그들의 생활 습관이나 일상, 행동, 목표 등을 계속 보면서 나도 조금씩 따라 해보는 것이다. 그들이 이미 이룬 것을 나에게 적용하면 시간을 단축할 수 있다.

모든 부자에게는 멘토가 있다. 당신보다 앞서 시작한 누군가는 이미 당신이 하고자 하는 일을 해낸 사람이다. 많은 강연과 세미나를 다니다 보면 그 분야에서 성공한 전문가를 만날 수 있다. 내가 아무리 모든 것을 경험했다고 해도 수많은 시행착오를 모두 겪어볼 수는 없다. 그리고 실패로 이어질 수 있는 실수는 다른 사람의 경험을 토대로 배우는 것이 가장 빠르다.

훌륭한 멘토는 우리가 빨리 배울 수 있도록 도와준다. 그들이 가르쳐준 비전과 성과를 만드는 방법을 통해 성공이 가속화된다. 어두컴컴한 골목길을 지나갈 때 불빛이 하나라도 비춰준다면 얼마나 큰 도움이 되겠는가.

우리가 할 수 있는 재테크의 종류는 부동산이나 주식, 펀드, 적금 등 너무나 많다. 펀드나 적금만 해도 상품마다 장단점과 금리가 달라 같은 기준으로 투자할 수는 없다. 이럴 때 성공한 투자자의 조언 한마디만 들어도 무분별한 투자를 막고, 투자의 폭을 좁히며 깊이 공부할 수 있다.

멘토의 힘

어려운 일이 있을 때 나 혼자 감내하려면 많은 고통과 시련이 따른다. 그렇지만 멘토의 조언 한마디를 듣는다면 시련이 아닌 반드시 딛고 넘어서야 할 대상으로 생각하게 된다. 멘토는 문제가 생겼을 때 해결하는 데 도움을 주기도 한다. 나 혼자 처리하려면 너무 많은 시간을 허비하게 된다. 하지만 멘토는 이미 그 일을 경험하고 현재도 그 일을 하고 있기 때문에 가장 편한 길을 안내해 준다. 우리는 멘토를 레버리지 삼아 더 나은 환경을 스스로 만들어야 한다. 멘토의 경험과 시간을 통째로 사는 것이다. 시간을 아끼는 만큼 비용을 지불하면 되는 것이다. 멘토의 조언을 얻는 데는 돈을 아끼지 말자. 멘토의 도움을 받으면 혼자 하는 것보다 리스크를 훨씬 더 줄일 수 있고 훨씬 더 빠른 길을 안내해 주니 그만한 가치가 있다.

나보다 먼저 성공한 사람들을 보면 열등감이 생길 수도 있다. 자신의 부족함이 드러나기 때문이다. 하지만 열등감이 아닌 발전 가능성으로 받아들인다면 긍정적인 에너지가 생겨 빠른 습득이 가능하다. 내가 그들보다 나은 사람이 아닌 가장 못난 사람, 부족한 사람으로 받아들일 때 가장 큰 이익을 얻을 수 있다. 그리고 나와 같은 방향을 바라보는 사람과 함께했을 때 더 큰 성공을 거둘 수 있다.

인맥의 우선순위를 두지 않으면 그 시간은 의미 없이 흘러갈 뿐이다. '내가 오늘 하루 뭘 했지?', '이번 주는 어떤 것을 했을까?'라고 물어보았을 때 많은 사람들을 만나면서 바쁘게 지냈지만 성과가 없다면 크게 반성할 일이다. 버려지는 시간을 생산적인 시간으로 바꿔야 한다. 철저하게 나를 위한 시간을 만들어야 한다. 부정적인 사람들, 목표 없는 사람들, 매일 똑같이 보내는 사람들과 같이하기에는 갈 길이 너무 바쁘다. 때로는 멘티로, 때로는 멘토로 교감할 수 있는 사람들을 우선순위로 만나야 한다. 다른 사람의 재능과 시간을 돈으로 바꿀 줄 알아야 한다.

부자가 될 수밖에 없는 이유 5
문제 해결의 힘

명예와 분별의 소신에 따른 것이 아니라면,
대단한 일이든 작은 일이든 큰일이든 하찮은 일이든 어느 것도 포기하지 마라.
– 윈스턴 처칠

언제나 나와 함께하는 두려움

나는 항상 사람들에게 이야기한다. '긍정적으로 생각해라', '목표를 가져라', '많은 꿈 중 어떤 것이라도 달성할 때까지 꾸준히 매진해라'. 부동산 투자를 하는 방법이나 인생을 더 값지게 사는 방법에 대해 끊임없이 얘기한다. 내가 실제로 경험하고 느낀 그대로를 말이다. 신념이 확고한 사람은 어떤 바람이 불어도 흔들리지 않는다. 하지만 가끔은 한 번씩 두려움이 밀려들 때도 있다.

어떤 일에 도전한 직후나 성과를 내기 직전에 두려움이 다가와 이렇게 속삭인다. '이번에 투자한 곳은 괜찮을까?' '새로 시작한 일을 잘 마칠 수 있을까?' '잘돼야 하는데 왠지 불안하지 않나?' 이럴 때는 하던 일을 멈추고 나 자신에 대해 깊이 생각하는 '자기 인식'의 시간을 갖는다. 내면 속으로 깊이 빠져본다. 그러면 사고의 최종 목적지에 다다른다. 내가 이 일을 하는 목적, 잘할 수 있는 이유, 부족한 부분, 얼마나 더 노력해야 하는지 등을 다시 한 번 떠올리는 것이다.

한참 두려움과 싸우던 시기에 김미경 강사의 유튜브 강의를 보게 되었다. 그 무렵 김미경 대표는 자존감을 위한 토크쇼, 월드투어, 유튜브, 영어 공부로 너무나 바쁜 시기를 보냈다고 한다. 그리고 같은 기간에 새로운 분야에 도전해 '릴리킴'이라는 옷 브랜드를 만들어 미혼모들을 위한 패션쇼까지 성황리에 마쳤다. '김미경이니까 해낼 수 있겠지. 도와주는 사람도 많고, 인지도도 있으니 당연히 잘되지 않겠어'라고 생각하던 나는 뜻밖의 이야기를 듣고 깨닫는 것이 있었다.

"지금의 김미경이 있기까지 수많은 일을 했어요. 저라고 두려움이 없었을까요? 겁나지 않았을까요? 릴리킴 패션쇼를 한 달 앞두고 취소하려고 했어요. 과연 남들이 내가 만든 옷을 어떻게 생각할지 너무 걱정이 돼서요. 하지만 끝내고 보니 두려움과 근심, 걱정 이런 것은 모두 가짜였어요. 자존감과 성취감만 남더라고요. 이건 진짜예요. 그러면서 나 자신이 조금 더 성장한 거예요."

'이렇게 유명하고 모자랄 것 없어 보이는 사람도 두려움 때문에 힘들어하기도 하는구나'라는 생각이 들었다. 그 순간 나의 걱정과 두려움도 용기로 바뀌었다. 성장하기 위한 과정일 뿐이라고 생각하니 한결 마음이 가벼웠다.

두려움이 아니라 도전이다

더 나은 사람이 되려면 스스로의 한계를 드러내는 것을 두려워하지 말아야 한다. 도전을 앞두고 두려움에 휩싸이는 사람은 자신의 인생에서 최선을 다해 열심히 노력하는 사람이다. 현실에 안주해서 매일 똑같은 삶을 사는 사람이 두려움을 느낄 수 있을까? 두려움은 부끄러운 감정이 아니다. 성공의 과정으로 생각한다면 마음이 한결 가벼워질 것이다.

어떤 마음 자세를 가지느냐에 따라 승자와 패자, 빈자와 부자, 행복한 사람과 불행한 사람으로 나뉠 수 있다. 성공의 90퍼센트는 마음에 달렸다고 해도 지나친 말이 아니다. 자기 마음을 잘 다스릴 수 있는 사람은 인생이 행복하지만 그렇지 않은 사람은 불행해진다.

살면서 수많은 문제와 두려움에 직면하는데 자신의 마음을 통제하지 못하면 좋지 못한 결과를 초래할 수 있다. 성공한 사람들은 한 번도 두려움 없이 지금의 위치에 오른 것이 아니다. 두려움을 잘 이겨냈기에, 마음의 균형을 잘 잡았기에 성공할 수 있었다.

두려움은 정신적인 에너지가 바닥났을 때 많이 나타난다. 나약한 사람들은 자신이 원하는 것과 반대 상황이 진행되면 크게 좌절한다. 그럴수록 조금 더 현명해져야 한다. 그럴수록 빠른 시간 내에 좌절의 감정에서 빠져나와 상황을 헤쳐나갈 방법을 찾으면 된다.

불안감, 문제점을 해결하라

지금 주어진 상황에서 가장 빨리 해결할 수 있는 방법은 무엇일까? 어떤 부분이 부족한 걸까? 충분히 생각해 본 다음 자신의 계획을 조금만 수정하면 이전보다 적극적인 삶을 얼마든지 살 수 있다. 성공하는 사람은 자존감이 바닥으로 떨어졌을 때 어떻게든 자신을 성장시킨다. 도전하고 진취적으로 사는 사람은 행복지수가 높지만, 주눅 들고 소극적으로 사는 사람은 점점 나약해질 뿐이다. 후자는 지금의 상황을 회피하고 싶은 것이다.

어떤 상황에 직면했을 때 회피하는 사람은 결코 이기는 삶을 살 수 없다. 극복해 내야 한다. 극복하기란 생각만큼 어려운 일이 아니다. 그리고 두려움은 행복, 재미, 집중, 슬픔, 분노와 같은 감정 중 하나일 뿐이다. 감정을 통제한다는 것은 부정적인 생각을 전혀 하지 않는다는 뜻이 아니다. 자신을 깊이 파악하고 어떤 방향으로 나아 갈지 예측함으로써 새로운 환경과 시스템을 구축해야 한다.

우리가 이루고자 하는 것은 지속 가능한 성공이다. 실패는 짧게, 성공은 길게. 새 로운 것을 시작하지 못하는 것은 두려움 때문이고, 그 끝에는 실패가 자리 잡고 있 다. '실패하면 어쩌지, 다른 사람의 기대에 못 미치면 어쩌지'라는 생각은 근본적으로 타인의 시선을 의식하며 살아가기 때문이다. 이런 감정은 스스로를 무기력하고 우 울하게 만든다. 스스로에게 단호하게 행동하라. 확실한 신념만 있다면 다른 사람의 시선 따위는 중요하지 않다. 신념이 확실하지 않을수록 주위의 시선이 위협적으로 다가온다.

불안과 두려움에서 벗어날 수 있는 가장 좋은 방법은 현재의 모든 것에 감사하는 것이다. 사소한 것 하나하나를 감사하게 생각한다면 어느 순간 부정적인 마음이 조 금씩 옅어질 것이다. 그리고 모든 것은 시작과 끝이 있고, 두려움도 언젠가는 사라진 다는 것을 깨달으면 가끔씩 자신에게 닥치는 두려움을 즐기게 된다. 이런 감정을 극 복하는 시점에서 자신은 한 단계 성장한다.

김미경 강사가 얘기했듯이 두려움이 가고 난 자리에는 자존감과 성취감이 남는 다. 하나 더 덧붙이자면 용기도 생겨난다. 자신이 하고자 하는 모든 것을 할 수 있는 용기 말이다. 두려움을 극복하지 못한다면 조금도 앞으로 나아갈 수 없다. 그리고 두 려움을 이겨냈을 때 용기가 생겨나는 것이다. 두려움이란 감정을 받아들일 수 있다면 누구나 성공할 수 있다. 두려움과 용기는 종이 한 장 차이다.

그 일을 꼭 해야 한다는 확신이 든다면 반드시 그 일을 해야 한다. 문제가 생기더라도 해낼 수 있는 더 좋은 방법을 찾아서 개선하면 된다. 꼭 성공하지 않아도 된다. 자신을 조금만 내려놓으면 긍정적인 기운을 다시금 느낄 수 있다. 자신을 칭찬하라. 당신은 아주 훌륭한 사람이다.

부자가 될 수밖에 없는 이유 6
공부의 힘

말은 얼마든지 할 수 있다. 중요한 건 행동이다.
— 잭 웰치

평생 배움, 인생 공부

현재 당신의 상황에 만족하는가? 우리는 입시만을 위해 공부했다. 어릴 때부터 성인이 될 때까지 좋은 성적을 얻고 좋은 학교에 가기 위한 공부에 매진했다. 하지만 좋은 대학을 졸업하고 아이큐가 높다고 해서 성공이 보장될 만큼 사회는 단순하지 않다. 남들이 부러워할 만한 학벌과 능력을 가졌어도 그것에 안주하고 공부를 게을리하면 절대 발전하지 못한다. 다람쥐 쳇바퀴 돌듯 살아갈 뿐이다.

자신의 삶에 만족하지 못하는 사람들이 많다. 하지만 만족할 만한 삶을 만들기 위해 공부하는 사람은 그리 많지 않다. 돈은 많이 벌고 싶어 하지만 절실한 마음으로 노력하지 않는다. 부를 가진 사람을 막연히 동경하고, 부정적인 시각으로 보기도 한다.

좋은 대학에 입학하기 위한 공부는 앞으로 살아갈 삶에서는 사용 기한이 지났다.

이제 성공하는 인생을 위한 공부를 해야 한다. 경제, 사회, 재테크, 외국어 능 조금 더 나은 삶으로 이끌어주는 공부와 배움을 생활화해야 한다.

입사하기 위해 부단히 애쓰는 취업 준비생들, 회사 생활을 하는 직장인들, 아이를 키우는 주부들이 얼마나 많은 에너지와 힘을 자신의 일에 쏟고 있는지 너무나 잘 알고 있다. 일하고, 공부하고, 아이들 키우기에 24시간이 벅차다. 하지만 얼마나 배움에 시간을 투자하고 있는지 생각해 보자. 성공의 차이는 여기서부터 시작된다.

마이크로소프트를 설립한 빌 게이츠는 "하버드 대학 졸업장보다 소중한 것이 독서하는 습관"이라고 했다. 페이스북을 설립한 마크 저커버그는 한 해 수십 권의 고전을 읽고 중국어 외에 많은 언어를 배우는 공부벌레다. CEO들은 미래의 위험에 대비하기 위해 끊임없이 새로운 기술을 개발한다.

소득의 불평등이나 자본주의의 양극화를 불평할 것이 아니라 이런 것을 줄이기 위해 공부해야 한다. 자본으로 인한 소득증가율은 노동을 통한 소득증가율보다 빠르다. 부동산만 봐도 알 수 있다. 아끼고 아끼면 1년에 2천만~3천만 원을 모을 수 있다. 하지만 지난 1년간 서울의 아파트 시세는 1억 원 이상 올랐다. 자본이 없을수록, 삶이 힘들수록 더 많은 공부를 해야 한다. 부자이고 여유가 있어서 투자를 하는 것이 아니다. 근로소득이 부족하기 때문에 재테크를 하는 것이다.

누군가는 운이 좋아서 부동산으로 돈을 번 것이 아니냐고 묻는다. 맞는 말이다. 부동산은 70퍼센트의 운과 30퍼센트의 기술이 필요하다. 하지만 30퍼센트의 기술이 부족하면 70퍼센트의 운도 따르지 않는다. 나는 몇 년간 지역이나 상품에 대해 많은 공부를 했고, 그렇게 해서 축적한 데이터를 바탕으로 투자를 시작했다. 자본금이 부족했기 때문에 적은 투자금으로 높은 수익률을 올릴 수 있는 곳을 찾아다녔다. 내가 공부를 하지 않았다면 오르는 부동산에 투자할 수 있었을까? 부와 성공에 대한 간절함이 없었다면 시도조차 할 수 없었을 것이다.

나는 학력이 뛰어난 것도 아니고 집이 잘사는 것도 아니었다. 하지만 배움에 대한 열망만은 누구보다 높았다. 열망이 강해질수록 많은 수업을 들었고 같은 목표를 가진 사람들을 만났다. 그들과 공통 주제로 이야기를 나누면서 인간관계가 넓어졌다. 업무나 일상 등 많은 부분에서 삶에 대한 만족도가 올라갔다. 지속적인 공부가 성과로 나타나니 수입이 올라가고 자존감도 높아지는 경험을 했다. 선순환이 일어난 것이다. 공부의 놀라운 결과를 경험한다면 절대 빠져나올 수 없을 것이다.

내 삶을 위한 공부는 회사에서 진급하기 위한 공부와 다르다. 학창 시절에도 억지로 하는 과목보다 내가 좋아하는 과목의 성적이 더 좋지 않았는가? 내가 좋아서 하는 공부는 폭발적인 시너지를 일으켜 어느 순간 성과로 나타난다.

많은 사람들이 성공한 사람을 아주 희박한 가능성을 뚫고 나온 로또 당첨자처럼 생각한다. 성공이라는 결과만을 보기 때문이다. 하지만 그들의 성공은 오랜 시간, 노력, 의지, 신념을 통해 이룬 것이다. 힘든 상황을 견디고 꾸준히 노력해 왔기 때문에 목표를 달성할 수 있었다. 단 한 번의 도전으로 큰돈을 버는 부자는 극히 드물다.

매일 저녁 퇴근 후 회사 동료들과 술 한잔 마시고 의미 없는 이야기로 시간을 보내고 집에 돌아와 텔레비전만 보면서 자신의 삶이 바뀌기만을 기다리는가. 자신이 직접 운명을 개척하기보다 '어떻게든 되겠지'라는 막연한 생각으로 행운이 찾아오기를 바라는가. 이런 사람들은 결코 자신이 원하는 삶을 살 수 없다.

배움을 돈으로 바꾸는 기술

부자들은 끊임없이 책과 뉴스 기사를 읽으며 스스로 공부한다. 다른 부자들의 경험을 간접적으로 배우고, 비즈니스와 부를 끊임없이 연결하기 위해 연구한다. 그 과정에서 생각지도 못했던 것들을 부로 바꾼다.

주위의 많은 자수성가형 부자들이 더 많은 부를 쌓아가는 과정을 지켜보았다. 그들은 세상을 원망하거나 부정하지 않고 스스로 능동적인 주체가 되어 부를 일궈나간다. 나도 주변의 부자들을 보며 막연하지만 조금씩 따라 하기 시작했다. 처음에는 어색하고 낯설었지만 점점 더 익숙해졌다. 공부를 효율적으로 하는 방법이나 열린 마음으로 독서하는 방법, 어떤 방식으로 공부를 해야 성과를 낼 수 있는지를 배웠다. 주위의 성공한 사람들을 살펴보라. 꼭 부자가 아니어도 괜찮다. 어떤 분야에서든 나보다 뛰어난 사람들에게는 배울 것이 많다.

정확한 결과를 얻기 위해서는 공부했던 것을 종합하고 각 단계에 맞춰 대응책도 항상 염두에 두어야 한다. 무수히 많은 상황에 직면할 수도 있기 때문이다. 현 정부의 변화무쌍한 세금 정책이나 투자 방법, 공급 물량이 많은 지역에서 전세 맞추기 등을 꼼꼼히 익혀두어야 성공 가능성이 높다. 시대는 변하고, 변화된 시기에 맞춰 방법도 달라진다.

나는 잠자는 4시간을 빼고 24시간 중 20시간 정도 공부한다. 꼭 책상에 앉아서 하는 공부만이 전부가 아니다. 차를 타고 이동할 때 온라인 강의나 팟캐스트를 듣고, 집 안 곳곳에 비전 선언문을 적어놓고 시시때때로 목표를 시각화한다. 틈이 날 때마다 책을 읽고, 엘리베이터를 기다리거나 계단을 올라갈 때도 스마트폰으로 공부한다. 공부할 여건과 시간이 없다는 것은 핑계일 뿐이다.

나는 배움이야말로 자신을 위한 최고의 투자라고 생각한다. 주식이나 부동산 투자로 수익률이 마이너스가 될 수도 있지만 공부는 마이너스라는 것이 없다. 지식은 절대 달아나지 않는다. 자신의 내면에 차곡차곡 쌓여갈 뿐이다.

시간과 장소에 구애받지 않고 적절한 방식으로 공부하는 습관을 쌓다 보면 어느 새 성공하는 인생이 열린다.

성공할 수 있다는 믿음을 바탕으로 자신의 가치를 높이는 연습을 꾸준히 해야 한다. 공부 자체가 목적이 될 수는 없다. 공부만 한다고 해서 삶이 바뀌지는 않는다. 끊임없이 배운 내용을 내 인생에 대입하고 응용하면서 내 것으로 만들어보자. 지식을 통해 나의 가치를 높여 부의 선순환을 이루면 지금보다 더 나은 삶을 살 수 있다.

투자 기회는 스스로 만든다

20대 초반이던 어느 날 저녁 가족들과 한강공원에 산책하러 나갔습니다. 한강 건너편에 들어서는 대단지 새 아파트를 바라보며 막연하게 '아, 저런 곳에서 살고 싶다'고 생각했습니다. 매일 보던 곳이었는데도 그날따라 유난히 아파트가 많이 보였습니다.

"불빛이 반짝거리는 아파트가 이렇게 많은데, 그중에 우리 집은 왜 없는 걸까? 어떻게 하면 저런 집에 살 수 있을까?" 이런 고민을 끊임없이 하곤 했습니다.

아무것도 가진 것 없던 사회 초년생이 이만큼 성장할 수 있었던 동력은 간절함이었습니다. 남들보다 일찍 겪어본 '경제적 어려움'은 나를 성장시켰습니다. 더 이상 경제적으로 힘든 삶을 살지 않기 위해, 여유 있는 미래를 살기 위해, 내 아이들에게는 더 많은 세상을 경험하게 해주기 위해 노력했습니다.

그렇게 밝은 미래를 만들기 위한 수단이 부동산이었습니다. 맞벌이를 한다고 하면 둘이 버니까 큰돈을 모을 수 있을 거라고 생각하지만, 실제로는 종잣돈을 만들기가 쉽지 않았습니다. 아이를 낳고 키우면서 점점 더 종잣돈을 만들기가 힘들었습니다. 그때 나를 희망으로 이끌어준 것이 신혼집으로 마련했던 12년 된 24평 아파트였습니다. '평생 전세로만 살 수는 없어. 일단 내 집에서 편하게 살자'고 선택했던 것이 지금의 자산을 이루게 된 크나큰 발판이었습니다.

무주택자들에게 꼭 내 집을 사라고 얘기하는 것도 나의 경험에서 비롯된 것입니다. 집을 산다고 해서 단기간에 시세가 오르는 것은 아닙니다. 오를 지역을 미리 선점해 내 집 1채를 마련하는 것은 머지않아 열릴 열매를 맺기 위한 씨앗을 심는 과정입니다. 내 아이에게 힘든 삶을 물려주지 않을 수 있는 최소한의 안전장치입니다.

'아파트 투자=돈'이라고 생각하지 말고 내 집이 주는 편안함, 주거의 안정성을 우선순위로 생각하면 좋겠습니다. 집을 사봐야 비로소 부동산 공부가 시작됩니다. 이후에는 내 자금으로 어느 아파트를 살 수 있을지, 그 아파트 중에서 가장 살기 좋은 곳, 상승률이 높은 곳은 어디일지 찾아보면서 투자할 수 있습니다. 나의 귀한 돈이 더 큰일을 할 수 있도록 도와주는 것이 우리가 할 일입니다.

많은 사람들이 "어떻게 투자했나요?"라고 묻습니다. 저는 큰 욕심을 내지 않고 한 걸음씩 나아가며 내가 할 수 있는 최대치로 역량을 끌어올렸습니다. 가용할 수 있는 투자금을 긁어모아 서울 역세권에 똘똘한 아파트를 1채씩 구입했습니다. 물론 더 좋은 곳에 투자하고 싶은 마음은 굴뚝같았지만, 자금 부족으로 저평가된 지역을 선택했습니다. 지금은 어떻게 되었을까요? 저평가는 저렴한 것이 아닙니다. 제대로 평가되지 않은 곳일 뿐입니다. 저평가된 지역은 반드시 오르게 되어 있습니다.

누구나 가장 좋은 아파트, 살고 싶은 아파트만 보게 마련입니다. 운용할 수 있는 자금은 한정되어 있는데 터무니없이 비싼 곳만 쳐다본다면 결코 투자할 수 없습니다. 그러다 시기를 놓치면 점점 중심지에서 벗어난 곳을 매수하게 됩니다. 일찍 깨달았다면 조금 더 좋은 선택지가 있었을 텐데 말이죠. 쉬운 원리 같지만 제대로 판단하는 사람은 많지 않습니다. 무주택자들이 이 책을 본다면 꼭 말씀드리고 싶습니다. 가용할 수 있는 한도 내에서 가장 좋은 아파트를 사라고 말입니다.

금리 인상, 가계부채의 증가, 경제성장률의 하락, 부동산 규제 정책에 의해 부동산 시장을 부정적으로 전망하는 사람들이 많을 것입니다. 물론 어느 정도는 받아들여야 하는 부분도 있습니다. 1988년부터 부동산 시장을 참고해 보면 잠깐의 조정기는 있지만 결국 부동산 가격은 우상향할 것입니다.

투자에서 추진력이나 실행력도 중요하지만, 시장을 보수적으로 받아들일 필요도 있습니다. 무작정 두려움에 싸여 있거나 무조건 긍정적으로 생각하기보다는 많은 공부를 통해 위기를 기회로 바꾸는 능력을 키워나가야 합니다. 지난 IMF 외환위기, 2008년 국제 금융위기에도 급매로 나온 부동산을 사두었더니 시간이 지나 몇 배로 뛰어 시세차익을 봤다는 이야기를 많이 들어봤을 것입니다. 많은 사람들이 위기라고 생각할 때 투자를 피하기보다는 반대로 투자의 기회를 스스로 만들어나가야 합니다.

모두가 '노'라고 말할 때, 혼자 '예스'라고 말하기는 어렵습니다. 부정적인 견해가 지배하는 상황에서 혼자 다른 선택을 하기란 쉽지 않은 일입니다. 하지만 꾸준히 공부하고 배워나간다면 자신만의 확신과 판단이 설 때가 분명 올 것입니다. 그때가 바로 이기는 투자가 가능한 단계입니다.

성과의 크기와 그것을 얻기까지 걸리는 시간은 저마다 다릅니다. 하지만 어떤 일이든지 노력한 만큼 결과는 따라옵니다. 한두 번의 투자로 성패를 논하기보다 꾸준한 관심과 공부가 필요한 이유입니다. 너 나 할 것 없이 부동산에 관심을 가지는 시세 상승기에는 달궈진 냄비처럼 열정에 불타오르다 얼마 지나지 않아 제자리로 돌아오는 사람들이 많습니다. 항상 처음에는 몹시 더디고 천천히 진행되다가도 어느 수준에 이르면 가속도가 붙게 마련인데, 미처 그 시간을 기다리지 못하는 것입니다.

현명한 사람은 기회를 기다릴 줄 알고, 그렇지 않은 사람은 눈앞에 닥친 문제만 바라봅니다. 현명한 사람은 성장을 생각하지만 그렇지 않은 사람은 손실만을 걱정합니다. 원하는 것에 집중하고 꾸준히 행동할 때 성장할 수 있습니다. 치밀하게 조사하고 부지런히 움직이고 확실한 정보와 사실을 기반으로 결정하십시오. 노력에 비해 기적적인 성공을 거뒀다면 그것은 행운일까요? 아닙니다. 노력의 결과입니다. 기회를 노리면 기회를 얻고, 성공을 원하면 반드시 성공합니다.

아무런 준비 없이 결혼 생활을 시작했던 내가 실행력, 도전정신, 간절함으로 여기까지 왔습니다. 주저하지 않고 계속 투자할 수 있었던 이유는 꾸준히 공부했기 때문입니다. 공부가 뒷받침되지 않았다면 불안함과 두려움으로 주저앉았을지도 모릅니다.

이 책에 정리해 놓은 것처럼 오르는 지역을 판단하는 힘을 기른다면 초보도 부동산 투자에서 반드시 이길 수 있습니다. 조바심 낼 필요도 없습니다.

항상 이기는 투자만 하는 여러분이 되시길 응원합니다.

감사합니다.

전국민
1인 1토지
프로젝트

난생처음 토지 투자

이라희 지음 | 18,000원

**대한민국 제1호 '토지 투자 에이전트',
1,000% 수익률을 달성한
토지 투자 전문가 이라희 소장의 땅테크 노하우**

초저금리 시대, 땅테크가 최고의 재테크 수단으로 떠오르고 있는 지금,
전국민이 '1인 1토지'를 가져 재테크에 성공할 수 있도록 누구나 쉽게 실
천할 수 있는 실전 노하우를 담았다. 재테크를 전혀 해보지 않은 초보자
도 이해할 수 있도록 개발 지역 확인하는 법을 알려주고, 초보자가 꼭 봐
야 할 토지 투자 관련 사이트, 용지지역 확인하는 법 등 실질적인 노하우
를 공개한다. 나의 자금대에 맞는 토지 투자법, 3~5년 안에 3~5배 수
익을 내는 법 등 쉽고 안전한 토지 투자 방법을 담아내 누구나 '1,000만
원으로 시작해 100억 부자'가 될 수 있다.

5할 타율
유지하는 안전한
주식투자법!

난생처음 주식투자

이재웅 지음 | 13,800원

**'판단력'만 있으면 주식 투자 절대 실패하지 않는다!
차트보다 정확한 기업 분석으로 적금처럼 쌓이는 주식 투자법!**

쪽박에 쪽박을 거듭하던 저자가 전문 주식 투자자가 되기까지! 저자
가 터득한 가장 효과적인 공부법과 이를 바탕으로 실전에서 활용할
수 있는 효과적인 투자 노하우를 담은 책이다. 1장에는 저자의 생생
한 투자 실패담과 많은 주식 투자자들이 실패하는 이유에 대해, 2장
에는 주식 투자에 밑바탕이 되는 기본지식 공부법과 습관에 대해 설
명한다. 그리고 3장부터 본격적으로 주식 투자에 필요한 용어 설명,
공시 보는 법, 손익계산서 계산법, 재무제표 분석법, 사업계획서 읽
는 법, 기업의 적정 주가 구하는 법 등 투자에 필요한 실질적인 노하
우를 6장까지 소개하고 있다. 마지막 부록에는 저자가 실제 투자를
위해 분석한 기업 7곳의 투자노트가 담겨 있다.

**경매의 신
임경민의
경매 노하우**

난생처음 10배 경매

임경민 지음 | 18,000원

**가장 빠르고 확실하게 부자 되는 방법
안전하고 확실한 '10배 경매 6단계 매직 사이클'
과장된 무용담이 아닌 100% 리얼 성공 사례 수록!**

경매가 무엇인지 개념 정리부터 경매의 6단계 사이클을 토대로 경매물건 보는 법, 10초 만에 권리분석하는 법 등 경매 고수가 알아야 할 기술을 알려준다. 특히 실제로 경매를 통해 수익을 올린 사례를 실투자금, 예상 수익, 등기부등본과 함께 실어서 경매가 얼마나 확실하고 안전한 수익을 올릴 수 있는지 증명했다. 경매는 결코 어렵고 위험한 것이 아니다. 큰돈이 있어야만 할 수 있는 것도 아니다. 투자금액의 몇 배를, 빠른 기간에 회수할 수 있는 훌륭한 재테크 수단이다. 경매는 부자로 태어나지 못한 사람이 부자가 되는 가장 빠르고 확실한 방법이다.

**돈 걱정 없이
사는 우리 집
재테크 노하우!**

내 가족을 위한 돈공부

이재하 지음 | 13,800원

**"돈 공부를 시작하면, 가정과 자녀의 미래가 달라진다!"
주식, 부동산으로 재테크 달인이 된 세 아이 아빠 이야기**

보험사의 FC이기도 한 저자는 수많은 부자를 직접 만났고, 또 금융상품을 알아보러 온 부자가 되고 싶어하는 수많은 평범한 사람도 만나봤다. 그러자 부자는 왜 부자가 되었고, 가난한 사람은 왜 가난한지 알게 되었다. 그 차이는 오직 돈을 대한 원칙이 있느냐에서 비롯되었다. 저자는 특히 평범한 사람은 부자가 될 수 없다는 비관론에 속지 말 것을 당부하며, 누구나 적은 돈으로 시작할 수 있는 부동산, 금융상품, 보험, 주식 등 돈이 돈을 불리는 시스템에 대해서 기초부터 차근차근 설명해준다. 특히 이 책의 꽃은 자녀에게 어떻게 돈에 대해 가르치고, 가족이 돈 공부를 공유할 것 인지를 알려주는 부분일 것이다.